Andreas Popp
Der Währungs-Countdown

Andreas Popp

Der Währungs-Countdown

Bibliografische Information der Deutschen Bibliothek:
Die Deutsche Bibliothek verzeichnet diese Publikation in der Deutschen Nationalbibliografie; detaillierte bibliografische Daten sind im Internet über http://dnb.ddb.de abrufbar.

Für Fragen und Anregungen:
info@finanzbuchverlag.de

7. Auflage 2016
© 2008 by FinanzBuch Verlag,
ein Imprint der Münchner Verlagsgruppe GmbH
Nymphenburger Straße 86
80636 München
Tel. 089/65 12 85-0
Fax 089/65 20 96

Covergestaltung: Pamela Günther
Gesamtbearbeitung: Agentur MCP, Holzkirchen
Lektorat: Nicole Luzar
Druck: GGP Media GmbH, Pößneck
Printed in Germany

ISBN Print 978-3-89879-807-5
ISBN E-Book (PDF) 978-3-86248-451-5
ISBN E-Book (EPUB, Mobi) 978-3-86248-452-2

Weitere Informationen zum Verlag finden Sie unter

www.finanzbuchverlag.de

Inhalt

Vorwort

Unsere sinnentrückte Welt der Bürokratie ist kaum besser zu beschreiben, als durch folgenden Sachverhalt:

Die zehn Gebote Gottes enthalten 279 Wörter, die amerikanische Unabhängigkeitserklärung 300 Wörter, die Verordnung der europäischen Gemeinschaft über den Import von Karamellbonbons aber exakt 25.911 Wörter.

Theoretisch reichen diese Informationen schon aus, um sofort zu erkennen, dass unsere Welt von der verantwortlichen Macht wahrlich nicht mehr sinnvoll im Interesse der Menschen gestaltet wird.

In diesem Sinne möchte ich mich kurz bei den Leserinnen und Lesern vorstellen, die mich noch nicht kennen, bzw. einige meiner Bücher oder Aufsätze gelesen haben.

Seit kurzem befinde ich mich in der angenehmen Position, mich intensiver um die Dinge kümmern zu dürfen, die mir neben meinen bisherigen Aufgaben ebenfalls sehr wichtig erscheinen.

Schon seit vielen Jahren beschäftige ich mich primär mit unserer Umwelt, sowohl aus makroökonomischer, geldmengenpolitischer aber auch sozialwissenschaftlicher Sichtweise, was ungeheuer wichtig ist, wenn man den täglichen Wahnsinn im Rahmen einer gesunden Sensibilität verarbeiten will.

Deshalb möchte ich mich im Vorfeld bei meinen Kolleginnen und Kollegen bedanken, die zum Teil schon seit vielen Jahren an meiner Seite stehen und mich bei meinen nicht immer einfachen Aufgaben als Manager unserer Unternehmensgruppe tatkräftig unterstützten und ohne die unser Erfolg nicht möglich geworden wäre. Erst im Januar 2007 trat ich von meinen aktiven Vorstandsposten zurück, um mich schwerpunktmäßig meinen Forschungsarbeiten widmen zu können, deren Ergebnisse natürlich wiederum in das Unternehmen einfließen.

Mit diesem Buch möchte ich versuchen, meinen Leserinnen und Lesern mit einfachen Worten und in einer metapherunterstützten Darstellung die Angst zu nehmen, unsere wirtschaftliche Welt zu begreifen und vor allem eigenverantwortliche Schlüsse zu ziehen. Mein Ziel ist es, Ihnen meine Weltsicht näher zu bringen, ohne den Anspruch auf die absolute Wahrheit für mich zu vereinnahmen, denn das wäre vermessen. Nur zu oft musste ich meine »alte« Wahrheit gegen eine neue eintauschen, da ich mich naturgemäß weiterentwickelte.

Bitte gleichen Sie doch einfach nur Ihr Weltbild mit dem meinen ab und ziehen Sie Ihre eigenen Schlüsse.

In Anbetracht unserer Massenmedienlandschaft gibt es heutzutage leider viel zu wenige »eigene« Meinungen, stattdessen eine Einheitsbetrachtung, die durch die Medien produziert wird.

> *»Eine Hand voll Menschen kontrolliert die Medien der Welt. Derzeit sind es etwa noch sechs solcher Menschen, bald werden es nur noch vier sein – und sie werden dann alles erfassen: alle Zeitungen, alle Magazine, alle Filme, alles Fernsehen. Es gab einmal eine Zeit, da gab es verschiedene Meinungen, Haltungen in den Medien. Heute gibt es nur eine Meinung, die zu formen vier, fünf Tage dauert – dann ist sie Jedermanns Meinung.«*
>
> **Mike Nichols**
> (US-amerikanischer Starregisseur und Oscar-Preisträger)*

Beginnen möchte ich in der ersten Lektion mit einem Überblick über die Methoden unserer heutigen Sozialwissenschaft und den aus meiner Sicht fatalen Fehlern der Ergebnisse.

---

*Aus: »Die öffentlichen Meinungsmacher«, Johannes Rothkranz

Ich wäre nicht Andreas Popp, wenn nicht ein wesentlicher Schwerpunkt dieses Buches unser Finanz- bzw. Geldsystem behandeln würde, das die Menschheit in diese unheilvolle Globalisierung manövriert hat, wodurch so unendlich viel Elend auf unserem Planeten entstand und weiter ausgebaut wird. Mir liegt aber auch daran, mit dieser Arbeit nach den dezidierten Erklärungen der systemimmanenten Zusammenhänge eine noch deutlichere Hoffnung zu transportieren, als ich es in meinem Buch »Brot und Spiele« konnte, da zum Zeitpunkt des Schreibens dieser Texte die Menschen den Leidensdruck noch nicht so spürten wie heute.

Mir macht es Mut, dass mittlerweile sehr viele Menschen das Vertrauen in die Machtsysteme der Wirtschaftskonzerne und die davon abhängigen Politiker immer häufiger in Frage stellen, wenn nicht ganz verloren haben und immer deutlicher realisieren, dass es so nicht weitergeht, egal, welche Partei unserer sogenannten demokratischen Ordnung an der Macht ist.

Man kann nur aus der Geschichte lernen, wenn man die Geschichte kennt, was selbstverständlich auch für unser Geldwesen gilt. Leider sind die historischen Dokumentationen sowohl aus politischer als auch aus wirtschaftlicher Sicht nicht selten von den jeweiligen Machtsystemen stark verfälscht überliefert worden, so dass man oft eigene Recherchen durchführen muss, um möglichst nahe an die »Wahrheit« heran zu kommen.

Nach einem kurzen historischen Auftakt möchte ich in einer recht strukturierten Art unser Geldsystem und dessen Eigenschaften klarstellen, denn die Zeit müsste nach meiner Einschätzung reif sein, konkrete Alternativmodelle zu diskutieren, mit der eine gerechtere Monetärpolitik möglich sein sollte.

Mein Ziel ist es auf keinen Fall, mich in die Reihe der Verschwörungstheoretiker einordnen zu lassen, wie man es in der Vergangenheit seitens der Mainstreamer des Öfteren versuchte. Wie oft wurde ich nach meinen Vorträgen als »Crashprophet« oder ähnlich tituliert, weil meine erarbeiteten Ergebnisse von unserer Finanzwelt nicht selten als absurd bezeichnet wurden. Damals fühlten sich vor allem viele Finanzberater auf den Schlips getreten, da sie in ihrem Umsatzrausch nicht behindert werden wollten. Aber auch die Anleger waren häufig völlig »verstrahlt« in Anbetracht mehrerer 100% Gewinn im Rahmen der Neuer-Markt-Euphorie Ende der 1990er Jahre.

Die ganze Aktienwelt lief (wie so oft in der langen Geschichte) völlig aus dem Ruder, und jedermann hielt sich für einen Finanzexperten, ob Bankberater oder Bandarbeiter, und die Kurse gaben der Gier vieler Anleger vorübergehend sogar recht.

In diesen Phasen an die Vernunft der Menschen zu appellieren, oder sogar fundamentale Zusammenhänge zu kommunizieren, wurde gelinde gesagt nicht mit Wohlwollen aufgenommen.

Diese Zeiten liegen nun schon länger zurück, und einige Menschen sind nachdenklich geworden, auch wenn man immer wieder von Seiten der Finanz-Weltmacht versucht, diese Storys wiederzubeleben.

Eine beachtliche Menge enttäuschter Anleger und Berater hat sogar ihre Ansichten grundlegend geändert. Mit zum Teil »wilden« Spekulationen werden abenteuerliche Theorien über die Machtsysteme unserer Welt kolportiert, die nicht nur die Finanzwelt betreffen, sondern sich auf alle Bereiche der Welt beziehen und nicht selten in esoterischen Gruppen münden.

Noch vor ein paar Jahren belächelt, werde ich heute von meinen damaligen Kritikern rechts überholt, so dass mir manchmal schwindelig wird.

Besonnenheit und Ruhe sollten jetzt oberste Priorität haben, denn dieses sich zurzeit wandelnde System gleicht (übertragen gesehen) einem angeschossenen Tier, das sehr gefährlich werden kann.

Die teilweise spekulativen Kritiken der selbst ernannten neuen Systemgegner könnten plötzlich einen Mob entstehen lassen, der ganze Regionen in bürgerkriegsähnliche Zustände katapultieren kann.

Mir geht es auf keinen Fall um eine Verharmlosung der ursächlichen Probleme unserer heutigen Zeit, aber wir sollten nicht die Brisanz unterschätzen, dass »plötzlich geweckte« Menschen unkontrolliert abdrehen könnten, wenn sie zum Beispiel die Zusammenhänge unserer manipulierten Medienwelt begreifen.

Mit einem Zitat eines angesehenen Medienvertreters möchte ich mein Vorwort schließen, welches deutlich macht, dass die Probleme der medialen »Beeinflussung« nicht neu sind, sondern sich lediglich globalisiert haben.

»Es gibt zu dieser Zeit in der Weltgeschichte in Amerika keine solche Sache wie eine unabhängige Presse. Sie wissen das, und ich weiß es. Es gibt nicht einen von Ihnen, der es wagt, seine ehrliche Meinung zu schreiben, und wenn Sie es würden, wissen Sie im Voraus, dass Sie nie im Druck erscheinen würde. Ich werde wöchentlich dafür bezahlt, um meine ehrliche Ansicht aus der Zeitung, mit der ich verbunden bin, herauszuhalten. Andere von Ihnen erhalten ähnliche Vergütungen für ähnliche Dinge, und jeder von Ihnen, der närrisch genug wäre, ehrliche Meinungen zu schreiben, würde sich auf der Straße wiederfinden, um sich nach einer anderen Arbeit umzusehen. Wenn ich es mir erlauben würde, meine ehrliche Meinung in einer Ausgabe meiner Zeitung erscheinen zu lassen, wäre ich meine Beschäftigung vor Ablauf des Tages los.
Die Arbeit der Journalisten ist es, die Wahrheit zu zerstören, gerade heraus zu lügen, zu verdrehen, zu verunglimpfen, vor den Füßen des Mammons zu kuschen und sein Land und seine Rasse um sein täglich Brot zu verkaufen.
Sie wissen es, und ich weiß es. Was für eine Narrheit ist dieses Trinken auf eine unabhängige Presse!
Wir sind die Werkzeuge und Vasallen reicher Männer hinter der Szene. Wir sind die Hampelmänner, sie ziehen die Fäden, und wir tanzen. Unsere Talente, unsere Möglichkeiten und unser Leben sind das Eigentum anderer Männer.
Wir sind intellektuelle Prostituierte.«

John Swinton
(1829–1901 / ehemaliger Herausgeber der New York Times
anlässlich seiner Verabschiedung nach einem
erfüllten Berufsleben vor vielen geladenen Journalisten)[*]

---

[*] Vor Redakteuren im Jahr 1889, zitiert nach: Richard O. Boyer und Herbert M. Morais, Labor's Untold Story, NY: United Electrical, Radio & Machine Workers of America, 1955/1979

Entgegen der Struktur meiner bisherigen Bücher möchte ich den ersten Teil dieser Arbeit als eine Art »Lehrbuch« aufbauen, ohne dabei als »Oberlehrer« wirken zu wollen, denn das ist wahrlich nicht mein Anspruch, zumal ich permanent versuche, mit hoher Toleranz und dem nötigen Respekt den Andersdenkenden entgegenzutreten.

Im Teil »Ursachenermittlung« und »Lösungswege« bewege ich mich möglicherweise aus Ihrer Sicht in einer eher theoretischen Monetärwelt, aber das ist immens wichtig, damit die Zusammenhänge auch wirklich klar werden.

Ich wünsche den Leserinnen und Lesern ein paar aufschlussreiche Stunden mit diesem Buch, verbunden mit der Hoffnung, ihr Weltbild durch meine Ausführungen ein wenig zu stimulieren.

Andreas Popp

Die Ursachenermittlung

1. Lektion – Die Wissenschaft

Unsere heutige Wissenschaft gilt in nahezu allen Bereichen als äußerst effizient und sehr fortschrittlich, egal, um welches Segment es sich handelt.

Unabhängig von den erklärten Wissenschaftsgegnern, die meist pauschal gegen alles und jeden sind, möchte ich aus meiner Sicht versuchen, die Herangehensweise unserer heutigen Forschung zu beschreiben und die Methodik konstruktiv zu bewerten.

Mit der Zerlegung der Welt bis in die kleinsten Einzelteile kann man die analytische Vorgehensweise unserer Wissenschaftler am besten beschreiben, und ich glaube, dass hier die Ursache für die vielen Probleme in unserem Sozialgefüge liegt.

Wir sind längst über die Organellen einer Zelle im Bilde, können sogar Atomkerne über Einzelteile definieren, aber sehr häufig wird dabei das Zusammenspiel der unendlich vielen Bestandteile eines wunderbaren Organismus geflissentlich übersehen.

Natürlich wurden durch diese Methoden der Detailforschung unglaubliche Zusammenhänge des Mikrokosmos entdeckt, die zum Teil auch für die Menschen konkreten Fortschritt bedeuteten.

Nichtsdestotrotz treten in der Praxis auch viele negative Erscheinungen zu Tage, da durch die extremen Spezialisierungen der einzelnen Wissenschaftler das Gesamtbild häufig nicht mehr erkannt wird.

Als klassisches Beispiel möchte ich die Schulmedizin anführen. Die vielen verschiedenen Fachärzte sind nicht selten derart »überspezialisiert«, dass sie die menschliche Gesamtheit mit allen Zellen, den Organen und der Seele als Ganzes kaum noch wahrnehmen.

Nach der Diagnose einer Stoffwechselstörung der Leber verordnet der Spezialist dann ein hochentwickeltes Medikament, das von Pharmaexperten für Leberkrankheiten entwickelt wurde. Nicht selten entstehen durch diese Behandlungen »Nebenwirkungen«, die dann die Nieren schwer schädigen, woraufhin dann der Nierenspezialist seinerseits ein anderes Medikament verordnet, das nun zum Beispiel die Bauchspeicheldrüse in Mitleidenschaft zieht, und so kann die Historie einer Krankheitsgeschichte beginnen, die den Patienten zu einem lukrativen Kunden der Pharmaindustrie werden lässt.

Ob nun alle Ärzte an dieser »Produktion« dauerhaft kranker Patienten mit Wissen und Wollen mitwirken, kann und will ich nicht unterstellen, Fakt scheint aber zu sein, dass heutzutage kaum noch ein Mensch an »normaler« Altersschwäche stirbt, sondern sehr oft an chronischen Erkrankungen.

Jeder der mitwirkenden Spezialisten kann für sich mit gutem Gewissen auf eindeutige Forschungsergebnisse verweisen, die für sich gesehen natürlich erst einmal logisch wirken.

Die neuen Patienten entstehen natürlich aufgrund vieler Faktoren, ob wegen ungesunder bzw. nicht mehr natürlicher Nahrung oder zu wenig Bewegung, aber auch wegen falscher, nicht ganzheitlicher Behandlungsmethoden der Ärzte und sind natürlich aus medizinischer Sicht, sowie aus dem Blickwinkel einer sinnvollen (!) Wirtschaft und Infrastruktur, nicht mehr als fortschrittlich zu bewerten.

Genau deshalb halte ich es für wichtig, die eigentlichen Ursachen dieser Ergebnisse zu ermitteln.

Um aus der Sackgasse der Forschung in immer tiefere Spezialgebiete herauszukommen, erkennen immer mehr Menschen, dass man einfach nur einen Schritt zurücktreten muss und versuchen sollte, den Organismus als Ganzes zu begreifen. Das gilt natürlich nicht nur für die Medizin, sondern für alle Bereiche unseres praktischen Lebens.

Man kann das »Wasser« (H_2O) zwar zerlegen in die Elemente Wasserstoff und Sauerstoff, aber letztlich handelt es sich doch um den Organismus Wasser, den man auch so, in seiner wunderbaren Komplexität, betrachten sollte.

Dieselben methodischen Fehler werden auch im sozialwissenschaftlichen Bereich praktiziert. Wenn Schwierigkeiten auftreten, geht man nicht mehr auf die Grundlagen der Gesellschaft zurück, sondern bastelt an oberflächlichen Gesetzgebungen herum, die aus tausenden Stufen und Spezialfällen bestehen, wobei man zwischen den einzelnen Gewichtungen unserer Rechtsnormen kaum noch unterscheidet. Eine Gewerbeordnung, die zum Beispiel die Deckenhöhe eines Büros regelt, sollte aber von den Grundgesetzen der Menschenrechte in der Wichtigkeit klar unterschieden werden.

Für die Sozialwissenschaft sollten die wesentlichen Grundlagen und Gesetze deutlich erkannt werden, womit ich die Normen meine, die unser Geldsystem und das Bodenrecht regeln.

Wenn wir alle unsere sozialen Probleme aus wissenschaftlicher Sicht als Ganzes erforschen, landen wir immer wieder bei diesen beiden Grundlagen.

Die Arbeitslosigkeit und Armut fängt nicht mit Arbeitslosigkeit und Armut an, die Ursache für Atombomben liegt ja auch nicht beim Atom; wir müssen einfach lernen, uns in der Wissenschaft und der Politik in Richtung Überblick zu bewegen und uns nicht tiefer planlos im Detail zu verirren.

Stellen wir uns unsere derzeitige soziale Landschaft einfach als Gebäude vor, so bemerken wir sehr schnell, dass dieses Haus ziemlich heruntergekommen ist. Das Dach ist nicht mehr dicht, und die Fenster sind zum großen Teil defekt, auch wenn die Fassade beim flüchtigen Wahrnehmen noch recht passabel erscheint. Selbst beim näheren Hinsehen in einigen wenigen Etagen erleben wir den puren Luxus, von goldenen Wasserhähnen und teuerstem Mobiliar bis hin zum feinsten Angebot an Delikatessen aus aller Welt. Wer sich nur in dieser immer kleiner werdenden Etage aufhält, nimmt den größten Teil des Gebäudes meist nicht mehr wahr. Denn der sieht wahrlich anders aus.

Treten wir allerdings einen großen Schritt zurück, um das ganze Gebäude zu sehen, bemerken wir vermutlich, dass das gesamte *Fundament* marode ist und falsch konstruiert wurde. Der nächste Schritt liefert dann die Erkenntnis, dass im Falle eines Zusammenbruchs der Immobilie auch die Luxusetage davon betroffen sein wird.

Falls wir noch rechtzeitig erkennen, wie unsere Systeme funktionieren, brauchen wir uns um unsere Zukunft keine Sorgen zu machen, denn alle erforderlichen Rohstoffe für ein neues Gebäude sind in Hülle und Fülle vorhanden, aber ohne einen richtigen Plan sind diese Materialien wertlos.

Durch die Detailbetrachtung haben wir den Überblick verloren, und kein Mensch ist mehr in der Lage, die Fülle an Informationen als Gesamtheit zu begreifen. Die Folge sind Frustration und Perspektivlosigkeit bei den Menschen.

Kein Mensch hasst von Natur aus zum Beispiel Tiere und möchte die vielen Mitgeschöpfe gern quälen. Leider werden aber die Menschen auch gequält und wälzen diesen Zustand auf die schwächeren Geschöpfe und die Pflanzen ab.

Fazit:
Die Wissenschaft, die durch die Spezialisierung auch enorm viel Positives erreichte, muss erkennen, dass sie sich jetzt wieder einen Überblick verschaffen sollte. Das geht aber auf keinen Fall durch tiefere Erforschungen des Mikrokosmos, sondern durch einen Weg in die exakt andere Richtung, damit das Wort »Sozialwissenschaft« wieder zu einem substanziellen Begriff erhöht wird.

2. Lektion – Geld

Alle Menschen haben permanent mit Geld zu tun. Umso verwunderlicher ist es, dass nahezu keiner unser Geld- und Währungssystem auch nur ansatzweise versteht, ja meist nicht einmal verstehen will.

Durch die Einführung des Geldes wurde eine erhebliche Verbesserung der Organisationsfähigkeit in die Menschheit infiltriert, denn es geht bei meinen Ausführungen keineswegs um die Verteufelung eines Geldsystems, wie mir des Öfteren unterstellt wurde. Geld ist eine menschliche Erfindung, während der Boden und die Rohstoffe auf unserer Erde schon da waren und sind.

Bei unseren Währungen handelt es sich also nicht um eine Naturgegebenheit, wie zum Beispiel Gold, Silber oder Platin. Sie sind nichts anderes als Instrumente, mit denen wir im Rahmen unserer Natur eine effektive Wirtschaft bewerkstelligen können, und dieses kann man ohne wenn und aber als einen großen Fortschritt bezeichnen.

Der Boden kann niemals vermehrt oder vermindert werden, lediglich die Ausbeute der Flächen lässt sich durch Effizienz erhöhen oder bei falscher Handhabung auch vermindern.

Dieser Grundlage des natürlichen Bodenrechts steht unser derzeitiges Geldsystem entgegen, das man *über* die Natur gestellt hat und das eine Menge Probleme mit sich brachte. Grundsätzlich wurde eine Arbeitsteilung in verschiedene Branchen durch Geld ermöglicht, denn dadurch entstanden erst die Zusammenspiele der Fähigkeiten Einzelner, die in der Gesamtheit die Produktivität erhöhen.

Im Gegensatz zum Boden kann man die Geldmenge beliebig erhöhen, was von den meisten Experten als sinnvoll bezeichnet wird und womit sie im Rahmen ihrer derzeitigen vorgegebenen (!) Denkmuster auch mathematisch gesehen recht haben. Im »natürlichen« Leben nehmen wir allerdings regelmäßige Währungszusammenbrüche wahr, die unsere Währungspolitik ad absurdum führen, wenn man die daraus folgende Massenverarmung einer immer größer werdenden Bevölkerungsgruppe betrachtet.

Jede Regierung bzw. Banken sind für eine funktionierende, nachhaltig konstruierte Währung verantwortlich, so dass die Menschen ihr Leben damit vertrauensvoll gestalten sollten. Hier beginnt das Problem! Unsere Geschichte zeigt, dass Menschen seit Beginn der Gelderfindung durch Kaufkraftverlust und zum Teil dramatischen Wechselkursentwicklungen niemals nachhaltig ihr Leben auf das Medium »Banknoten« aufbauen konnten und können.

Die Wissenschaftler kommunizieren sehr oft, wie wichtig doch das *Vertrauen* der Menschen in das Geldsystem sei, welches für mich eine klare Abwälzung der Verantwortung auf die Bürger bedeutet. So einfach dürfen es sich die Experten nicht machen.

Wenn Waren Tag für Tag teurer werden, ja sogar innerhalb weniger Minuten die Wechselkurse verschiedener Währungen dramatisch schwanken können, sollte man vorsichtig sein, allein die psychologische Grundhaltung der arbeitenden Menschen zur Verantwortung zu ziehen.

Sie können nichts dafür, wenn durch eine falsche Monetärpolitik Inflationen oder Deflationen die Folge sind.

Um die eigentlichen Probleme lösen zu können, muss ich wieder auf Lektion 1 verweisen. Die Finanzwissenschaft sollte einfach einen Schritt zurücktreten und erkennen, dass unser Geld keine natürliche Ressource darstellt, sondern von Menschen gemacht wurde. Auf der Grundlage unendlicher Statistiken und Kalkulationen wird immer wieder versucht, die auftretenden Probleme innerhalb des Systems zu »lösen«, ohne dabei das gesamte Monetärgebäude selbst in Frage zu stellen.

Denn eines ist Fakt: Trotz, oder sogar *durch* die Experten wurden immer wieder alle Papierwährungen der Vergangenheit irgendwann im Rahmen einer Währungsreform entwertet. Leider macht man dafür niemals das System selbst verantwortlich, sondern das Vertrauen der kleinsten Wirtschaftseinheiten, und das sind die Bürger.

Auch verweist man gern auf unvermeidbare Kriege oder Terrorgefahren sowie auf angebliche unnatürliche Klimaverschiebungen, um von den Ursachen abzulenken und eventuelle anschließende Währungsreformen »erklären« zu können.

In meinem Arbeitsleben habe ich einige verantwortliche Banker und Politiker kennengelernt, die nicht ansatzweise unser Geldsystem verstanden haben, selbst wenn sie sich als Experten bezeichneten.

Natürlich gibt es Menschen aus Fleisch und Blut, die sehr wohl alle Zusammenhänge komplex begreifen, aber die lernt man nicht so einfach kennen, weil sie völlig im Hintergrund bleiben wollen.

Letztlich laufen unsere vielen unsäglichen Kriege nach ähnlichem Muster ab:

Alte mächtige Menschen erklären die Kriege, und junge ohnmächtige Menschen verlieren qualvoll ihr Leben!

Die Opfer sind grundsätzlich die »Kleinen«, die durch Manipulationen der Medien immer wieder in die falsche Richtung gelenkt werden.

Solange bestimmte Verantwortliche nicht an einem fairen Finanzsystem interessiert sind – und das möchte ich mit diesem Buch deutlich machen –, wird die Menschheit weiterhin durch den Globalisierungswahn, der ebenfalls auf unsere zum Teil unkontrolliert vermehrbaren Geldscheine zurückzuführen ist, keine Besserung erwarten können.

Genau deshalb möchte ich mit einem strukturierten Aufbau der Zusammenhänge auch Impulse geben, wie ein menschenwürdiges Geldsystem aussehen könnte, in dem sich Fleiß und Ehrlichkeit lohnen.

3. Lektion – Historie und Grundlagen des Geldsystems

Aus den Reihen der Wirtschaftswissenschaftler wird immer wieder vermittelt, dass vor der Erfindung des Geldes keine funktionierende Wirtschaft möglich war. Das ist natürlich nicht ganz richtig. Die orientalischen Hochkulturen standen schon lange vor der Einführung eines monetären Systems in ihrer Blütezeit.

Um Geld überhaupt grundsätzlich zu begreifen, müssen wir zwischen zwei wesentlichen Dingen unterscheiden: Das eine ist der sachliche Wert einer Währung, das andere die Funktion einer Vermittlerrolle für bestimmte Werte wie Fähigkeiten oder Arbeitsleistungen.

Im alten Ägypten, Persien oder zum Beispiel Indien war bereits eine einfache Arbeitsteilung gang und gäbe, allerdings begrenzt auf den bloßen Tausch von Waren. Streng religiös geführte Staatsgefüge überwachten diese einfachen Strukturen des Handels über ein ausgeklügeltes Beamtensystem, während das einfache Volk die Arbeiten machte.

In bestimmten Zeitperioden übernahmen immer wieder verschiedene Waren die Funktion von geldartigen Tauschmitteln. Meist verwandte man bestimmte Nutztiere als Wertmaßstab, wie Rinder oder Kamele.

Nach und nach ersetzten die Edelmetalle Gold und Silber die genannten Tauschmittel, da diese seltenen Güter sehr gut durch Gewicht und Reinheit als Vergleichsmaßstab nutzbar waren. Vor allem aber waren die Edelmetalle verhältnismäßig einfach zu handhaben und aufgrund ihrer Kostbarkeit bei den Menschen sehr beliebt.

Mit der Erfindung der Münzen als gesetzliches Zahlungsmittel, viele Jahrhunderte vor unserer Zeitrechnung, und einer der Kaufkraft entsprechenden Gravur war ein sehr wichtiger Schritt in Richtung eines Währungssystems getan, da man nun mit dem Geld, ohne die Edelmetalle wiegen zu müssen, unkompliziert handeln konnte. Diese Münzen wechselten nun im Rahmen einer regen Wirtschaft von Mensch zu Mensch und wurden als genial empfunden.

Mit der wachsenden Begierde nach den edlen Münzen entstand aber auch das Problem, dass man aufgrund der Seltenheit und der schwer zu beschaffenden Edelmetalle immer häufiger vor der Situation stand, dass die Menschen ihr Geld zu Hause horteten und sich die Zahlungsmittel damit nicht mehr im eigentlichen Wirtschaftskreislauf befanden. Niemand hatte bedacht, dass Geld für eine funktionierende Ökonomie ständig zirkulieren muss, und die Mächtigen der damaligen Zeit hatten diesen Geldfluss nicht durch Regeln sichergestellt.

Da die reine Edelmetallwährung letztlich ein begehrter Sachwert war, handelte es sich dabei also nicht wirklich um Geld, sondern um eine Kombination aus Ware und Tauschmittel.

Es stand natürlich jedem frei, seine Münzen wieder auszugeben oder zu horten, denn das Edelmetall war ja unvergänglich und konnte nicht verderben. Durch den Entzug des Geldes aus der physischen Ökonomie wurde die Wirtschaft jedoch schwerwiegend gestört, da einfach nicht mehr genug Geld im Umlauf war. Nun brauchte man aber auch damals schon Geld für Investitionen, wenn man zum Beispiel bestimmte Hilfsmittel oder Rohstoffe benötigte, um ein Gewerbe zu führen.

Wie konnte man aber die vermögenden Münzbesitzer dazu bringen, ihr Geld in solche produktive Maßnahmen zu investieren? Ganz einfach: Man versprach ihnen per Vertrag, ihnen mehr Gold und Silber zurückzuzahlen, als sie verliehen hatten.

Der Zins war geboren und mit ihm ein neues Problem: Geld wurde nun für die Verleiher *ohne* Arbeit verdient. Die Eigenschaft des Zinses ist heute noch die Ursache unserer sozialen Ungleichgewichte, aber darauf komme ich später noch zu sprechen.

Die einfachen Wirtschaftsteilnehmer, die auf Geld zur Existenzsicherung angewiesen waren, mussten nun einen Zinsverlust in Kauf nehmen, da sie ja von ihren erarbeiteten Gewinnen einen Anteil an die Verleiher abgeben mussten. Diese wiederum wurden ohne jegliche Arbeit immer reicher und konnten somit immer mehr Geld an andere Menschen verleihen, was sie noch reicher machte.

Eines möchte ich noch zum Verständnis anmerken: Nicht das Zurückhalten des Geldes selbst, sondern allein die Möglichkeit, es zu tun und damit die ganze Wirtschaft lahmzulegen, erbrachte den Zinsgewinn für die Verleiher. Die Ökonomie wurde quasi erpressbar durch dieses Machtpotenzial.

Diese neu entstandene Monopolstellung des Geldes ist der Ursprung des Kapitalismus.

Erkennen Sie das Grundproblem? Die Schere zwischen Arm und Reich ging vorprogrammiert immer weiter auseinander.

Nicht mehr die Fähigkeiten der Menschen oder die Arbeitskraft waren relevant für eine fortschrittliche Entwicklung des Homo Sapiens, sondern schlicht der schnöde Mammon.

In bestimmten Religionen gab und gibt es immer wieder den Versuch, das leistungslose Einnehmen von Zinsen durch den Verleihvorgang rechtlich zu unterbinden, zumindest aber als unmoralisch zu deklarieren. Die Praxis zeigt jedoch bis heute grundsätzlich keinen Erfolg, da man immer wieder Mittel und Wege findet, diese Ver- oder Gebote zu umgehen, denn der Reiz des Reichtums ohne jegliche Arbeit ist einfach zu groß.

Bis zum heutigen Tage wird dieser Zusammenhang in der Finanzwissenschaft nicht großflächig diskutiert, obwohl er ursächlich für unsere heutige Globalisierung und die Massenverarmung verantwortlich ist.

In den darauffolgenden Jahrhunderten der Edelmetallmünzenwährung spitzte sich die Lage weiter zu. Alle Regierungen waren besessen vom Gold, und nicht nur Mord und Totschlag waren die Regel, um an das begehrte Metall zu kommen. Es entstand auch ein reger internationaler Handel, mit dem man versuchte, seine Waren im Ausland zu verkaufen, um dafür deren Metallmünzen zu erhalten.

Der meist durch Kolonisationen entstandene Welthandel auf Warengeldbasis, der vom 16. bis zum 19. Jahrhundert als »Merkantilismus« bezeichnet wurde, war geprägt von einer regelrechten Außenhandelseuphorie, denn es ging bei allen Aktivitäten vor allem um den Verkauf von Waren gegen ausländisches Gold.

Das Nachsehen hatten, wie heute noch, die einfachen Menschen, die gnadenlos ausgebeutet wurden.

Die Kolonialmacht England als eine der führenden Eroberer plünderte Indien nach Erringung der Vorherrschaft grausam aus. Millionen von Indern wurden versklavt und wegen vermeintlicher Vergehen umgebracht. Den einheimischen Baumwollwebern wurde es verboten, im eigenen Land für die Bevölkerung die Webstühle (bei Androhung der Todesstrafe) zu nutzen, da man die Rohbaumwolle lieber in England verarbeitete, um dann die fertigen Textilien an die Inder gegen Gold zu verkaufen. Als Folge dieser grausamen britischen Politik verhungerten weitere Millionen Menschen im »Baumwollland«.

Zwischenzeitig wurde der Boden privatisiert, was an sich schon ein perfider Vorgang ist, denn welcher Mensch kann sich das Recht herausnehmen, einfach Grund und Boden als sein Eigentum zu deklarieren und es an andere Menschen zu verkaufen?

Die Macht des Kapitals organisierte sich auch in verschiedenen Notenbanken, denn es kam eine Zeit, in der es für Großkaufleute kaum noch möglich war, gigantische Mengen an Edelmetallmünzen mit sich »herumzuschleppen«. Sie bedienten sich deshalb sogenannter Depositenscheine, die von den Banken herausgegeben wurden. Damit konnten sie ihren Handelspartnern bestätigen, dass sie als Eigentümer über bestimmte Summen an Münzgeld verfügten. Es wurden für Waren und Leistungen nur noch diese Banknoten ausgetauscht. Im nächsten Schritt wurden die Geldtransaktionen bei internationalen Geschäften gegen »Wechsel« getätigt, das heißt mit einer Anweisung auf ausländische Münzen in Höhe der eingezahlten Summe, die den Wechselinhaber in die Lage versetzten, bei einem beruflichen »Wechsler« die festgelegte Summe in bestimmte Münzen umzutauschen. Per »Indossament«, was nichts anderes bedeutet, als dass sich die Kaufleute untereinander irgendwann nicht einmal mehr die Münzen tatsächlich beim Wechsler auszahlen ließen, sondern stattdessen auf der Rückseite des Dokumentes den Eigentumsübergang der Rechte auf die Münzen bestätigten, entstand gewissermaßen ein »bargeldloser« Geschäftsverkehr. Natürlich waren immer noch physisch vorhandene Silber- und Goldmünzen die Basis für diese Wechselzahlungen.

Die Regierungen, die den Banken das Privileg des Gelddruckens übertragen hatten, nahmen natürlich mit Freude wahr, dass durch die einfache Handhabung des Geldes die Wirtschaft immer weiter prosperierte und sahen kaum eine Veranlassung, an einem nachhaltigen Erfolg dieses Banknotensystems zu zweifeln. Da alle Beteiligten der Wirtschaft darauf vertrauten, dass die dokumentierten Münzen auch tatsächlich eins zu eins vorhanden waren, kamen immer weniger Kaufleute auf die Idee, die Scheine einzulösen.

Es kam was kommen musste: Der Handel und die Entwicklung der gesamten Wirtschaft steigerten sich rasant, so dass ein ständig vermehrter Geldbedarf die Folge war.
Aufgrund der begrenzten Edelmetalle in den Schatzkammern der einzelnen Staaten konnte man diesen wachsenden Bedarf an Geld natürlich irgendwann nicht mehr decken. Was geschah? Ganz einfach: Mit Genehmigung der Regierungen druckten die Banken einfach mehr Banknoten, als tatsächlich an Gold und Silber vorhanden waren. Man vertraute darauf, dass auch weiterhin nur ganz wenige der *Papiergeld*inhaber tatsächlich auch die Metalle von den Notenbanken abholen würden. Diesen unglaublichen Vorgang kann man ohne weiteres als Falschgelddrucken mit staatlicher Genehmigung bezeichnen.

Da das Volk diesen Schwindel nicht mitbekam, entwickelte sich die Wirtschaft rasant weiter, und die Banken, die nun Geld verleihen konnten, welches es physisch gar nicht gab, machten unglaublichen Profit. Selbst die Regierungen, die das Gelddruckprivileg den Banken erst ermöglichten, nahmen Staatskredite auf und verschuldeten sich im selbst geschaffenen System.

Irgendwann war ein *Mehrfaches* an Banknoten im Vergleich zu den Edelmetallreserven im Umlauf.

Die Banken kassierten jetzt ohne einen entsprechenden Einsatz natürlich auch ein Vielfaches an Zinsen für ihre vergebenen Kredite, die mangels Masse eigentlich gar nicht existieren konnten, und das Volk und deren Produktivität hafteten als Sicherheit.

Natürlich legten die Regierungen in Absprache mit den Banken bestimmte Höchstgrenzen fest, um die die Banknoten den tatsächlichen Edelmetallbestand überschreiten durften, zum Beispiel das Vierfache. Die Banken mussten sich nach diesen Abkommen aber auch verpflichten, die Geldmenge zu reduzieren, falls jemand auf die Idee kam, sein Gold oder Silber tatsächlich physisch abzuholen, was hin und wieder der Fall war.

Diese Konstruktion des Geldwesens war natürlich sehr riskant. Logischerweise konnte man durch die Möglichkeit, mehr Gold und Silber per Banknote zu bestätigen als tatsächlich vorhanden war, den steigenden Geldbedarf der Wirtschaft befriedigen, hatte aber auch das Risiko, dass die Wirtschaft bei tatsächlicher Inanspruchnahme des Rechtes auf Auslieferung der Metalle in Schwierigkeiten geraten würde, da dann die vierfache Geldmenge eingezogen werden müsste.

1846 führte dieses System in England zu einem ökonomischen Fiasko. In diesem besagten Jahr hatten die Engländer eine furchtbare Missernte und waren gezwungen, ihr Getreide und die Kartoffeln aus dem Ausland zu beziehen.

Das Dumme war nur, dass die ausländischen Handelspartner sich nicht mit den Papierscheinen der Banken begnügten, sondern bei ihren Zahlungen auf Gold und Silber bestanden.

Mit diesen Forderungen kam die Bank von England in arge Bedrängnis. Die Kosten der Grundnahrungsmittel beliefen sich auf einige Millionen britischer Pfund, und die Bank war gezwungen, die vierfache Geldmenge aus dem Markt zu ziehen.

Das war nur möglich, indem diversen Bürgern und Kleinunternehmern die Kredite gekündigt und somit viele Existenzen zerstört wurden.

In der damaligen Wirtschaft führte die stark reduzierte Geldmenge zu einem wirtschaftlichen Kollaps. Die Banken setzten das Zinsniveau auf rund zehn Prozent pro Jahr herauf, was kaum ein Kreditnehmer bezahlen konnte. Die Folge waren eine Pleitewelle der Unternehmen und eine entsprechende Armut. Irgendwann stand sogar die Bank von England selbst am Rande des Ruins.

Um das System zu retten, hob die Regierung von England schließlich die edelmetallunterlegte Währung auf. Daraufhin konnte die Notenbank *ohne* Auflagen Banknoten drucken, und die Wirtschaft kam wieder auf die Beine. Natürlich begriff kaum ein Bürger, dass mit diesem Vorgang das Geld noch wertloser wurde, aber man baute ja innerhalb der Bankenmacht und der Politik auf das Vertrauen der Bürger in die eigene Währung.

Dieses Spiel mit dem Gelddrucken ohne Sachunterlegung wurde bei Wirtschaftskrisen oder Kriegen mehrfach wiederholt, so dass es niemals an Geld mangelte, wenn die häufig selbst inszenierten Kriege finanziert werden mussten, da einfach durch Ermächtigungsgesetze eine uneingeschränkte Lizenz zur Banknotenproduktion absegnet wurde.

Trotzdem kommen fast alle Geldsysteme irgendwann wieder auf eine Goldunterlegung zurück, um die hemmungslose Produktion der Währungen zu regulieren. Wie wir aber gesehen haben, ist durch die Eigenschaft des Hortens und die Unvergänglichkeit der Edelmetalle auch hier nicht der Weisheit letzter Schluss gefunden.

Grundsätzlich möchte ich an dieser Stelle als Fazit festhalten:

Die Bankensysteme sollten niemals Macht über die Volkswirtschaft haben. Sorgen könnten dafür nur *ehrliche* Regierungen, die tatsächlich im Interesse der Bürger agieren.

Aus meiner Sicht ist eine Edelmetallwährung keine Lösung des Monetärproblems. Ein gerechtes Währungssystem sollte völlig anders konstruiert sein.

Ich möchte Sie, liebe Leserinnen und Leser, an dieser Stelle beruhigen, falls Sie sich mit dem Thema Geldsystem schon länger beschäftigen und wissen, dass ich u.a. physische Edelmetalle als Anlageform in der heutigen Zeit empfehle. Dabei geht es mir allerdings lediglich um die Sicherung des Vermögens unter jetzigen Systemvoraussetzungen, eine Art »Zwischenlösung« also.

Ich lehne natürlich unser aktuelles *wertloses* Geldsystem ab, da es zwar auf der Basis eines Goldstandards aufgebaut war, den man dann aber 1971 (wie im alten England) wegfallen ließ, um mehr Geld leistungslos drucken zu können.

Auch dieses Mal wird der Betrug an den Menschen zur Währungsreform führen, da eine solche von den Banken ins Rollen gebrachte Geldlawine nicht kontrolliert zu stoppen ist.

»Ich bin der festen Überzeugung, dass private Banken, mit dem Recht Geld zu drucken, für die persönliche Freiheit der Bürger gefährlicher sind, als stehende Armeen!«
Thomas Jefferson
(3. US-Präsident, 1801–1809)

Interessanterweise werden Sie in jedem Staat die Goldreserven an erster Position der Notenbanken finden, unabhängig davon, ob sie tatsächlich in dem Land liegen, oder überhaupt noch vorhanden sind!

Gold, Silber, Platin und auch andere Metalle sind wertvolle Güter, die man mit ihren jeweiligen Eigenschaften vielseitig verwenden kann, aber sie sind als Wertmaßstab (sprich Geld) für eine angemessene Bewertung von Fähigkeiten, Talenten und Arbeit keine gerechten Mittel. Aber dazu mehr, wenn wir das Thema Geld aus meiner Sicht aufgearbeitet haben.

Als außerordentlich bedenklich empfinde ich nur eines: Diese wenigen bis hierher von mir angesprochenen Zusammenhänge sollte eigentlich jeder interessierte Bürger verstehen, aber es wird mit allen Mitteln vermieden, überhaupt die Diskussion zu diesem so wichtigen Thema Geld zuzulassen. Warum wohl…?

4. Lektion – Das Zinssystem

Bevor ich mit den Ausführungen des Zinsmechanismus beginne, möchte ich klarstellen, dass ich vom Geldzins spreche, wie ich es in der dritten Lektion beschrieben habe. Durch die Möglichkeit der Kapitaleigentümer, ihr Vermögen aus dem Wirtschaftskreislauf zurückzuhalten, was ich als Geldmonopol bezeichne, sind die auf dieses Kapital angewiesenen Bürger gezwungen, dieses Geld gegen »diktierte« Zinsen zu nutzen.

Der Zins an sich ist überhaupt nicht zu verteufeln, denn gäbe es ein freies Kapitalangebot, welches über ein »gemeinnütziges Bankensystem« verwaltet würde, wäre der Zins ein Regulativ des Marktes, der bei einer Verknappung des Geldes steigen oder bei einem Überangebot fallen würde.

In unserem monopolisierten Geldsystem handelt es sich bei den Zinsen aber hauptsächlich um »Tributzahlungen« an die Geldeigentümer, die in der weiteren Konsequenz nicht nur zur Geldkonzentration zugunsten einiger weniger Reichen führen, sondern auch zum Eigentumsübergang aller Sachwerte auf diese Gruppe, weshalb dieses monetäre System als Geld- und Sachmonopol gleichermaßen bezeichnet werden kann.

Ein Kapitaleigentümer wird erst dann sein Geld verleihen, wenn es sich für ihn lohnt. Ein Prozent Zinsen sind nicht so reizvoll wie zum Beispiel fünf Prozent. Also wird das Kapital zurückgehalten, bis die Menschen bereit sind, den gewünschten Zins zu zahlen.

Nehmen wir einmal ein so »entstandenes« Zinsniveau von fünf Prozent an.
    Dieser Zinssatz ist zwar für alle gleich, aber die unterschiedlichen Ausgangspositionen sind ein Problem.
    Bei einem Zinssatz von fünf Prozent verdoppelt sich das Kapital für einen Anleger (dem natürlich Schuldner gegenüberstehen) nach

ca. 15 Jahren.

Startet nun ein Mensch mit seiner Kapitalanlage in einer Höhe von einer Million Euro (die er zum Beispiel geerbt hat) mit fünf Prozent Guthabenzins, so kann er nach 15 Jahren ein stattliches Vermögen von zwei Millionen vorweisen.

Ein anderer Bürger beginnt zeitgleich mit einem Gesamtvermögen von 1.000 Euro seinen Anlagevorgang mit fünf Prozent, dann hat er nach 15 Jahren 2.000 Euro.

Natürlich ist für beide Geldanleger das Zinsniveau gleich, aber nach weiteren 15 Jahren kann der Anleger Eins bereits vier Millionen Euro sein eigen nennen, während der zweite gerade einmal 4.000 Euro Guthaben auf seinen Konten vorfindet.

Dieses Zinssystem führt also ganz klar zu massiven Kapitalumverteilungen, was man auch ohne Wirtschaftsstudium als »ungerecht« erkennen kann, denn die Zinserträge aus Kapitalvermögen sind ja grundsätzlich ohne jegliche Leistung des Eigentümers entstanden.

Letztlich erhalten auf diesem Wege die Großkapitalbesitzer ein immer größeres Verfügungsrecht über das Volksvermögen zulasten der kleinen Sparer und Anleger, und dieser Vorgang ist systembedingt nicht umkehrbar.

Ein einmal entstandenes Ungleichgewicht der Vermögensverteilung geht zwangsläufig diesen Weg weiter.

Die Kleinen müssen also die Großen finanzieren, denn letztlich resultieren alle Zinszahlungen aus den Leistungen in der Wirtschaft. Ich meine damit die vielen Darlehen und Kredite, die zum Beispiel Betriebe aufnehmen müssen, um überhaupt produktiv sein zu können. Diese Darlehenszinsen müssen natürlich wieder in die produzierten Güter und Dienstleistungen einkalkuliert werden, die dann der Endverbraucher zu zahlen hat.

Dazu gehören natürlich auch die Dividenden an die Aktionäre, wenn Unternehmen auf dem Weg eines Börsenganges Fremdkapital aufgenommen haben, was grundsätzlich nichts anderes ist, als eine Kreditaufnahme, wobei man die Zinsen dann als Dividende bezeichnet. Selbstverständlich muss auch der Großkapitalbesitzer diese Darlehenszinsen im Rahmen seines *eigenen* Konsums bezahlen, aber bei ihm sind diese Zinszahlungen erheblich geringer, als er auf der anderen Seite als *Kapitaleigentümer* (sprich Darlehensgeber) an Guthabenzinsen über seine Kapitalanlagen bei den Banken erhält.

Der weitaus größte Teil der Menschen muss über den Konsumweg weit mehr Zinsanteile bezahlen, als er auf der anderen Seite an Guthabenzinsen erhält, falls dieser Teil überhaupt noch über Sparvermögen verfügt.

Weit mehr als die Hälfte der Produktpreise, ob Lebensmittel, Miete, Steuern oder Telefonkosten, bestehen aus einem Zinsanteil, den der Konsument zu zahlen hat.

Gigantische Kapitalkonzentrationen sind also die logische Folge, die zwangsläufig durch Aktien und andere Beteiligungen dazu führen, dass immer größer werdende Unternehmen die kleineren aufkaufen. Unter dem Verschleierungsbegriff »Konkurrenzunfähigkeit« wird dann den Menschen suggeriert, dass die Kleinen nicht »marktfähig« seien, aber in Wirklichkeit geht es nicht um mangelnde Qualität der kleinen Betriebe oder zu wenig Effizienz, nein, es geht schlicht um die monetäre Masse, die die Großen in die Lage versetzen, Firmen zu übernehmen.

Wird dieses System weitergespielt, was derzeit definitiv stattfindet, werden irgendwann auch die Großen von »noch Größeren« übernommen, was wir zurzeit bei den unglaublichen Übernahmeschlachten der Konzerne deutlich erkennen, bis dann in Zukunft nur noch *ein* gigantisches Unternehmen (bzw. eine Person) übrigbleibt, das alles Vermögen der Welt auf sich vereint. Das ist ein logischer mathematischer Vorgang.

Letztlich müssen die arbeitenden Menschen alles bezahlen, was die Geldbesitzer auf der anderen Seite als Zins- und Spekulationseinnahmen an der Börse, oder wo auch immer, einnehmen.

Zur Klarheit:
Auch wenn man dem kleinen Bürger suggeriert, er könne an der Börse kräftig mitverdienen, so ist aufgrund seiner geringen Einsatzmittel eines offensichtlich: Seine Börsengewinne oder sonstigen Zinseinnahmen werden immer kleiner sein, als er auf der anderen Seite durch seinen normalen Lebensunterhalt an Zinszahlungen an das Großvermögen zu zahlen hat.

Ein weiteres verbreitetes Missverständnis ist die Annahme, dass ohne

Geld nicht gearbeitet werden kann und erst die Kreditvergabe der Kapitaleigentümer eine Ökonomie ermöglicht, was von deren Seite natürlich auch gebetsmühlenartig nach außen getragen wird. Dazu bedienen sie sich der Massenmedien, wie Zeitungen oder Fernsehen, die ja mittlerweile auch von diesem Geldsystem abhängig sind und das präsentieren müssen, was die Macht vorgibt.

Diese falsche Grundannahme gibt dem Bürger das Gefühl, dass es eigentlich gerecht sei, wenn die Geldgeber als »Lohn« für ihre generöse Bereitstellung des Kapitals auch an den produzierten Vermögenswerten partizipieren.

Würde ich einem meiner Freunde zum Beispiel Werkzeug verleihen, damit er sich ein Haus bauen kann, käme ich nicht auf die Idee, mit ihm auszuhandeln, dass mir nach Fertigstellung des Gebäudes ein Teil dieser Immobilie gehört. Ich könnte maximal eine Gebühr von ihm verlangen, da er mein Werkzeug durch die Arbeit abnutzt.

In unserem Finanzsystem aber läuft genau dieser genannte Prozess ab. Die Geldgeber bekommen nicht nur ihre Darlehen zurück, sondern darüber hinaus auch gewaltige Gewinne.

Bei einem Hypothekendarlehenszins von nur vier Prozent beträgt dieser Zins in zehn Jahren bereits 40 Prozent, der vom Darlehensnehmer durch seine Arbeit bezahlt werden muss.

Durch dieses Beispiel wird deutlich, dass es ein weiteres wesentliches Missverständnis bei den Menschen gibt, wenn sie verstehen wollen, wie unser Geld funktioniert.

Zwischen dem Geldgeber und dem Geldnehmer entsteht klarerweise eine Differenz, die *doppelt* so hoch ist, wie der eigentliche vereinbarte Zins!

Wenn also der Kreditgeber (wie im obigen Beispiel genannt) nach zehn Jahren über 40 Prozent mehr Geld verfügt, steht dem gegenüber ja der Kreditnehmer, der in demselben Zeitraum 40 Prozent weniger hat. Die gesamte Differenz zwischen den Beiden beträgt also nicht 40 Prozent, sondern natürlich das Doppelte, also 80 Prozent.

Zum einfacheren Verständnis dieser Aussagen möchte ich den Vorgang kurz in Geld ausdrücken.

Zahlt ein Kreditnehmer zum Beispiel 1.000 Euro Zinsen pro Monat an den Kreditgeber, so hat dieser pro Monat 1.000 Euro mehr im Vermögen, während der Zahler 1.000 Euro weniger zur Verfügung hat. Die Differenz zwischen den beiden ist also exakt 2.000 Euro.

Im Klartext bedeutet das, dass der Kapitalgeber zukünftig mit 2.000 Euro mehr über die Waren und Dienstleistungen der Gesamtwirtschaft verfügen kann als der Kreditzahler.

Bei der Berechnung dieser Vorgänge darf man also nicht von einer mathematischen Nulllinie ausgehen, denn danach würde sich das Kapital bei einem Anlagezins von fünf Prozent ja nach 15 Jahren verdoppeln. Da aber auf der anderen Seite immer ein Kreditnehmer dagegen steht, wird bereits nach 7,5 Jahren eine Verdoppelung des Vermögens erreicht.

Bei den gesamten Zinssummen handelt es sich also nicht um die Entwicklung eines Mehrwertes, sondern lediglich um ein Nullsummenspiel, bei dem der Kreditnehmer das verliert, was der Kreditgeber immer als Gewinn verbucht. Deshalb sind die Zinsen auch nicht für Inflationen oder Deflationen zuständig, wie oft irrtümlicherweise behauptet wird. Dieses System führt lediglich zur einseitigen Verlagerung der Macht über diese Welt, da die Zinseinnehmer immer mehr Rechte durch das gewonnene Kaufpotenzial erhalten, die auch noch exponentiell steigen.

Aus diesem Status ergibt sich also die Situation, dass nicht der Zins an sich das Problem darstellt, sondern der Fehler auf der rechtlichen Ebene zu suchen ist. Solange das Kapitalmonopol diese genannten Eigenschaften einseitig zu ungunsten der produktiven Leistungsträger, sprich der arbeitenden Menschen, diktiert, lässt sich gar nichts ändern.

Unsere sogenannte Demokratie, die das Volk als »Souverän« bezeichnet, ist durch diese Prozesse nicht existent, denn alle politischen Grundlagen und Entscheidungen basieren auf diesem Geldsystem, was auf Gedeih und Verderb erhalten bleiben soll.

An dieser Stelle bitte ich Sie, liebe Leserinnen und Leser, einmal über unsere modernen Industriestaaten nachzudenken. In Anbetracht einer großen Erfolgsstory der jüngeren Wirtschaftsgeschichte in unseren Ländern, in denen der technische Fortschritt und viele andere Errungenschaften eine atemberaubende Entwicklung der Ökonomie zur Folge hatte, müsste es eigentlich allen Menschen hervorragend gehen, in Anbetracht des gigantischen Reichtums. Die Tatsache, dass dem nicht so ist, sollte ein klares Indiz dafür sein, dass das gelehrte Wissen an unseren Universitäten »falsch« ist, denn die ungerechte Verteilung unseres Geldes ist ein sehr deutlicher Indikator dafür, dass meine bisherigen Ausführungen *nicht* aus der Luft gegriffen sind.

Mir ist klar, dass diese Zusammenhänge für einen Laien nicht so leicht verständlich sind, da man ja in Sachen »Geld« künstlich »dumm« gehalten wird. Lesen Sie bitte einige Abschnitte ruhig öfter durch und versuchen Sie zu erfassen, in welcher Welt wir uns befinden, denn nur dann haben wir eine Möglichkeit, uns auf sehr bewegte Zeiten vorzubereiten.

Die Schmerzfähigkeit der Menschen, die systembedingt durchs Raster fallen, ist nicht unbegrenzt.

Immer größer werdende Gruppen von Menschen begreifen entweder instinktiv oder einfach durch Nachdenken sehr deutlich, was in dieser Welt passiert. Darüber können weder die von den entstandenen Machtstrukturen inszenierten Kriege oder sonstige Horrorverbreitungen hinwegtäuschen.

Ein tibetisches Sprichwort sagt:

»Ein Baum, der fällt, macht mehr Lärm, als ein Wald, der wächst!«

Das macht doch Mut...

5. Lektion – Die Inflation

Die Auswirkungen der Inflation sind relativ leicht erkennbar, da in diesem Fall die Gesamtheit aller Produkte im Durchschnitt preislich ansteigt. Für die Wirtschaft kann dieser Zustand sehr unangenehm sein, da viele Geschäftsverträge längerfristig sind und die Qualität und Quantität der Waren bzw. Leistungen in einer Geldmenge vereinbart werden.

Bekommt ein Unternehmen zum Beispiel den Auftrag, ein Bürogebäude zu einem Festpreis zu erstellen, gerät diese Baufirma in arge Bedrängnis, wenn während der Bauphase die Preise für die Bau- oder Kraftstoffe unerwartet steigen, bevor der Kunde den vollen Preis bezahlt hat.

Die Verträge stimmen dann einfach nicht mehr, denn die Gläubiger müssen in Inflationsphasen ungewollte Verluste tragen, wodurch eine extreme Unsicherheit für die gesamte Ökonomie auftreten kann.

Die angestellten Gehaltsempfänger würden das Problem der steigenden Preise im täglichen Leben eventuell gar nicht wahrnehmen, vorausgesetzt, sie hätten im Vorfeld eine entsprechende Lohnerhöhung bekommen.

Doch das ist grundsätzlich nicht der Fall. Wenn Arbeitnehmer bemerken, dass die Preise steigen, werden sie erfahrungsgemäß aktiv und fordern über Arbeitskämpfe entsprechende Lohnerhöhungen. Die Arbeitgeber kontern mit dem Argument, wenn sie die Gehälter erhöhen würden, müssten sie die Preise ihrer Produkte weiter steigen lassen.

Aus Arbeitnehmersicht bedeutet keine Einkommenserhöhung aber, dass dann die Kaufkraft reduziert wird, was wiederum eine Verminderung der allgemeinen Nachfrage bedeutet.

Das hätte dann zur Folge, dass die Preise mangels Absatzmöglichkeiten von den Unternehmern wieder reduziert werden müssten, wenn man die viel diskutierten Mechanismen von Angebot und Nachfrage zugrunde legt.

Die Arbeitgeberverbände und Gewerkschaften werfen sich dann in Fernsehtalkshows gegenseitig mangelnde wirtschaftliche Kompetenz oder Profitgier vor.

Beide Parteien übersehen dabei, dass weder die Preisaufschläge noch die Lohnerhöhungen wirtschaftlich eine Rolle spielen, solange sie nicht real bezahlt werden müssen.

Wie schon so oft erwähnt, lohnt es sich auch bei diesem Thema, einen Schritt zurückzutreten und zu versuchen, die Ursachen zu ermitteln.

Durch bewusste Lenkung der Menschen über Medien und Ausbildungssysteme begreifen eigentlich nur sehr wenige, dass über alle Produktgruppen steigende Preise nicht auf eine Profitgier zurückzuführen ist, sondern die Ursachen ganz woanders liegen.

Wenn die Preise pauschal steigen, ist das ein klares Zeichen dafür, dass das Bankensystem »zugeschlagen« hat. Vergessen Sie bitte niemals, dass die Notenbanken das Privileg der Geldmengenerhöhung besitzen und ohne jegliche Gegenwerte einfach neues Geld in den Markt einführen dürfen.

Preiserhöhungen für einige wenige Produkte können natürlich auf Angebot und Nachfrage zurückzuführen sein. In einer Bauboomphase ist es aufgrund des hohen Baustoffbedarfs sehr wahrscheinlich, dass ein auftretender Warenmangel zu Preisaufschlägen führt. Andererseits müssten dann aber viele Produktgruppen mangels Nachfrage in baufremden Branchen im Preis gesenkt werden.

Steigen aber im Durchschnitt fast alle Produkte im Preis, liegt das grundsätzlich an einer Geldmengenerhöhung durch die Bankensysteme.

Also, liebe Lobbyisten der Arbeitnehmer und Arbeitgeber: Schieben Sie sich nicht gegenseitig die Schuld für diesen Zustand der steigenden Preise zu, denn damit diskutieren Sie komplett an den Ursachen vorbei. Letztlich werden bei diesen unsäglichen Diskussionen die »Opfergruppen« gegeneinander ausgespielt! Es handelt sich dabei um ein reines Ablenkungsmanöver!

Der »alten« Geldmenge stehen ja in der Gesamtheit die Produkte und Dienstleistungen der Volkswirtschaft gegenüber, woraus sich die einzelnen Preise ergeben.

Wird die Geldmenge ohne entsprechende Gütermenge erhöht, führt das zu einer Neubewertung der Kaufkraft, da nun die Güter auf die neue erhöhte Gesamtsumme des Geldes »umgerechnet« werden müssen, was logischerweise zu Preiserhöhungen führt.

Dieser Vorgang sollte genauer untersucht werden, um zu verstehen, auf welchem Wege die neue Geldmenge eigentlich in die Wirtschaft eingebracht wird.

Da nur die Notenbanken das Recht haben, Geld zu produzieren, können auch nur diese Institutionen eine Inflation erzeugen.

Es versteht sich von selbst, dass Notenbanken natürlich nur Geld drucken, um Gewinne damit einzufahren. Sie produzieren also neues Geld, ohne dass dieses durch Güter oder Leistungen gedeckt ist und schreiben sich das neue Geld einfach gut.

Sie betrachten dieses Geld also einfach von Anfang an als eine weitere Schuld des Volkes an die Notenbanken.

Diese neue Geldmenge wird nun an das Geschäftsbankensystem (also Ihrer Bank um die Ecke) gegen einen Zinssatz verliehen. Man nennt diesen Zinssatz im Fachjargon »Diskontzinssatz«.

Nun wird dieses bis dato nicht existierende Geld mit einem Zinsaufschlag an das Volk in Form von Krediten verliehen und dann in der Wirtschaft ausgegeben.

Die Geschäftsbanken verdienen durch die Kreditvergabe des ungedeckten Geldes mindestens genauso viel wie durch die Darlehen der mit Waren und Güter unterlegten Gelder aus den Sparvermögen ihrer Kunden.

Durch diesen Vorgang der Infiltration des vorher nicht existenten Geldes bekommt es erst die Kaufkraft, denn die bestehende Gütermenge fließt nun in die neue Gesamtgeldmenge ein, wodurch natürlich das »alte« Geld entsprechend entwertet wird.

Alle Sparanlagen des Volkes werden durch die permanente Geldproduktion der Notenbanken ständig in der Kaufkraft reduziert, welches durch die steigenden Preise erkennbar wird.

Die sogenannten Guthabenzinsen, die man dem Volk zugesteht, haben vorrangig die Aufgabe, die Inflationsverluste erträglicher zu machen, auch wenn die heutigen Sparzinsen vorn und hinten nicht ausreichen, um die Preissteigerungen der Lebenshaltung real aufzufangen.

Einzig die Banken und die Regierungen verdienen an den produzierten Inflationsraten, und nur die Kapitaleigentümer bekommen immer mehr Kapitalmacht, wodurch sich das oben beschriebene Geldmonopol noch verstärkt. Allein die Arbeitskraft des Volkes (ob Arbeitnehmer oder Unternehmer, die letztlich die eigentlichen Werte erschaffen), muss die Rechnung für dieses Notenbankensystem tragen.

Zugegeben, diese Vorgänge können schon verwirrend sein, denn die Geldmenge wird nicht nur über Bargeld erhöht, sondern auch über die Finanzinstrumente wie Wechsel, Staatspapiere oder Anleihen. Das spielt aber grundsätzlich bei unserer Betrachtung keine Rolle. Entscheidend ist, dass es sich bei der Produktion von neuem Geld um ausgegebene *Kaufrechte* über die bestehenden Waren und Leistungen handelt. Der Anstieg der nominalen Preise zeigt also generell, dass mehr Kaufrechte geschaffen wurden, als an Waren und Leistungen zur Verfügung standen.

Bitte realisieren Sie ganz klar eines: Dieser beschriebene Vorgang der leistungslosen Geldproduktion ist ein permanenter Vorgang, weshalb wir auch eine ständige Inflationsrate zu verzeichnen haben.
   Die anfänglich steigenden Preise pendeln sich erst dann wieder auf ein neues Niveau ein, wenn das Volk durch harte Arbeit und Produktion der neuen Geldmenge auch neue Güter und Leistungen gegenübergestellt hat. Die Werterschaffung liegt also immer bei den Bürgern eines Staates.
   Doch sobald dieser Zustand der Stabilität wieder erreicht wurde, drucken die Notenbanken wieder neues Geld, und der Vorgang startet von vorn.

Ich möchte mich nicht zu weit aus dem Fenster lehnen, aber mir fällt an dieser Stelle kein besserer Begriff ein, als von einer »Versklavung« der Menschheit durch das Geldsystem zu sprechen.

Um eines klarzustellen: Würde man die Geldmenge um 50 Prozent erhöhen und zeitgleich auch die Gehälter, Schulden und Guthaben der Menschen, würde nichts passieren. In einem solchen Fall würde man lediglich die Recheneinheit auf eine andere Ebene verlegen. Die Preise der Güter würden sich zwar auch um 50 Prozent erhöhen, aber niemand hätte einen Schaden dadurch.

Unser derzeitiges Geldsystem ist aber, wie erläutert, anders aufgebaut. Die Begründung der Finanzexperten ist recht einfach. Man argumentiert die permanent produzierte Inflation mit der Abwehr einer Deflation, die durch Zurückhalten des Geldes der Kapitaleigentümer entstehen kann. Durch diese künstliche Entwertung sollen die Kapitaleigentümer »gezwungen« werden, ihr Geld nicht zinslos zu parken, sondern dem Wirtschaftskreislauf gegen Zinsen zur Verfügung zu stellen, um keine Verluste zu erleiden.

In der nächsten Lektion möchte ich das Thema Deflation näher behandeln.

Die Bekämpfung einer möglichen Deflation durch eine künstliche permanente Inflation ermöglichte der Wirtschaft natürlich in der Anfangszeit des Industrialisierungszeitalters unglaubliche Wachstumsraten. Solange die Märkte noch nicht gedeckt waren, funktionierte das System ja auch, und Arbeitslosigkeit war kein Thema.

In einer Zeit, in der allerdings durch das Geldmonopol die Vermögenswerte extrem umverteilt wurden, nämlich von Arm auf Reich, wird es zunehmend schwieriger, Wirtschaftswachstum zu erzielen, zumal auch die Märkte mittlerweile gesättigt sind.

Da aber systembedingt die Inflationierung weiter stattfindet, also unsere Wirtschaft auf Wachstum angewiesen ist, findet zurzeit häufig nur noch eine Pseudowirtschaft statt, bei der niemand mehr fragt, was überhaupt produziert wurde und für wen. Diese dogmatische Wachstumshysterie führt zu absolut unsinnigen Verhaltensmustern der Wirtschaft. Wir zerstören die Umwelt und verbrauchen wertvolle Ressourcen der Natur, um Dinge zu produzieren, die keiner wirklich braucht. Hierbei landen wir langsam bei sehr ernsten ethischen Sachverhalten, die aus menschlicher Sicht nicht mehr vertretbar sind.

Die perfide Naturzerstörung durch Rohstoffverbrauch oder die Massentierhaltung und letztlich auch die »Zerlegung« der menschlichen Psyche haben einen Punkt erreicht, an dem endlich nachgedacht werden muss.

Die vielen Umweltschutzverbände, Naturschutzparteien oder Tierschutzorganisationen werden mit ihren *ehrlichen und wichtigen* Aktionen leider wenig nachhaltig ausrichten können, wenn nicht endlich über die genannten Ursachen des Finanzsystems diskutiert wird.

Deshalb schreibe ich dieses Buch, damit ich diese Ursachen aus meiner Sicht deutlich mache.

Durch den systematischen Zwang des Wirtschaftswachstums entstehen also immer unsinnigere Aktivitäten. In den Industriestaaten haben fast alle Menschen ein Auto oder andere Güter, logischerweise finanziert, was sich ja ebenfalls aus dem System ergibt. Die gesättigten Märkte sind natürlich ein Problem für die industriellen Wirtschaftsstandorte, woraus ein globaler Kampf der Unternehmen um weitere Absatzmärkte entstand.

Natürlich haben vernünftige Exportgeschäfte ihre Daseinsberechtigung. Wenn Spanien zum Beispiel nach Schweden Oliven exportiert und Schweden dagegen in Spanien bestimmtes Holz verkauft, ist Außenhandel sinnvoll, da beide Länder voneinander profitieren.

»Exportüberschüsse« heißt jedoch das Zauberwort! Fast alle Staaten kämpfen um diese *sogenannten Gewinne*. Doch was läuft real eigentlich ab?

Ein Unternehmen produziert zum Beispiel Autos für fremde Länder (meist USA), da im eigenen Land keine Absatzsteigerungen mehr möglich sind.

Bezahlt werden die exportierten Waren nur mit wertlosem ausländischem Geld, das in den Banken des Produktionslandes (zum Beispiel Deutschland) stillgelegt wird.

Diese Fremdwährungsreserven werden aber nicht genutzt, um im Absatzland (beispielsweise USA) mit den Geldüberschüssen Sachwerte zu erwerben, denn dann würde ja ein echter Warenaustausch stattfinden.

Nein, man tauscht diese Überschüsse stattdessen in die einheimische Währung um (zum Beispiel Euro), was nach den Statuten der Banken möglich ist, um zum Beispiel die eigenen Arbeiter des Produktionslandes zu bezahlen.

Die Arbeiter geben das neue Geld dann im Heimatland aus, was dort inflationär wirksam wird, denn diesem Geld stehen natürlich *keine* einheimischen Waren und Leistungen gegenüber.

Die Banken haben dabei sogar ein gutes Gefühl, da man glaubt, das neue Geld sei durch Fremdwährungsüberschüsse »gedeckt«.

Deutlich auf den Punkt gebracht, heißt das: Durch unsere Exportüberschüsse importieren wir unsere Inflation!

In unserem Wirtschaftssystem geben die Banker und Wirtschaftswissenschaftler vor, dass die Fremdwährungsreserven tatsächlich einen Reichtum darstellen, und ich kann nur ahnen, dass viele dieser Experten auch wirklich daran glauben.

»Wir sind Exportweltmeister!« ist ein gern verwendeter Satz führender Politiker, womit sie einen Wirtschaftserfolg ausdrücken wollen.

Die USA nutzen diese falschen Argumente gegenüber allen Exportländern gern aus und drucken ohne Ende neues Geld, womit letztlich durch die oben genannten Vorgänge in den produzierenden Ländern weitere Inflation ausgelöst wird.

In den Universitäten werden diese logischen Zusammenhänge leider nicht in dieser klaren Form dargestellt, sondern die Essenz der eigentlichen Probleme in eine wissenschaftliche Fachsprache verpackt, um die Studenten zu verwirren.

In langen Aufsätzen bzw. wissenschaftlichen Abhandlungen werden dann kleinkariert die verschiedenen »Inflationsarten« zerlegt. Man spricht dann zum Beispiel von *geldmengeninduzierter Inflation*, womit man eine Monetärerhöhung meint, die durch eine »falsche Wachstumsprognose« zu hoch gewählt wurde. Allein diese Aussage spricht Bände!

Man gibt auch offen zu, dass die Geschäftsbanken zu viele Kredite vergeben haben könnten, oder man spricht völlig theoretisch von zu hohen Einkommenserhöhungen ohne entsprechendes Wachstum der Realwirtschaft.

Die *gütermengeninduzierte Inflation* ist ebenfalls ein gern verwendeter theoretischer Begriff, wonach Inflation entweder durch Veränderungen von Angebot und Nachfrage oder durch Importüberschüsse entstehen kann (auch wenn das nicht konkret zum Ausdruck gebracht wird). Die *Nachfrageinflation, Anbieterinflation* oder die direkte *importierte Inflation* sind Begriffe, die ich nicht weiter erläutern möchte, da sie lediglich verwirren, auch wenn diese Unterscheidungen in Akademikerkreisen wichtig sein mögen. Die Praxis zeigt deutlich, dass durch diese speziellen Bestandteile der Ausbildung der große Zusammenhang viel zu oft verloren geht.

Bitte versuchen Sie, nur die grundsätzlichen Ursachen zu verinnerlichen, damit die Lösungen, die ich noch beschreiben werde, besser verstanden werden.

6. Lektion – Die Deflation

Der Deflationszustand wird ebenfalls von sehr vielen Wirtschaftsexperten ständig diskutiert, und man erkennt auch bei diesem Thema, wie ahnungslos viele Finanzprofis dabei sind.

Wie in der fünften Lektion beschrieben, entsteht Inflation ausschließlich durch die »Aktivitäten« der Notenbanken. Ganz anders stellen sich die Zusammenhänge nach einer vordergründigen Untersuchung bei Deflation dar.

Jeder Mensch hat das Recht, seine erarbeiteten Gelder aus der Wirtschaft zu ziehen, indem das gesparte Geld beispielsweise bar zu Hause in den historisch viel beschriebenen Strumpf gesteckt wird.

Diese Haltung der Wirtschaftsteilnehmer ist grundsätzlich auch völlig in Ordnung, da sie ihre Mittel im Normalfall redlich verdient haben und dieses Geld eine Art »Ausweis« zum Anspruch auf einen Waren- oder Leistungserwerb darstellt.

Kommen nun allerdings viele Menschen auf die Idee, ihr Geld dem Wirtschaftskreislauf zu entziehen, entstehen ernste Probleme, die schwerwiegendere Auswirkungen als eine Inflation verursachen können. In der Geschichte kam das recht oft vor, nämlich dann, wenn die Menschen die allgemeine Wirtschaftslage als kritisch einschätzten.

Man kann natürliche menschliche Verhaltensmechanismen beobachten, die immer wiederkehren.

Verdienen sie große Summen, leben sie oft über ihre Verhältnisse und haben zum Beispiel am 20. eines Monats kein Geld mehr.

Verdienen sie dagegen nur sehr wenig, entsteht ein empfundenes Bedürfnis, von dem bisschen, das sie noch haben, einen möglichst großen Teil zu horten, um sich für noch schlechtere Zeiten zu wappnen.

Nun sollte man sich einmal vergegenwärtigen, was im Falle einer deflationären Tendenz geschieht:

Die Waren und Dienstleistungen stehen im Markt als Angebot einer immer kleiner werdenden nachfragewirksamen Geldmenge gegenüber. Das führt zu fallenden Preisen in fast allen Bereichen, um Käufer anzulocken. Diese reduzierten Preise verursachen aber häufig genau das Gegenteil, da noch mehr Bürger ihr Geld zurückhalten, in der Hoffnung auf weiter fallende Preise. Zurzeit (ich schreibe diese Zeilen Anfang November 2007) nehmen wir regelrechte Rabattschlachten in der Werbung wahr. Die massiven Absatzprobleme zwingen die Unternehmen, immer weitere Preiszugeständnisse zu machen, um die Verbraucher zum Konsum anzuregen.

Das sieht dann zum Beispiel folgendermaßen aus:

Keine Anzahlungen für Autofinanzierungen, null Prozent Kreditzinsen, die erste Rate wird erst in einem Jahr fällig, oder dem Käufer wird sogar noch für den anfänglichen Zeitraum die Versicherung geschenkt und und und...

Auf den ersten Blick sieht das nach rosigen Zeiten für die Konsumenten aus, aber das ist zu kurz gedacht, denn die Masse der Verbraucher ist identisch mit der Masse der arbeitenden Menschen. Das Warten auf noch günstigere Angebote durch weitere Kaufzurückhaltung führt zur Reduzierung der Güterproduktion, was Arbeitsplätze kostet. Diese neuen Arbeitslosen schränken die Nachfrage noch mehr ein und somit beginnt ein Teufelskreis der Deflation.

Geld, das nicht ausgegeben wird, kann auch nicht als Arbeitslohn zurückkommen!

An dieser Stelle möchte ich deutlich machen, dass man die Ursache einer Deflation nicht einfach den »kaufscheuen« Menschen zuschieben kann, und es lohnt sich auch jetzt, einen Schritt zurückzutreten, um den ganzen Sachverhalt zu untersuchen.

Zur Erinnerung:
In der Lektion »Inflation« habe ich deutlich beschrieben, wie die Exportüberschüsse in den Produktionsländern (zum Beispiel Deutschland) durch die »Bezahlung« der Produktabnehmerstaaten (zum Beispiel USA) in Geld inflationär wirken, denn diese Überschüsse werden ja nicht zum Kauf von Produkten oder Rohstoffen im *Absatzland* verwendet, um die Einnahmen mit *Werten* zu versehen.

Stattdessen werden diese Dollarmengen dann in Deutschland in Euro gewechselt und diese über Kreditvergaben der Banken in den Markt eingebracht, wo das neue (!) Geld dann ausgegeben wird. Um dem Ganzen noch die Krone aufzusetzen, erwerben Unternehmen dann hier in Deutschland sogar regionale Rohstoffe davon, um damit neue Produkte für das Ausland (meist USA) zu fertigen und diese dort wieder gegen *weitere* wertlose Geldmengen zu verkaufen.

Die Ursache dieser Missstände liegt in dem Irrglauben, dass ein Geldschein bzw. die positiven Kontostände tatsächlich einen sachlichen Wert darstellen.

Zurück zum Deflationsthema:
Auch ein großer Teil der Exportüberschüsse verursacht also durch die »reale« Erhöhung der Geldmenge eine Inflation.

Um dem entgegenzuwirken, versuchen die Banken dieser Exportländer dann, die Geldmenge wieder zu reduzieren.

Dies geschieht durch eine restriktive Kreditvergabe (überhöhte Zinsen oder andere Forderungen an die Schuldner) an zum Beispiel mittelständische deutsche Firmen, die dringend Geld für ihre Investitionen benötigen.

Man erfindet dann gern auf der Bankenseite neue Begriffe wie »Basel 2« oder ähnliches.

Diese aus den oben genannten Gründen nun nicht vergebenen Kredite, die in Deutschland Arbeitsplätze und eine Binnennachfrage geschaffen hätten, verursachen dort in letzter Konsequenz Arbeitslosigkeit und Nachfragestörungen.

Die »Ahnungslosigkeit«, mit der die Banken durch dieses Verhalten die Binnenwirtschaft schädigen, ist schwer nachvollziehbar. Sie erkennen nicht, dass mit diesem hohen volkswirtschaftlichen Schaden die Exportüberschüsse *bezahlt* werden müssen.

Mit dieser Untersuchung haben wir auch die Ursache für die Kaufzurückhaltung des Volkes gefunden, denn die vom Geldsystem produzierte Arbeitslosigkeit macht den Menschen natürlich Angst, dass es noch schlechter werden könnte – und die Sparquote erhöht sich. Das Nachsehen hat dann die Binnennachfrage, wodurch die Arbeitslosigkeit erhöht wird – und der Vorgang beschleunigt sich.

Liebe Leserinnen und Leser, ich hoffe sehr, dass Sie künftig bei dem Satz »Wir sind Exportweltmeister« (aus dem Munde eines verantwortlichen Politikers oder Bankenvertreters im Sinne einer »Erfolgsmeldung«) nicht mehr eine freudige Rührung Ihres Gemüts verspüren, sondern grundsätzlich kritisch reagieren.

Im Normalfall bedeutet dieser Satz, dass der Binnenwirtschaft des »Weltmeisters« durch die Exportüberschüsse ein schwerer Schaden zugeführt wird.

Wie wenig dieser Sachverhalt verstanden wird, zeigen diverse Politikeraussagen von früher, in denen sie in inflationären Zeiten sogar zum Konsumverzicht rieten, um so den steigenden Preisen entgegenzuwirken.

Man erklärte dann dem interessierten Bürger, dass im Falle der Kaufzurückhaltung die Unternehmen gezwungen wären, die Preise wieder zu senken.

Altkanzler Helmut Schmidt gebrauchte dieses Argument Anfang der 1970er Jahre, als die Inflationsrate enorm gestiegen war. Wenn es nicht so ernst wäre, könnte man darüber lachen.

Deutlich erkennen wir bei dieser Sichtweise, dass von falschen geldsystematischen Voraussetzungen ausgegangen wird.

Es wird in manchen Kreisen geglaubt, dass die »Geldumlaufgeschwindigkeit« in einem Wirtschaftsraum inflationär wirken kann.

Was aber hat die Befriedigung zahlreicher Bedürfnisse mit Inflation zu tun? Natürlich gar nichts.

Die Geldumlaufgeschwindigkeit zeigt lediglich an, wie viel produziert und verbraucht wird. Sie ist also ein Merkmal für die Effizienz der Wirtschaft an sich, denn das ausgegebene Geld schafft natürlich auch Werte durch Arbeit und somit ein entsprechendes Einkommen für die arbeitenden Bürger.

Der Rat an die Menschen, durch Konsumverzicht eine »überhitzte« Wirtschaft »abzukühlen«, ist logischerweise völlig unsinnig. Ein neuer Begriff des »Gesundschrumpfens« entstand, der dringend aufgrund seiner Sinnlosigkeit aus dem Vokabular eines wirtschaftlich halbwegs interessierten Menschen verbannt werden sollte.

Irrtümlicherweise nehmen selbst viele Wirtschaftswissenschaftler an, dass Inflation ein nahezu »natürlicher« Vorgang wäre, obwohl es sich nur um einen künstlich produzierten Prozess der einseitigen Geldmengenerhöhung durch die Notenbanken handelt. Wenn man dann logischerweise über viele Produkt- und Leistungsgruppen steigende Preise bei den Waren und Dienstleistungen feststellt, glaubt man tatsächlich, man könne die verantwortliche Geldmenge wieder reduzieren. Die Argumente einiger Professoren gehen sogar so weit, dass im Interesse stabiler Preise eine gewisse Arbeitslosigkeit in Kauf genommen werden müsse...

Was offenkundig übersehen wird, ist die Tatsache, dass in der Vergangenheit in die Wirtschaft infiltriertes Geld durch zwischenzeitige Arbeit und Wertschöpfung eine reale Bezugsgröße bekommen hat. Das neue Geld hat also Kaufkraft erhalten (wenn auch zu Lasten des vorigen geringeren Geldbestandes) und ist vom alten Geld nicht mehr zu unterscheiden.

Zieht man nun dieses durch die Wirtschaftskraft gedeckte Geld aus dem Markt heraus, fehlt es real zur Nachfrage nach Gütern und Dienstleistungen.

Diese massive ökonomische Störung führt dann natürlich (wie gesagt) zur Arbeitslosigkeit der Menschen – und die Deflation nimmt ihren Lauf. Warum führt eine Deflation nun aber zu schwerwiegenderen Folgen als eine Inflation?

Das ist relativ einfach zu verstehen. Die realen täglichen Wirtschaftsaktivitäten sind gewissermaßen ein organischer Vorgang. Lebende Menschen tauschen Leistungen und Waren aus, die man in Geldeinheiten misst.

Eine Inflation regt die Menschen an, ihr Geld schneller wieder auszugeben, da sie nicht zu viel durch die permanente Entwertung der Sparanlagen verlieren möchten. Eine gewisse Absatzsicherung ist also für die Wirtschaft gewährleistet und somit auch ein entsprechendes Arbeitsplatzangebot.

Eine Deflation bewirkt genau das Gegenteil. Die Reduktion einer bestehenden aktiven Geldmenge führt durch auftretende Absatzprobleme zu Preissenkungen. Die Unternehmen passen nun ihre Güterproduktion der verringerten Nachfrage an, was Arbeitsplätze kostet. Dieser Vorgang kann schließlich den gesamten Wirtschaftsorganismus zum Erliegen bringen.

Die Frage, die noch offen ist, lautet: Gibt es denn auch Gewinner bei einer Deflation?

Die Verbraucher und die produzierenden Betriebe sind es nicht, wie wir bisher erarbeitet haben.

Auf der Geldseite wird man wieder einmal schnell fündig.

Natürlich gäbe es keine Gewinner, wenn man die Wirtschaft komplett zusammenbrechen ließe, denn dann wären natürlich auch die Geldeigentümer betroffen.

Vor weit über hundert Jahren gab es solche Totalzusammenbrüche der Ökonomie, unkalkulierbar wie Naturkatastrophen, aber bestimmte mächtige Finanzkreise haben aus diesen geschichtlichen Beobachtungen gelernt.

Sie erkannten den enormen Profit, den man aus solchen Krisen schlagen konnte, wenn man die Systeme richtig zu nutzen verstand. Heute sind die Notenbankensysteme mit ihren technischen Möglichkeiten längst in der Lage, Krisen durch geldpolitische Maßnahmen regelrecht zu *erzeugen*.

In initiierten Inflationszeiten, was durch das Gelddruckprivileg der Notenbanken ja einfach zu handhaben ist, können die verantwortlichen Macher ihre Sachwerte (zum Beispiel Immobilien, Aktien und Waren) optimal zu Höchstpreisen verkaufen und den Kaufpreis in Geld anlegen, bevor das Bankensystem die Geldmenge wieder zurücknimmt und so eine Deflation erzeugt.

Das in diesen Phasen kaufkraftstärker werdende Geld (durch die fallenden Preise) wird dann so lange gehalten, bis die Sachwerte wieder zu »Schnäppchenpreisen« zurückgekauft werden können.

Ganze Fabriken fallen durch solche Manöver der mächtigen Geldseite in die Hände.

Nachdem diese »Sachkäufe« abgeschlossen sind, wird die Geldmenge gerne wieder erhöht, um das Spiel von vorn beginnen zu lassen.

Eine *zu* massive Neuproduktion der Geldmenge, um die Wirtschaft angeblich wieder anzukurbeln, kann natürlich auch einmal zur Hyperinflation führen, die das Geldsystem durch eine Währungsreform vernichten kann.

Die Verlierer sind dann natürlich die einfachen Geldanleger, deren Sparanlagen in diesen Fällen immer wieder entwertet werden.

Eine Währungsreform würde dann aber nicht die Geldmonopolinhaber treffen, da diese ja vorher alles zu Spottpreisen in Sachwerte umgewandelt haben.

Auch das Thema Deflation wird in »Gelehrtenkreisen« wissenschaftlich in *geldmengeninduzierte* oder *gütermengeninduzierte Deflation* aufgeteilt.

Bei der erstgenannten Deflation spricht man häufig von einer zu »langsamen« Geldmengenerhöhung im Verhältnis zur massiv steigenden Gütermenge. Mit anderen Worten: Die Bürger sparen einfach zu viel. Damit ist die Schuld wieder einmal auf die normalen Verbraucher abgewälzt.

Ursache einer gütermengeninduzierten Deflation könnten dann zu hohe Warenproduktionen bei nicht steigender Nachfrage oder sogar Rekordernten sein, die zu einem Überangebot an Nahrungsmitteln führen.

Ich glaube, wir kommen den Ursachen am nächsten, wenn wir uns auf die Notenbanken und deren Macht über die Geldmenge konzentrieren.

Als Fazit möchte ich festhalten:
Durch die künstlich produzierten Inflations- und Deflationsphasen gewinnt das Geldmonopol grundsätzlich gigantische Summen und somit auch die Sachgüter dieser Erde, die exponentiell nach dem Prinzip Arm auf Reich übertragen werden.

Doch wohin wird das führen?

Natürlich empfinde ich es als höchst bedenklich, dass es intelligente Menschen gibt, die mit diesem Finanzsystem versuchen, ihre Macht auf Kosten einer immer größer werdenden verarmenden Bevölkerungsschicht ins Unermessliche ansteigen zu lassen, aber das müssen *DIE* vor ihrem Gewissen verantworten.

Als wirklich dramatisch bezeichne ich, dass unsere vom Volk gewählten Politiker diese Machtspiele der Notenbanken (und wer auch immer dahintersteckt) nicht nur decken, sondern aktiv unterstützen.

7. Lektion – Die Stagflation

Nachdem wir nun die Ursachen und Wirkungen von Inflation und Deflation erforscht haben, widmen wir uns dem Thema Stagflation, bei dem ich Sie, liebe Leserinnen und Leser, noch ein wenig weiter fordern muss. Wenn Sie die drei Phänomene unseres Geldwesens nach diesen Lektionen verinnerlicht haben, machen Sie doch einmal die Probe aufs Exempel:

Fragen Sie bitte einfach einen Banker oder freien Finanzberater aus Ihrem Umfeld nach diesen Themen und lassen Sie sich diese Mechanismen erklären. Sie dürften verblüfft sein, was Sie zu hören bekommen. Von falschen Erläuterungen über Ablenkungsmanöver bis hin zu einem unkoordinierten Gestammel dürfte die Reaktion der »Ertappten« reichen – denn gerade die elementar wichtigsten Grundlagen unseres Monetärwesens werden nur von extrem wenigen Menschen begriffen.

Welche Beratungsqualität kann aber eine Beraterin oder ein Berater für Sie leisten, wenn diese die Zusammenhänge nicht kennen oder verstehen? Bitte vergegenwärtigen Sie sich dabei, dass es essentiell wichtig ist, wem Sie Ihr mühsam erarbeitetes Geld anvertrauen. Sie werden hoffentlich zu dem Ergebnis kommen, dass Sie sich in letzter Konsequenz nur selbst vertrauen können und die Experten maximal zur Unterstützung nutzen, nachdem Sie sich von deren Kompetenz überzeugt haben.

Vorgelegte Diplome und andere Bildungsnachweise sagen über die Kompetenz leider kaum etwas aus, denn die sogenannten Experten wurden durch die vom Geldmonopol gesteuerten Bildungseinrichtungen (Unis und Hochschulen) seltenst objektiv ausgebildet.

Die Gewinnmöglichkeiten für die Geldkapitalseite, die sich aus Inflationen und Deflationen generieren lassen, sind gewaltig, vor allem, wenn man an den Schalthebeln der Notenbanken sitzt und die jeweiligen Zustände produzieren kann.

Im Normalfall können wir nur zu verstehen versuchen, welchen Schritt sich diese mächtigen Manager gerade einmal wieder überlegen, um die inszenierten Schwankungen für sich in Profit umzuwandeln. Das ist natürlich sehr schwer, wenn nicht gar unmöglich.

In der Vergangenheit wurden diese »Spiele« sehr oft überzogen, was katastrophale Folgen für die Weltwirtschaft und ihre Marktteilnehmer (also Menschen) hatte.

Zwischen 1929 und 1932 führte eine konstruierte Deflation zu einer gigantischen Weltwirtschaftskrise, von deren Schock sich die Welt lange Zeit nicht erholte.

Deshalb entschlossen sich alle Notenbanken und Regierungen der Welt unter der »Herrschaft« der amerikanischen Notenbank Federal Reserve (FED) in den 1950er Jahren, künftig grundsätzlich Inflationsraten von drei bis vier Prozent pro Jahr im Markt zu halten.

Damit sollte sich niemals mehr ein solches Fiasko wie Anfang der 1930er Jahre wiederholen.

Zwar sind die Gewinne für die »Geldsystemkapitäne« bei produzierten Deflationen höher, aber für die Wirtschaft natürlich riskanter, und ein Totalzusammenbruch der Realwirtschaft bringt natürlich auch den »Spielern« nichts ein.

Inflationen dagegen konnte eine Ökonomie schon immer besser vertragen, besonders Anfang der 1950er Jahre, als sich die Welt nach den zwei perfiden Weltkriegen im Wiederaufbau befand und die Nachfrage nach Waren und Leistungen noch erheblich höher war.

Seitdem wurde immer wieder einmal versucht, durch »Geldeinzüge« kleine Deflationen zu erzeugen, die auch jedes Mal verheerende Auswirkungen auf die Wirtschaft hatten. In solchen Phasen brachen nicht selten die Aktienkurse um bis zu 50 Prozent zusammen, was enormes Misstrauen bei den Marktteilnehmern verursachte, und das will man natürlich vermeiden. Nur ein in die Systeme vertrauendes Volk lässt sich gut für sich ausnutzen…

Durch das Bretton Woods System im Jahre 1944 (siehe auch mein Buch »Brot und Spiele«) wurde der US-Dollar zur Welt- bzw. Leitwährung »erklärt«.

Der US-Dollar wurde damals mit einem Goldstandard von 25 Prozent neu konstruiert. Alle nicht-amerikanischen Notenbanken der Welt horteten ab diesem Datum keine eigenen physischen Goldreserven mehr in ihren Tresoren, sondern nur noch Dollarnoten, die nach dem Bretton Woods Abkommen jederzeit bei der FED in Gold umgetauscht werden konnten.

1969 machte der französische Präsident Charles de Gaulle die Probe aufs Exempel. Er wollte einen Teil der Dollarnoten, die sich durch Exportgeschäfte in Frankreich befanden, vereinbarungsgemäß in Gold umtauschen.

Damals wurden die Amerikaner der Unseriosität überführt, denn sie hatten sich offenbar *nicht* an den Goldstandard gehalten und konnten somit Frankreichs berechtigtes Anliegen nicht befriedigen.

1971 brachen die Amerikaner unter der Präsidentschaft von Richard Nixon einseitig (!) diesen Geldsystem-Vertrag von Bretton Woods, was ich als einen folgenschweren Betrug an allen nichtamerikanischen Staaten bezeichne.

Nun saßen alle betrogenen Länder von einem Moment auf den anderen mit den wertlosen Dollarnoten da und wünschten sich vermutlich, sie hätten diesem System niemals zugestimmt, denn »ihr« Gold liegt bis heute unzugänglich in den USA.

Natürlich wurde dieser furchtbare Vorgang niemals über die Massenmedien den Menschen vermittelt, da sich vermutlich kein nichtamerikanischer Politiker offen eingestehen wollte, sich (salopp gesagt) rückwärts durch die Hecke ziehen gelassen zu haben.

Zu diesem Zeitpunkt befanden sich die Medien durch die extremen Kapitalkonzentrationen so oder so schon in den Händen einiger weniger Personen.

Bis zum heutigen Tag ist der US-Dollar auf jeden Fall auch ohne Golddeckung die Weltleitwährung, und die Amerikaner können weiter unbegrenzt leistungsloses Geld drucken. Deflationen oder Inflationen sind mittlerweile grundsätzlich globale Phänomene, da es auf der Erde eigentlich nur den US-Dollar als Währung gibt, auch wenn man ihn in Deutschland *Euro* oder in Japan *Yen* nennt. Dieses Spiel hatte ich ja deutlich beschrieben.

Zurück zum Thema:
In den 1960er Jahren führte eine versuchte Geldverknappung zu einer ersten großen Welle von Kurzarbeit oder sogar kompletter Arbeitslosigkeit. Mit einer von den Banken initiierten restriktiven Kreditvergabe wollte man auf der Geldseite durch eine Deflation Profit schlagen.

Damals wurde schon deutlich, dass ein physisches Wirtschaftswachstum niemals unbegrenzt weiterlaufen kann. Die internen Statistiken dieser Zeit belegten klar, dass durch die Sättigung der Binnenmärkte Deutschlands eine Versorgung der Menschen mit Gütern und Dienstleistungen bereits mit nur 20 Arbeitsstunden pro Woche zu bewerkstelligen sei.

Einige interessierte Bürger, die sich damals mit diesem Zustand auseinandersetzten, wurden plötzlich lauter und unruhiger. Die Studentenszene demonstrierte, als sie verstand, mit welchen Methoden die Welt betrogen wurde. Solche Diskussionen sind für die Notenbanksysteme und deren Machenschaften natürlich sehr gefährlich, denn es sollte wenn möglich niemand verstehen, wie die Spiele funktionieren. Die kontrollierten Medien bezeichneten diese Demonstranten dann einfach als sowjetisch gesteuerte »Spinner«, und die Masse der Bürger glaubte das auch.

In dieser Phase der 1960er Jahre gingen übrigens die Gewinne der Industrie um ca. 20 Prozent zurück, während die Banken eine Gewinnerhöhung von eben falls ca. 20 Prozent verbuchen konnten. Das Geldmonopol hatte also wieder Kasse gemacht.

Die in der Zwischenzeit immer klarer werdende Rezession (die Wirtschaft erlahmte immer mehr durch die künstliche Deflation) musste dann von den Banken beendet werden, und die Kreditvergaben wurden wieder gelockert. Dadurch floss neues Geld in die Ökonomie ein, was wiederum inflationär wirkte, die Wirtschaft jedoch wieder in Gang setzen sollte.

Nun musste wieder das Wachstumsdogma bemüht werden, damit die permanent steigende Geldmenge und deren inflationäre Auswirkungen mit Waren und Leistungen finanziert werden. Da die Kapitalseite nicht durch die Bedarfsdeckung des Volkes, sondern durch (sinnvolle oder sinnlose) Umsätze ihre Gewinne erzielt, begann eine Exporteuphorie, die bis heute ein unglaubliches Ausmaß angenommen hat. Schließlich waren die Binnenmärkte schon damals längst gesättigt.

Hier beginnt das Problem der Stagflation. Wie in der fünften Lektion beschrieben, werden die Exportüberschüsse nicht wieder im Land ausgegeben, in dem die Waren verkauft werden, sondern im Produktionsland in die jeweilige Heimatwährung umgetauscht, was dort zur Inflation führt.

Nun hat eine Regierung natürlich die Aufgabe, zu hohe Inflationsraten zu vermeiden, was mit dem Begriff der »Kaufkraftstabilität« gerechtfertigt wird.

Um dieser selbst produzierten Inflation entgegenzuwirken, wird wieder versucht, die Geldmenge zurückzufahren, indem mit hohen Zinsen und restriktiver Kreditvergabe das alte Spiel wiederholt wird. Warum nun aber trotz der Geldabschöpfung die Preise weiter steigen, wird nirgends erklärt.

Auf jeden Fall wird dieser Zustand der Inflation und gleichzeitigen Stagnation der Wirtschaft als »Stagflation« bezeichnet. In diesem Zustand reichen offenbar die Geldabschöpfungsmaßnahmen nicht mehr aus, um die gigantischen wertlosen Exportgewinne aufzufangen.

Das Furchtbare an dieser Stagflation ist, dass die Geldmengenexpansion, die aus den Exporten resultiert, zu steigenden Preisen vor allem bei Grundnahrungsmitteln, Rohstoffen und Energie führen, während die durch die Abschöpfung der Geldmenge verursachte Stagnation Arbeitslosigkeit und Nachfragestörungen der Binnenwirtschaft verursacht.

Unsere Ökonomie wird also von zwei Seiten systematisch zerstört, oder anders gesagt: Die Notenbanken verdienen in beiden Fällen. Der Begriff der Stagflation wurde erst in den 1970er Jahren erfunden.

In internen Kreisen sitzen nun die führenden Wirtschaftsweisen und Professoren in Gremien zusammen und beraten wohl ziemlich orientierungslos über diese Situation.

In langen unverständlichen Graphiken mit Wellen und Kurven wird dann dem völlig verschüchterten, wenn auch interessierten Bürger, suggeriert, dass es in der Konjunktur bestimmte Wellenverläufe gibt, die sich ähnlich einem Naturgesetz in zum Teil langen Zeitperioden wiederholen. Der in Anbetracht des Zahlen- und Kurvenwust vor Erfurcht erstarrte Otto Normalverbraucher hat den in Selbstgefälligkeit strahlenden Experten natürlich nichts entgegenzusetzen.

Vielleicht sollte man für solche wichtigen Strategien der Geldmengenpolitik auf die geschätzte Theorie einiger Professoren verzichten und stattdessen lieber auf die Kompetenz einiger in der Praxis stehender Profis vertrauen, die vermutlich die ganzen Zusammenhänge besser begreifen.
Warum ich mit den Verantwortlichen so hart ins Gericht gehe?

Es tut mir leid, und ich möchte mit meinen Argumenten nicht auf Konfrontation gehen, denn ich unterstelle nicht *jedem* verantwortlichen Experten vorsätzliche Fehlentscheidungen, aber letztlich zeigt unsere heutige Situation überdeutlich, dass ständige Justierungen an dem im Grunde fehlerhaft konstruierten (!) Geldsystem immer in die falsche Richtung führen. Bis zum heutigen Tag bringt offenbar kein verantwortlicher Experte den Mut auf, die Ursachen unserer Probleme beim Namen zu nennen, denn mittlerweile kann jeder interessierte Mensch erkennen, wo die Fehler liegen.

In internen Kreisen wird das, was ich Ihnen hier erläutere, längst diskutiert. Tausende von Aufsätzen, Dossiers und Gutachten beschreiben ganz klar, was getan werden müsste, aber diese Argumente werden nach wie vor niemals in den Massenmedien auch nur angesprochen.

Die Angst vor der Macht und ihren globalen Massenmedien ist einfach zu groß. Durch gezielte Falschinformation lassen sich unbequeme Klardenker sehr schnell diffamieren. In kleinen medialen »Anschlägen« habe ich solche Angriffe auch schon gegen mich erleben müssen, indem man mich in eine rechte Ecke drängen wollte, was in Deutschland extrem einfach ist. Kritische Denker werden speziell in meinem Heimatland sofort im Keim erstickt, wenn sie eine vermeintlich freie Meinungsäußerung in Deutschland nach außen tragen.

Warum sollte man seitens der Machtsysteme auch die Wahrheit zulassen? Bei einer Stagflation zum Beispiel verdient das Geldmonopol schließlich sehr gut. Hohe Arbeitslosigkeit erhöht schließlich die »Arbeitsmoral« der arbeitenden Masse, ob bei den Arbeitnehmern oder den mittelständischen Unternehmern. Sie alle haben Angst vor Arbeitslosigkeit bzw. Pleite und kommen, weil sie immer mehr Energie für das einfache Überleben aufwenden müssen, immer weniger zum Nachdenken über die Ursachen unserer Probleme.

Das ist der Idealzustand für die wenigen ultrareichen Kapitaleigentümer, während die Wirtschaft auf allen Seiten ausblutet und Otto Normalverbraucher, Tiere und Natur die Leidtragenden sind.

Kurz:

Als Stagflation wird Inflation mit gleichzeitig stagnierendem Wirtschaftswachstum und hoher Arbeitslosigkeit bezeichnet.

Alle nicht-amerikanischen Länder bekommen durch die Exporte täglich weitere Unmengen an Dollarnoten in ihre Volkswirtschaften hineingepumpt, die dort grundsätzlich als Verlust verbucht werden müssten, da sie ja leistungslos gedruckt wurden.

Die perfiden Spiele aber gehen noch weiter. Weitere Einnahmequellen sind internationale Währungsspekulation und der Handel mit Derivaten. Darauf möchte ich aber aufgrund der Komplexität hier nicht eingehen. Dabei geht es um ein grausames Monopolyspiel in Reinkultur auf Kosten der Menschheit. Die Instrumente dieser Geldwelt heißen dann Hedgefonds, Optionsscheine, Private Equity, Zertifikate und so weiter. Letztlich handelt es sich bei diesen Kapitalanlageformen um »Wetten« auf Preisentwicklungen von Geld, Aktien und Waren. Diese zurzeit sehr massiv stattfindenden Spielarten des Geldsystems sind extreme Warnsignale für gewaltige Umbrüche einer Finanzära, die sehr schnell in einer Währungsreform enden könnten.

Die zurzeit häufigen Ablenkungsmanöver durch inszenierte Kriege, diskutierte Terrorgefahren und angebliche durch CO_2 verursachte Klimaverschiebungen sind massive Hinweise dafür, dass in der Finanzszene ein dramatischer Umbruch unmittelbar bevorsteht. Ich möchte hier auf mein Buch »Das Matrix-Syndrom« verweisen.

All dies ist zwar spannend für die Leserinnen und Leser, die extrem tief in der Thematik »Finanzsysteme« stecken, aber der Anspruch dieses Buches ist ein anderer. Ich möchte versuchen, dass bisher unbedarfte, aber interessierte Menschen ohne Vorkenntnisse die komplexen Zusammenhänge prinzipiell verstehen können. Trotz der aus *meiner* Sicht sehr einfachen Beschreibungen unserer Währungswelt gehe ich davon aus, dass viele Leser einige Textpassagen dieses Buches mehrmals lesen müssen, bis sie die Komplexität wirklich verinnerlicht haben.
Ich halte fest:

Die Ursache für das aus dem Ruder gelaufene Geldsystem ist der Warencharakter des Geldes, der ja früher durch Gold und Silber auch tatsächlich vorhanden war. Dadurch glauben nach wie vor viele Menschen (auch die sogenannten Experten) an einen inneren Wert unseres Geldes, den es definitiv nicht mehr gibt. Alle Geldscheine, aber auch die ganzen Buchgelder in Form von Computerdateien sind nichts anderes als Schuldscheine, die permanent von allen arbeitenden Menschen finanziert werden müssen.

Mittlerweile ist der US-Dollar faktisch unsere Weltleitwährung geworden, wobei nur das Notenbanksystem unter der Herrschaft der FED das »Weltprivileg« auf leistungsloses Gelddrucken hat.

Alle anderen Länder müssen diese wertlosen Geldzettel mit ihren Talenten, Fähigkeiten und Arbeitsleistungen bezahlen.

Ich hoffe sehr, dass immer deutlicher wird, dass nicht der Staat im eigentlichen Sinne für diese Gesamtentwicklung verantwortlich ist, sondern das *private* Geldsystem, welches durch die Politiker (!) erst ermöglicht wurde. Die Folgen dieses staatlichen Fehlverhaltens sind mittlerweile dermaßen eskaliert, dass die heute verantwortlichen Politiker nahezu keine Möglichkeiten mehr haben, im Sinne des Volkes zu agieren. Sie sind offensichtlich nur noch die »Mitarbeiter einer Geldmonopolabteilung«, die klare Anweisungen bekommen.

8. Lektion – Wirtschaftskrisen durch das Geldsystem

Falls Sie meine vielen Aussagen und Darstellungen bis jetzt ein wenig verwirrt haben sollten, obwohl ich mich sehr bemühe, eine logische Struktur einzuhalten, möchte ich an dieser Stelle noch einmal kurz die elementaren Fehler herausarbeiten, die unser System so nachhaltig prägen.

Eine funktionierende Wirtschaft setzt ein faires Geldsystem voraus. Nachdem die Menschen vor mehr als zweitausend Jahren feststellten, dass der schlichte Tausch von Waren (zum Beispiel Kamele) nicht der Weisheit letzter Schluss ist, versuchten sie, die Effizienz der

Wirtschaft durch die Erfindung eines gesetzlichen Zahlungsmittels zu erhöhen.

Wenn ein Tausch der Waren nicht mehr direkt stattfindet, brauchen wir einen Bewertungsmaßstab, den wir Preis nennen.
Der Preis kennt nur zwei Zustände: Er ist hoch oder niedrig.
Diese beiden Situationen können sich jedoch jederzeit durch Steigen oder Sinken verändern.
Wenn wir eine bestimmte Ware auf dem Markt im Überfluss vorfinden, wird der Preis logischerweise eher niedrig sein, im anderen Fall natürlich höher.
Die Produzenten und Händler erhalten durch den Indikator »Preisentwicklung« sehr klare Informationen, die für ihre künftigen Entscheidungen essentiell wichtig sind.
Fallen die Preise zum Beispiel für eine bestimmte Getreideart, wird sich ein Landwirt vermutlich entscheiden, dieses Angebot nicht mehr zu erhöhen, denn der Markt scheint gesättigt zu sein.

Der Preis wird also zum Mittelpunkt des Marktgeschehens, eine Art Barometer also, an dem man die Bedürfnisse der Menschen ablesen kann. Man könnte es auch so umschreiben, dass der Preis im Spannungsfeld zwischen Angebot und Nachfrage entsteht.
Im Moment des Kaufes des jeweiligen Produktes löst sich genau diese Spannung durch die Zufriedenheit des Käufers und des Verkäufers auf.

Mit der Erfindung des sachwerten Geldes entstanden ernste Probleme in dieser Systematik. Gold und Silber waren von Anfang an auch nichts anderes als Waren, deren Preise sich ebenfalls durch Angebot und Nachfrage ermitteln ließen. Durch diesen sich ständig ändernden Preis der Edelmetalle konnten die Marktteilnehmer nicht mehr eruieren, wie sich die Bedürfnisse der Menschen real veränderten, da die Preisentwicklungen des Geldes selbst die tatsächliche Angebots- und Nachfragesituation stark verfälschen konnte. Die Transparenz der eigentlichen Wirtschaft war somit nicht mehr gegeben, und viele Fehleinschätzungen der Produzenten und Händler lösten furchtbare Wirtschaftskrisen aus.
Auch die Herausgabe von einheitlichen Münzen änderte nichts an

dieser mangelnden Transparenz, die durch den Warenwert des Geldes entstand.

Zwar wurde durch eine Zahlengravur auf den Münzen ein Nominalwert festgelegt, dieser hatte aber nichts mit dem Preis des Metalls selbst zu tun, sondern wurde von den jeweiligen Regierungen (heute Notenbanken) einfach festgesetzt.

Das Recht aller Marktteilnehmer, die Goldmünzen zu horten, da diese von den verantwortlichen Politikern als Eigentum des Volkes angesehen wurden, führte zu regelmäßigen Unterversorgungen der Wirtschaft mit Geld. Es ist natürlich nachvollziehbar, dass die Menschen ihr Geld nicht ausgeben, wenn der Goldwert der Münzen den Nominalwert übersteigt.

Die nachfolgenden Übertragungssysteme des Warengeldes durch Banknoten verursachten dann noch heftigere Wirtschaftskrisen, da die Banken einfach mehr Banknoten druckten als tatsächlich an Edelmetallvorräten in den Tresoren lag.

Die Staatsregierungen haben den Banken das Privileg ausgestellt, jederzeit neue Banknoten bzw. Papiergeld in den Markt einfließen zu lassen, ohne die Waren und Dienstleistungssituation im Vorfeld dazu ins Verhältnis zu setzen.

Kurz: Sie konnten leistungslos Geld drucken wie sie wollten, und das Volk war gesetzlich zur Abnahme und Nutzung dieses Geldes verpflichtet.

Dadurch haben noch heute die Notenbanken (unter der Herrschaft der FED) die rechtliche Grundlage, Inflationen oder Deflationen zu produzieren, woraus sogar Stagflationen resultieren können. Egal, welche Monetärpolitik die Banken gerade fahren, das Volk hat grundsätzlich die Rechnung zu begleichen, und das Geldmonopol kassiert ab.

Eine physische, organische und somit sinnvolle Wirtschaft, die auf Talenten, Fähigkeiten und echter Arbeit zur Bedürfnisbefriedigung der Menschen basieren sollte, ist durch diese Mechanismen vollends auf der Strecke geblieben.

An dieser »Tradition« hat sich über viele Jahrhunderte nichts geändert, und die Versklavung der Menschen durch den schnöden Mammon wird nach wie vor kaum diskutiert. Wenn es jemand wagt, wird er in den Medien als Marxist bzw. Kommunist beschimpft oder in Deutschland eben als Rechtsradikaler, was auf die manipulierte Bevölkerung eine ähnliche Wirkung hat.

»Tradition ist nicht die Aufbewahrung der Asche, sondern die Weiterreichung der Flamme.«
Zitat eines Unbekannten

Es ist wahrlich Zeit, unsere Welt zu überdenken und im Sinne einer aktiven und sinnvollen künftigen Tradition zu handeln.

An dieser Stelle möchte ich noch eines loswerden: Ich wiederhole mich in diesem Buch regelmäßig mit diversen Aussagen und Darstellungen. Meine Erfahrungen aus unzähligen Vorträgen, Aufsätzen aber auch meinen Büchern haben mir deutlich gezeigt, wie wichtig diese Wiederholungen sind, um die Zusammenhänge wirklich zu verstehen.

Die Lösungswege

9. Lektion – Das Tauschmittel Geld

Nun ist der Zeitpunkt gekommen, an dem wir uns nach der Grundlagenermittlung und der Problemanalyse des Geldsystems endlich dem wesentlichen Thema zuwenden können: den Lösungen.

Falls Sie, liebe Leserinnen und Leser, den ersten Part der Ursachenbearbeitung übersprungen haben sollten und mit dieser neunten Lektion beginnen, halte ich das für einen Fehler. Mir ist natürlich klar, dass man sich in unserer hektischen Zeit genug mit Problemen beschäftigen muss und sehr schnell zur »Sache« kommen möchte. Auch diese Verhaltensweise ist eine typische Folge unseres Geld- und Bodenrechtes.

Ich möchte auf keinen Fall arrogant wirken, aber ich glaube, dieses Buch kann nur dann eine echte Wirkung entfalten, wenn Sie sich sehr viel Zeit lassen und versuchen, alle beschriebenen Zusammenhänge wirklich zu verinnerlichen.

Bisher haben wir dezidiert festgestellt, dass Geld ein Tauschmittel ist, bei dem wir nun untersuchen müssen, wie die Tauscheigenschaft auch wirklich gewährleistet werden kann.

Beim Tausch von Waren und Dienstleistungen müssen deren Werte grundsätzlich verglichen werden. Das Geld benötigt also unbedingt bestimmte Eigenschaften.

Es muss grundsätzlich in irgendeiner Form die Werte der aktiven Wirtschaftsleistungen anzeigen, damit ein Preis bestimmt werden kann. Das Geld muss also zählbar sein und in seiner Gesamtheit in einer realen Beziehung zu allen Waren und Leistungen eines Wirtschaftsstandortes stehen.

Im ersten Moment klingt das gar nicht so kompliziert. In der Physik bedient man sich schließlich auch bestimmter Maßeinheiten. Einmal festgelegt – und alles ist in Ordnung. Ein Meter ist und bleibt ein Meter und ein Kilo ein Kilo.

Die Wirtschaft ist allerdings ein organischer Prozess und permanenten Veränderungen unterworfen. Hier gibt es also keine statische Messung, so, als würde man die Wärmedämmung einer Fensterscheibe ermitteln.

Die gesamte Geldmenge verteilt sich schließlich auf alle Waren und Leistungen eines Landes. Dadurch erhält jede Ware ihren bestimmten Preis. Wird die Geldmenge groß gewählt, sind die Preise auch entsprechend hoch, bei einer geringeren Menge natürlich niedriger.

Den ständigen ökonomischen Veränderungen muss ein Geldsystem gerecht werden.

Grundsätzlich ähnelt die Maßeinheit für Geld physikalischen Einheiten. Sie wird nach praktischen Gesichtspunkten festgelegt und bekommt dann eine rechtliche Gültigkeit.

Wie viel Geld bei der Auflegung eines Systems als Ausgangspunkt gewählt wird, ist sekundär. Auch in der Physik spielt es keine Rolle, ob die Entfernung in Kilometern oder Meilen gemessen wird, oder ob man das Gewicht in Kilo oder Pounds ausdrückt. Entscheidend aber ist bei diesen Messungen, dass das Material, das man messen möchte, keine Rolle spielt.

Das sollte auch für die Messung von Wirtschaftskraft gelten. Genau hier liegt jedoch der Knackpunkt. In der Physik werden bei der Längen- oder Gewichtsmessung die Daten völlig neutral ermittelt und als Tatsache festgestellt. Wenn die Maßeinheiten einmal festgelegt wurden, können sie für alle Zeiten so fixiert bleiben.

In der Wirtschaft sollte dies anders gehandhabt werden, weil sie ständigen organischen Schwankungen unterworfen ist.

Mit der Auflegung eines Geldsystems wird eine bestimmte Waren-
und Leistungsstärke einer Volkswirtschaft ermittelt und dann einer
gewünschten Geldmenge gegenübergestellt, woraus sich die Preise
leicht ermitteln lassen. Nachdem dieses Verhältnis einmal festgelegt
wurde, darf es nicht mehr geändert werden. Entwickelt sich nun die
Wirtschaftskraft eines Landes zum Beispiel durch technischen Fortschritt, muss die Geldmenge erhöht werden, um das Gleichgewicht
zwischen Waren sowie Dienstleistungen und Geldmenge im Lot zu
halten.

Bekomme ich als Kind eine wunderschöne Jacke geschenkt, werde ich sie als erwachsener Mann nicht mehr tragen können, da sie zu
klein geworden ist. Meine Kleidung muss sich also meiner Entwicklung
anpassen.

Das Ziel ist eigentlich nur, dass die Textilien ordentlich sitzen. Sollte
also die Wirtschaft real wachsen, muss auch die Geldmenge erhöht
werden, was genauso bei einer rückläufigen Wirtschaftsentwicklung
gilt, bei der die Geldmenge reduziert werden muss. Nur auf diesem
Weg lässt sich das Verhältnis Ware und Leistungen zur Geldmenge
gleich halten, weshalb im Durchschnitt auch alle Warengruppen im
Preis konstant bleiben.

Die Geldmenge könnte nur im Falle einer statischen Wirtschaft
gleich bleiben, was allerdings sehr unwahrscheinlich ist, da die Wirtschaft von Menschen gestaltet wird und somit die Ökonomie selbst
eine Art organischen Charakter besitzt.

Es geht also grundsätzlich darum, mit Geld den Wert einer Ware auszudrücken und nicht den Wert des Geldes. Erhöht man also die Geldmenge wie eine Ware, kann sie den Wert einer wirklichen Ware nicht
mehr zuverlässig anzeigen. Schließlich kommt es darauf an, dass das
Verhältnis Waren und Dienstleistungen zum Geld immer gleich bleibt,
damit die Bedürfnisse und Nachfrage der Marktteilnehmer überhaupt
erkannt werden können. Anders ist eine sinnvolle Wirtschaft, die diese
Bedürfnisse der Menschen decken soll, kaum möglich.

Eine erweiterte Geldmenge, die in den Umlauf kommt, muss also immer die Folge (!) einer wirtschaftlichen Veränderung sein und nicht
umgekehrt.

Schließlich hat Geld nur eine Funktion: Es stellt ein Kaufrecht für Waren und Dienstleistungen dar.

Die Geldmenge eines Wirtschaftsraumes muss immer eine bestimmte Größe haben, die sich absolut gesehen natürlich regelmäßig ändern kann, aber grundsätzlich im festgelegten Verhältnis zu den Waren und Leistungen steht.

Durch dieses Verhältnis erreicht man erst eine feste Preisstabilität, die nur durch Angebot und Nachfrage variieren kann, und das ist schließlich entscheidend, um tatsächliche Bedürfnisänderungen der Marktteilnehmer zu ermitteln. Selbst ein ganz normaler Bürger könnte mit diesem System relativ einfach an den Preisentwicklungen erkennen, welche Waren knapp sind und welche nachgefragt werden.

Aus diesem Grund muss bei einem Geldsystem auch die ständige *Zirkulation* gesichert sein.

Damit sind wir bei einer weiteren Voraussetzung, die ein Geldsystem erfüllen muss.

Wie wir in den vorherigen Lektionen erarbeitet haben, entstehen Inflationen und Deflationen ausschließlich durch eine Veränderung der Geldmenge, die ein Ungleichgewicht zu den Waren und Leistungen herstellt. Die Argumentation der Notenbanken für diese Maßnahmen haben wir ausreichend durchgenommen. Eine künstlich produzierte Inflation soll die Menschen dazu animieren, ihr Geld nicht zu horten, sondern auszugeben, um einer Entwertung der Sparvermögen zu entgehen.

Unser heutiges Geld wurde auf einem Warenwert aufgebaut, nämlich Gold, auch wenn die USA diese werthaltige Unterlegung einseitig durch einen Rechtsbruch zunichte gemacht haben.

Unabhängig davon geht es mir darum, deutlich zu machen, dass Warengeld an sich *keine* faire Lösung sein kann. Der Eigenwert des Geldes ist ein großes Problem für die Bewertung der Waren und Leistungen, wie ich ebenfalls beschrieb. Falls das Material des Geldes selbst (zum Beispiel Gold) im Wert steigt, halten die Menschen dann natürlicherweise ihr Geld zurück, da der *Goldwert* den Nominalwert des Geldes übersteigen kann.

Da es sich bei einem gesetzlichen Zahlungsmittel grundsätzlich um eine Rechtseinrichtung handelt, müssen wir auch hier eine Untersuchung anstellen. Dieses heutige Recht verbrieft den Menschen einen Eigentumsanspruch (!) auf das Geld selbst, weshalb sie natürlich dem Kreislauf auch ihre Mittel entziehen können.

Wir haben also die beiden entscheidenden Ursachen gefunden, warum die Zirkulation des bisherigen Geldes niemals störungsfrei funktionierte:

Der *Warenwert* des Geldes und das *Eigentumsrecht* des Geldes.

Durch diese beiden Faktoren wird ein natürlicher Wirtschaftsverlauf, den man tatsächlich als eine Art Organismus anerkennen muss, immer wieder gestört.

Bitte zucken Sie jetzt nicht zusammen, liebe Leserinnen und Leser, es geht hier nicht um eine Enteignung der Menschen. Das Geld, das Sie sich durch Ihre Leistungen erarbeitet haben, stellt auch in einem *anderen* Modell einen Anspruch auf das »Abholen« von Waren und Leistungen dar, und mehr Funktionen soll Geld doch auch nicht haben.

Was wir benötigen, ist kein Rechtsschutz auf das Eigentum des Geldes, sondern das Recht auf den Erwerb von Gütern im Markt.

Wenn diese Voraussetzungen erfüllt wären, würde ein Geldsystem funktionieren. Ich schreibe hier bewusst im Konjunktiv, denn ein verändertes Geldsystem setzt Menschen voraus, die sich für ihr Leben und ihre Zukunft sachlich interessieren und zweitens Politiker, die die Interessen des Volkes vertreten. Beide Faktoren sind zurzeit schwer auszumachen.

Zusammengefasst noch einmal die drei elementaren Voraussetzungen:

1. Der Preismaßstab

Ich spreche sehr oft vom Wert des Geldes, um in der Sprache der meisten Menschen zu bleiben. Korrekterweise soll das Geld nur eine Kaufkraft nachweisen, die einzelne Menschen oder Unternehmen erwirtschaftet haben. Es ist also ein Preismesser für die Waren und Leistungen, die tatsächlich ausgetauscht werden. Aus diesem Grund darf Geld keinen eigenen Sachwert haben, der diese Bewertungen verfälscht.

2. Der Leistungsnachweis

Die Anbieter von Waren und Dienstleistungen tauschen nicht direkt ihre Waren und Leistungen, sondern sie bezahlen diese Güter mit einer neutralen Gutschrift (Geld), die diese Leistungen dokumentiert. Vielfach wird das Geld selbst aber auch als ein Wertaufbewahrungsmittel angesehen, woraus die genannten Probleme durch Entziehung des Geldes beim Horten entstehen. Ein Geldinhaber hat also klar definierte Ansprüche an die Waren und Güter seines Landes, darf aber kein Eigentumsrecht am Geld selbst haben.

Nun gibt es logischerweise auch Menschen, die zum Beispiel für eine größere Anschaffung sparen wollen, oder ihre Altersversorgung finanzieren. Wenn man sie ständig zum Ausgeben des Geldes zwingen würde, könnten sie nicht nachhaltig planen. Der Sparwunsch eines Marktteilnehmers muss selbstverständlich möglich sein. Er müsste dann aber sein Geld über eine Bank (die natürlich nichts mit dem derzeitigen System zu tun hat) an andere Marktteilnehmer verleihen, die dieses Geld für ihre Leistungsangebote und Käufe nutzen könnten. Der Sparer bekommt dann natürlich eine Bankbestätigung, dass er das Geld später wieder abholen kann. Bei einem konstanten Verhältnis der absoluten Geldmenge zu den Waren und Leistungen der Wirtschaft behält dieses Geld selbstverständlich seine Kaufkraft, da Inflationen oder Deflationen nicht mehr möglich sind. Nur so bekommt der Sparer echte Planungssicherheit.

3. Das Tausch- und Umlaufmittel »Geld«

Ein wesentliches Merkmal des Geldes ist seine permanente Zirkulation, um Störungen der Wirtschaftsaktivitäten gar nicht erst aufkommen zu lassen. Es ist also kein Widerspruch, wenn Geld als Guthaben und Schuld gleichzeitig erfasst wird. Es handelt sich um ein ständiges Geben und Nehmen innerhalb einer organischen

Wirtschaft. Selbst im Fall von Ansparungen einiger Wirtschaftsteilnehmer würde nichts passieren, da dieses Geld durch Kredite einer Bank grundsätzlich im Umlauf bleibt.

Nachdem wir nun die drei Grundvoraussetzungen eines funktionsfähigen Geldsystems untersucht und gefunden haben, sollten wir an dieser Stelle noch einmal unser derzeitiges Monetärsystem betrachten.

Nahezu alle volkswirtschaftlichen Theorien sehen Geld als Ware an. Das ergibt sich schon aus den Definitionen der derzeitigen wissenschaftlichen Sichtweisen. So wird Geld zwar als Tauschmittel von Waren und Dienstleistungen bezeichnet, aber auch als »Wertaufbewahrungsmittel«. Zwar gibt es unterschiedliche Denkmuster, wie den *Metallismus*, der den Geldwert vom Preis der Edelmetalle ableiten will, oder den *Nominalismus*, der von einer staatlichen Wertbestimmung ausgeht. Aber auch der Nominalismus hatte seinen Ursprung in den Edelmetallen, die per Banknote übertragen werden konnten. Da sich die Notenbanken allerdings nicht an die eingelagerte Metallmenge hielten, sondern einfach »widerrechtlich« zuviel Geld druckten, schafften sie den Goldstandard ab, indem sie den Umtausch des Geldes in echtes Gold untersagten.

Trotzdem lagern auch heute noch gern alle Staaten bzw. die Notenbanken Edelmetalle ein, wenngleich sie nicht darüber reden oder sogar das Gegenteil behaupten. Allein dieses Verhalten des Geldmonopols zeigt, dass auch heute noch Gold als Geld angesehen wird.

Nicht unerwähnt lassen möchte ich den Monetarismus, der die Geldmenge von der Marktprognose abhängig macht. Das klingt im ersten Augenblick vernünftig, ist es aber nicht, weil auch bei dieser »Philosophie« erst ein Edelmetallstandard abgeschafft wurde, um dann mit neuem Geld die Wirtschaft ankurbeln zu können. Im Oktober 1929 endete ein solcher Versuch mit dem Zusammenbruch der Aktienmärkte, der die bisher größte Wirtschaftskrise einleitete.

Das Hauptproblem aller Denkmodelle ist die Sachwertunterlegung, die den Wertaufbewahrungscharakter bestätigen soll, selbst, wenn man sie später abschaffte, um die Geldmenge leistungslos zu erhöhen.

Mit der Prägung von Münzen war zunächst die erste Eigenschaft geschaffen worden, die Geld benötigt: Es war zählbar und teilbar. Damit konnte Geld als Tauschmittel eingesetzt werden und ging von Hand zu Hand.

Die weiteren wesentlichen Voraussetzungen aber fehlten:

- die gesicherte Zirkulation und
- der Beziehungsmaßstab der Geldmenge zu Waren und Leistungen.

Im Mittelalter wurden Silbermünzen verwendet. Durch die Sicherstellung der Zirkulation dieses sogenannten Brakteatengeldes funktionierte dieses System sogar sehr ordentlich, weil die Regierung durch eine spezielle Umtauschmechanik den Geldfluss aufrechterhielt. Darauf möchte ich jetzt aber nicht dezidiert eingehen, da es sich dabei nicht um ein *optimales* Geldmodell handelte, auch wenn es im Gegensatz zu allen anderen großen Geldsystemen der Geschichte ganz gut funktionierte.

Eine edelmetallunterlegte Währung hat natürlich verglichen mit unserem heutigen System einen großen Vorteil: Sie darf nicht willkürlich vermehrt werden, um dem Geldmonopol mit seinen bekannten Spielen gigantische leistungslose Gewinne auf Kosten der Marktteilnehmer zu ermöglichen.

Sie sehen, liebe Leserinnen und Leser, dass wir uns natürlich in der Theorie bewegen, denn in der Vergangenheit haben sich die Verantwortlichen trotz des Goldstandards nicht an diese Auflagen gehalten. Um die Zusammenhänge immer weiter zu verinnerlichen, müssen allerdings diese theoretischen Grundlagen bearbeitet werden, bevor wir uns mit der Praxis auseinandersetzen.

Der Wert einer Edelmetallwährung birgt auf jeden Fall das Risiko, dass die Menschen ihr Geld horten und eine dadurch auftretende Deflation jederzeit die Ökonomie lahm legen kann.

Alle Wissenschaftler können heute auf eine Jahrtausend alte Erfahrung mit den Geldsystemen zurückblicken und müssten längst die Ursachen für die vielen Wirtschaftskrisen erkannt haben. Leider lassen viele Professoren und andere Experten diese Gedankengänge gar nicht zu, weil sie offenbar durch ihre Ausbildung in diesem System gefangen sind und nicht über den Tellerrand sehen können. Diejenigen Experten, die es verstehen, werden mundtot gemacht, das erlebe ich immer wieder. In meinen vielen Gesprächen mit hochdotierten Wissenschaftlern erfahre ich sehr häufig, dass sie anders denken als sie an den Universitäten lehren. Die Macht des Geldmonopols ist allerdings so stark, dass sie das eigene (berufliche) Überleben nicht aufs Spiel setzen möchten.

Noch heute ist es schwer zu unterscheiden, ob Gold nun Geld oder eine Ware ist. Damit wird das Problem deutlich: Als Ware ist Gold ein Handelsgut, über das der Eigentümer die volle Macht besitzt. Er kann es horten, verleihen oder verkaufen. Als Geld ist Gold ein Tauschmittel, das die Waren und Dienstleistungen einer Wirtschaft bewerten soll.

Unser heutiges Geld (das auf Edelmetalle aufgebaut wurde, wenngleich kein Umtauschrecht mehr existiert) ist dem Grunde nach unverändert, lässt man einmal die Willkür der Notenbanken außer acht, beliebig drucken zu können. Die Tatsache, dass der Umlauf des Geldes nicht gesichert ist, weil jeder das Recht auf Horten des Geldes hat, spricht für sich.

Selbst die Streichung des Goldstandards kam bei den Menschen nicht an. Sie glauben noch heute an einen inneren Wert ihres Geldes, der definitiv nicht mehr vorhanden ist. Selbst die Wissenschaft verhält sich so, als wäre unser Geldsystem auf einer Sachbasis aufgebaut. Nur so lässt sich erklären, dass niemand aufschreit, wenn wir unsere wertlosen Exportüberschüsse in einheimische Währungen wechseln und in die Wirtschaft fließen lassen, was zu Inflation führt. Die Menschen betrachten die Devisen tatsächlich als werthaltig, obwohl sie mit den Waren und Leistungen der Binnenwirtschaft nichts zu tun haben.

Die heutigen Geldmanipulationen werden dem Volk einfach damit erklärt, dass durch eine Geldmengenerhöhung die Wirtschaft angekurbelt und Arbeitsplätze geschaffen werden, obwohl doch nur eine Inflation entsteht. Die Geldmengenrückführung wird dann mit einer Kaufkraftstabilitätsmaßnahme begründet, wobei man bei diesem Vorgang im Interesse der Währung auch eine »gewisse« Arbeitslosigkeit in Kauf zu nehmen hätte.

Es ist eigentlich kaum zu fassen, wie sehr sich das Geldmonopol durch die Notenbanken auf diese Weise bereichert, während die arbeitenden Menschen (Arbeitnehmer und Unternehmer) auf der Strecke bleiben.

Wären die drei genannten Grundvoraussetzungen eines sinnvollen Geldsystems vorhanden, könnten wir auf Preisstabilität bauen, und auch Vollbeschäftigung wäre kein Thema. Bei dieser Vollbeschäftigung müssen wir allerdings auch von anderen Voraussetzungen ausgehen, denn bei gesättigten Märkten in einer Binnenwirtschaft könnte man vielleicht mit einer Zehn-Stunden-Woche alle Bedürfnisse der Menschen befriedigen. Doch dazu später.

Es wird natürlich schwer sein, die derzeitige Geldseite dazu zu bewegen, ihre Geldgewinne aufzugeben. Sie wird gern immer weiter neues Geld zu ihren Gunsten drucken wollen, welches dann die arbeitende Bevölkerung finanzieren muss.

Leider basiert unsere demokratische Ordnung auf diesem System, und die Wähler erkennen es immer wieder von neuem an, indem sie zur Wahl gehen.

Die Politiker sollten sich langsam entscheiden, ob sie weiter für das Geldmonopol tätig sind oder für das Volk. Bleibt alles so, wie es ist, gibt es aufgrund der exponentiell ansteigenden Macht der Bankensysteme kein Zurück mehr.

10. Lektion – Die Rechtseinrichtung Geld

Dieses ebenfalls heikle Thema spielt eine elementare Rolle in einem funktionierenden Geldsystem. Bisher haben wir uns mit den Ursachen und sichtbaren Problemen sowie den Grundvoraussetzungen eines vernünftigen Geldes als Tauschmittel für Waren und Dienstleistungen auseinandergesetzt.

Geld kann aber niemals nur eine wirtschaftliche Einrichtung sein, denn es ist schließlich ein *gesetzliches* Zahlungsmittel, das jeder Bürger eines Wirtschaftsraumes anerkennen muss.

Aus diesem Grund wäre es logisch, wenn die Menschen eines Staates durch eine demokratische Abstimmung über dieses elementare System auch entscheiden dürften. Das wäre aber nur möglich, wenn sie über die Grundlagen und Eigenschaften des Geldes aufgeklärt werden würden.

Sie merken natürlich schon, worauf ich hinaus will. Keiner der verantwortlichen Notenbanker und Politiker hat ein Interesse daran, dass die Menschen auch nur ansatzweise informiert sind. Schließlich können sie aufgrund dieses verwirrenden Systems sehr gut auf Kosten der Bürger leben.

Ich glaube, es würde in den Ländern hoch hergehen, wenn eine größere Menge der Menschen die Komplexität und deren Auswirkungen begreifen würde.

Zurück zur Rechtslage:
Wäre das Geld lediglich ein Tauschmittel von Waren und Dienstleistungen im wirtschaftlichen Sinne, könnte man natürlich auch eine Weltwährung auf Grundlage eines freien Marktes installieren, was übrigens immer wieder diskutiert und von einigen verantwortlichen Politikern aufgrund mangelnder Kenntnis oder anderer Motivation heraus sogar befürwortet wird.

Nun ist Geld aber nicht nur ein Tauschmittel der Wirtschaft, sondern repräsentiert auch einen konkreten Lebensrhythmus einer bestimmten Region, der sich nur auf rein *wirtschaftlicher* Ebene in Waren und Leistungen ausdrückt.

Eine Weltwährung würde diese typischen Wirtschaftseigenschaften eines bestimmten Volkes, die sich aus dem Klima, der ethnischen Entwicklung, dem Temperament und verschiedener anderer Ursachen ergeben, niemals angleichen können, denn dadurch besteht ein zu unterschiedlicher Bezug der Wirtschaftskraft zum jeweiligen Geldsystem.

Wenn nun jedermann im Rahmen einer Weltwährung sein Geld von einem Land ins andere ohne jegliche Regelungen hin und her transferieren könnte, würden ganze Wirtschaftseinheiten zerstört.

Eine offizielle Weltwährung würde aus meiner Sicht die verschiedenen Völker in eine globale Armut führen. Das ist ja auch schon deutlich zu erkennen, da der US-Dollar durch das Bretton Woods System eigentlich eine Art Weltwährung ist, und man kann einige Politiker außerhalb der USA sehr gut verstehen, wenn sie versuchen, aus diesem System wieder auszusteigen.

Das Geldmonopol ist allerdings mittlerweile durch das unilaterale Finanzsystem der USA so mächtig geworden, dass dieses schwer möglich wäre.

Sobald es ein Land versucht, werden die Massenmedien genutzt, um diese »Abtrünnigen« mit irgendwelchen »Aussagen« zu diffamieren.

Zurzeit unterstellt man dann terroristische Aktivitäten oder eine atomare Aufrüstung, mit denen diese Länder die Welt zerstören wollen. Das gemeine Volk »frisst« diese Schlagzeilen auch.

Schon die Einführung des Euro zeigt deutlich, was ich mit den Problemen meine, die sich aus einem zusammengefassten Geldsystem ergeben, obwohl die einzelnen teilnehmenden EU-Staaten in hohem Maße unterschiedlich sind.

Der derzeitige Euro repräsentiert nicht mehr die Waren und Dienstleistungen Deutschlands, Portugals oder Griechenlands. Nein, durch die monetäre Zusammenlegung dieser unterschiedlichen Länder werden die »starken« Volkswirtschaften vereinheitlicht und regelrecht zerstört. Der Euro kann nun gesetzlich verbrieft quer durch die EU laufen, was enorme Konsequenzen hat. In Deutschland erarbeitete Gelder fließen zum Beispiel nach Portugal, um dort in produktiven Investitionen zu landen, die natürlich dann in Deutschland fehlen. Die Folgen für Deutschland sind Arbeitslosigkeit und Kinderarmut. Eine einheitliche Währung ist also grundsätzlich ein Ausbeutungssystem der wirtschaftlich starken Länder durch die schwächeren Wirtschaftsstaaten.

Ich gehe sogar so weit, dass wir die innerdeutschen Probleme, die wir als Süd-Nord-Gefälle bezeichnen, lösen könnten, wenn es zwischen den verschiedenen Wirtschaftsregionen unterschiedliche Währungen gäbe. Durch gegenseitige Auf- oder Abwertungen ließe sich auf diesem Weg ein gleichmäßiger Wohlstand des Volkes erreichen.

Hinter dem Gedanken einer Weltwährung steht, wie so oft erklärt, die irrige Annahme, dass Geld einen eigenen Wert inne hat, obwohl jeder der Verantwortlichen wissen müsste, dass dem nicht so ist. Wenn es so wäre, würde jedes Volk durch die Wirtschaftseinnahmen aus dem Ausland immer reicher werden, aber wie wir gelernt haben, sind die Exportüberschüsse sogar ein Minusgeschäft für die Produktionsländer.

Da Geld keinen eigenen Wert hat, treiben die selbst verursachten Inflationen aus den Überschüssen die Preise der »leer gekauften Länder« in die Höhe.

Gern wird aus wissenschaftlicher Sicht an dieser Stelle gesagt, die Bürger könnten ja mit dem neuen Geld auch im Ausland kaufen. Das ist aber eine billige Argumentation. Welcher Bürger hat denn überhaupt die Möglichkeiten dazu? Der Warenausgleich ist also den Importeuren und Exporteuren überlassen, und der Bürger kann niemals kontrollieren, ob denn auch tatsächlich im Sinne einer fairen Wirtschaft sowie im Interesse seines Landes gehandelt wird.

Letztendlich läuft es ganz klar auf einen deutlich erkennbaren Zustand hinaus:

Das Volk, das am fleißigsten, effektivsten und qualitativ am besten arbeitet, ist das *letzte* Opfer dieses Systems.

Deutschland ist ein Paradebeispiel eines hocheffizienten Standortes, der geldsystematisch völlig ausgeplündert wird.

Eine Weltwährung würde diese Situation für die ganze Erde nur noch verschärfen, und eine weiter expandierende globale Armut wäre die Folge, wenn man diese Zusammenhänge versteht.

Nichts kann eine gute regionale Währung ersetzen, wenn man im Interesse der Menschen und einer sinnvollen Wirtschaft handeln möchte.

Die niederschmetternden Ergebnisse des Bretton Woods Abkommens von 1944 sprechen eine überdeutliche Sprache, und es fällt mir sehr schwer zu glauben, dass die handelnden Banker und Politiker diese Ursachen nicht erkennen (wollen?!). Der US-Dollar als Leitwährung kauft die Märkte aller nichtamerikanischen Länder leer. Besonders betroffen sind die Staaten, die sich kritisch mit der US-zentrierten Politik auseinandersetzen. Mit der »Waffe« US-Dollar werden sie relativ schnell ruhig gestellt – oder in den Ruin getrieben.

Um diese ganzen Szenarien zu umgehen, braucht jedes Land selbstverständlich eine eigene Währung. Diese darf auf keinen Fall mit festgelegten Wechselkursen belegt sein, da nun einmal alle Volkswirtschaften unterschiedlich zu bewerten sind und sich dieser Prozess »organisch« ständig ändert.

Sich verändernde Wechselkurse zwischen den einzelnen Währungen würden die jeweiligen Verantwortlichen natürlich davon abhalten, eine unseriöse Geldmengenpolitik zu betreiben, die auf Kosten der eigenen volkswirtschaftlichen Bewertungen geht.

Das Geldrecht gehört also in die Hände des Volkes, mit der Absicht, es nach dem Gleichheitsprinzip zu organisieren und nicht nur bestimmten »Gruppen« zu dienen. Wir befinden uns heute leider in einer Situation, in der Politiker in den Aufsichtsräten der Banken und deren »Beuteunternehmen« sitzen und letztlich »weisungsgebunden« sind. Die derzeitigen Auswüchse von Lobbyismus, Schmiergeldaffären und Korruptionsfällen, die ebenfalls durch die Kapitalkonzentration des Geldsystems entstanden, sind für jedermann sichtbar.

Ich meine natürlich mit dem Begriff »Volk« eine im Interesse der Bürger agierende Organisation mit entsprechenden Kontrollmechanismen.

Bitte glauben Sie jetzt nicht an einen theoretischen Irrsinn, wenn ich diese Dinge so kommuniziere, denn die Zeit läuft ja bekanntlich weiter, und immer mehr Menschen haben das Vertrauen in Politiker und Wirtschaftsbosse verloren. Auch die Wahlbeteiligung geht massiv zurück und lässt hoffen, dass die Politiker dieses System aufgeben müssen, da sie hoffentlich irgendwann erkennen, wie wenig ihre Aktivitäten mit dem Wohl der Menschen zu tun haben.

Eine für alle Bürger faire Lösung muss also rechtlich folgendermaßen konstruiert sein:

▪ Das Geld darf keinen eigenen Wert haben, also nicht mit Edelmetallen oder sonstigen Sachwerten unterlegt sein, denn hier liegt die Hauptursache einer falsch verstandenen Funktion des Geldes.

- Es darf keine Eigentumsrechte der Marktteilnehmer am Geld selbst geben. Es gehört grundsätzlich dem Volk, und niemand darf es horten. Nur so bleibt die Zirkulation gewährleistet.
- Die Banken oder die Regierungen dürfen keine Rechte zur Geldmengenerhöhung oder Reduzierung haben, denn diese Privilegien führten immer zu Unrecht.

Bevor wir nun zur technischen Umsetzung eines gerechten Geldsystems kommen, noch ein paar Worte:

»Wer an der Krippe sitzt, der frisst«, erklärte mir mein Vater schon vor Jahren, und auch er kannte diesen Satz bereits von seinem Vater.

Eine Regierung, die den »Schlüssel« für das Geldsystem besitzt, wird niemals davor gefeit sein, ihn zu nutzen. Wenn der Staat die Geldmenge ohne reale Wirtschaftsgrundlagen erhöhen würde, zahlen die Bürger die Zeche.

Anders gesehen bedeutet ein solcher Vorgang eine durch Inflation verursachte Sondersteuer, die man dem Volk aufbürdet.

Die Menschen selbst müssen für das Geld eigenverantwortlich sein, und dafür sollte sich das Volk im Rahmen einer demokratischen Entscheidung selbst die Gesetze schaffen.

Sie müssen ein uneingeschränktes Nutzungsrecht über das Geld erhalten, was nichts anderes bedeutet, als dass das Geld auch mit einer Nutzungsgebühr belegt werden muss, für denjenigen, der es nicht nutzt. Darauf möchte ich im nachfolgenden technischen Part näher eingehen.

Es geht bei diesen »Gebühren« auf keinen Fall um eine Bestrafung der fleißigen Bürger, die viel Geld verdienen und somit viele Gebühren im Sinne einer Steuer zahlen sollen. Im Gegenteil, diese Gebühren fließen natürlich dem Wirtschaftskreislauf zu und sorgen somit grundsätzlich für eine ausreichende Menge an Geld in der realen Wirtschaft.

Diese Umlaufgebühren durch zurückgehaltenes Geld sind auch für den »Zahler« erheblich billiger als die Zinsen und indirekten Steuern durch die selbst produzierte Inflation des derzeitigen Systems, die in voller Höhe in die Waren und Dienstleistungen einfließen und damit auf die Verbraucher umgelegt werden.

Da wir mittlerweile einen Zustand erreicht haben, in dem weit mehr als die Hälfte aller Produktpreise Zinsanteile sind, erahnen Sie vielleicht, wie viel niedriger die Preise sein könnten, wenn diese Kosten wegfallen würden.

Es geht nur um Gerechtigkeit im Interesse aller Bürger.

11. Lektion – Die technischen Fragen

Nachdem wir uns bisher nur mit der Theorie eines sinnvollen Monetärsystems im Interesse einer fairen Volkswirtschaft auseinandergesetzt haben, müssen wir uns langsam an die technische Umsetzung heranwagen. Dem einen oder anderen meiner Leserinnen und Leser kommen meine bisherigen Aussagen vermutlich *nur* theoretisch vor. Immer wieder suggeriert mir auch das Publikum in meinen Vorträgen, dass es sich nicht vorstellen kann, wie man mit den desillusionierten und systembedingt passiven Menschen von heute überhaupt eine ernste Diskussion über diese Themen führen kann.

Vielleicht haben diese Kritiker recht, denn solange sich das Volk nicht mit diesen Ursachen auseinandersetzt und sich weiter durch die Massenmedien manipulieren lässt, wird es schwer möglich sein, eine Veränderung herbeizuführen. Anderseits nimmt der Leidensdruck der Durchschnittsbevölkerung permanent zu, und instinktiv erkennen die Menschen dann doch, dass das Geldmonopol für diese Situation verantwortlich ist.

In meiner vorherigen Lektion hatte ich schon anklingen lassen, dass die Organisation eines Geldsystems nicht in eine »Machtkaste« gehört, sondern in die Hände der Wirtschaftsteilnehmer, also des Volkes.

Die Achse der Geldmacht »private Notenbanken und Regierung« hat sich definitiv nicht bewährt, da der Reiz der unrechtmäßigen Bereicherung durch das Gelddruckprivileg einfach zu groß ist.

Wer soll denn aber nun das Geldsystem regulieren und managen?

Eine Idee wäre es, wenn das Volk im Rahmen einer demokratischen Entscheidung eine komplette Systemveränderung einleiten würde und dann eine nationale »Währungsbehörde« installiert, die zwar von der Regierung überwacht wird, aber völlig autark agieren können muss. Eine solche Behörde würde der ehemaligen Bundesbank ähneln, allerdings mit wirklich eigenem Geld (also nicht unter einer Weltleitwährung). Eine völlig transparente Administration für das Volk ist unbedingte Voraussetzung, deshalb dürfen sich innerhalb dieser Behörde keine Machtgruppen bilden. Durch spezielle Rotationsverfahren der Mitarbeiter kann das aber vermieden werden.

Dieses nationale Währungsbüro hätte die wesentliche Aufgabe, die Geldmenge im Verhältnis zur jeweiligen Wirtschaftskraft des Landes zu ermitteln, zu überwachen und für ein konstantes Verhältnis der beiden Faktoren zu sorgen.

Das Geld ist also grundsätzlich eine Rechtseinrichtung der Bürger eines Staates, die niemals durch internationale Rechtsnormen beeinflusst werden darf. Das Währungsbüro hätte einen Sonderstatus im Staat und dürfte keine speziellen Gruppen oder einzelne Menschen vertreten, würde also dem *Gleichheitsprinzip* unterliegen.

Die einzige Aufgabe dieser Behörde bestünde in der Währungssicherung und wäre natürlich der permanenten Kontrolle der Regierung unterstellt. Die Definitionen der Geldfunktionen und der daraus resultierenden Währungsbüropolitik müssen so klar gestaltet sein, dass sich ein *staatlicher Eingriff* ausschließt.

Das private Bankensystem muss ebenfalls klar geregelt sein. Dessen Aktivitäten sollten sich auf die speziellen wirtschaftlichen Aufgaben beziehen, wie Zinsfestsetzung, Organisation der Kredite und Staatsanleihen und Devisenumtausch.

Die Banken müssten absolut unabhängig vom Währungsbüro agieren und hätten für die Verwaltung der Kundengelder, die Kreditvergaben und die Abwicklung von Zahlungsgeschäften zu sorgen.

Die wesentliche Grundlage der neuen Währung muss eine klare Kommunikation an die Bürger sein. Sie müssen verstehen, dass das neue

Geld kein Warengeld mehr repräsentiert, sondern ein Tauschgeld darstellt, das nun allen Menschen in der Gesamtheit gehört und weiter gehören wird.

Überhaupt müssen die Menschen erst einmal komplett informiert werden, warum solche Maßnahmen vollzogen werden und welche Gerechtigkeit daraus resultiert.

Das neue Geldsystem wird sehr einfach zu verstehen sein, wenn die Zusammenhänge erklärt werden.

Unser jetziges System begreift nahezu niemand, nicht einmal die meisten Experten, wie sich aus den vorherigen Lektionen deutlich ergibt.

Für die Ordnung eines neuen Geldsystems muss nun das Währungsbüro eine bestimmte Geldmenge festlegen, die der jeweiligen Region zukommt und aus der sich dann natürlich die Preise ableiten lassen. Falls das zu reformierende Land eine eigene Währung besitzt, kann an das jetzige Geld eigentlich gut eine neue Währung angeschlossen werden.

In Europa oder den USA müsste man wohl eine komplett neue Währung herausgeben, da die Wahrscheinlichkeit sehr groß ist, erneut unterschiedliche regionale Gelder zu benötigen, um der jeweiligen Wirtschaftskraft gerecht zu werden.

Es ist davon auszugehen, dass sich die Mentalität der Menschen in Alaska, Hawaii oder New Mexico deutlich voneinander unterscheidet und somit auch deren Wirtschaftskraft voneinander abweicht. Dasselbe gilt für Deutschland, Finnland oder Italien. Eine einheitliche Währung führt zwangsläufig zu Ungerechtigkeit, wie ich es in den vorherigen Lektionen beschrieben habe.

In den meisten Ländern wird deshalb ein neues Geldsystem wohl auf die Neuausgabe von Banknoten hinauslaufen.

Eine solche Neuwährung darf selbstverständlich niemanden schädigen, und niemand darf besonders von ihr profitieren. Alle Rechtsverträge vor der Neuordnung müssen von dieser Maßnahme unberührt bleiben, sofern das irgendwie möglich ist. Nach der Einführung der neuen Währung müssen diese Verträge dann anhand des veränderten Wertmaßstabs umgerechnet werden.

Wie kann man sich denn solch eine Währungseinführung vorstellen?

Vom rechtlichen und wirtschaftlichen Standpunkt aus halte ich es für am praktikabelsten, wenn jedem Einwohner eines Landes eine gewisse Summe über die Banken zur Verfügung gestellt wird. Wir kennen einen solchen Vorgang aus dem Jahr 1948, als jedem Bürger Deutschlands in zwei Etappen 60 D-Mark ausgehändigt wurden. Die Geldmenge muss natürlich nicht sehr hoch sein, da sie nur einen kleinen Teil des Jahresumsatzes des Staates ausmacht. Mit der Ausgabe des neuen Geldes können die Menschen sofort ihre ersten Bedürfnisse befriedigen, so dass sich die Währung sehr schnell auf die Waren und Dienstleistungen verteilt.

Eine viel wichtigere Frage ist die Anpassung der Geldmenge an das jeweilige Waren- und Dienstleistungsvolumen, aber auch die Sicherstellung des permanenten Umlaufs der Geldmenge.

Das Währungsbüro benötigt also vor allem eine funktionierende volkswirtschaftliche Abteilung, die ständig die Beziehungsgröße der Geldmenge zum Marktvolumen ermittelt und Sorge dafür trägt, dass dieses Verhältnis niemals gestört wird. Anhand verschiedener Preisindizes (Großhandels-, Verbraucherindex etc.) lässt sich mit dem Durchschnittspreisniveau sehr schnell ermitteln, inwieweit die Geldmenge angepasst werden muss.

Steigen beispielsweise die Durchschnittspreise aller Waren und Leistungen an, kann daraus der Rückschluss gezogen werden, dass die Wirtschaftskraft gesunken ist und zu viel Geld den Waren gegenübersteht, wodurch die Kaufkraft der Währung sinkt. In diesem Fall müsste die Geldmenge des Landes reduziert werden, um das Gleichgewicht wieder herzustellen, das bei der Auflegung der Währung festgelegt wurde. Sofort würden die Preise wieder sinken.

Sollten die Preise fallen, muss man natürlich entgegengesetzt verfahren und die Geldmenge entsprechend erhöhen.

Das Ziel im Interesse einer ethisch sauberen und fairen Ökonomie muss grundsätzlich sein, dass die Preisentwicklung klare Indikatoren für die Wirtschaft liefert und alle Bürger, Banken sowie das Währungsbüro einen echten Überblick bekommen, um Entscheidungen zu treffen.

Natürlich sollten grundsätzlich Preisschwankungen bei einzelnen Waren oder Gewerben möglich sein, denn Angebot und Nachfrage sollen ja genau dafür sorgen. Da aber die Geldmenge im Land der *gesamten* Wirtschaftskraft gegenüber unverändert bleibt, würden bei hohen Preissteigerungen einzelner Waren auf der anderen Seite die Preise bei anderen Produkten oder Leistungen sinken. Genau aus diesem Grund können Produzenten und Bürger natürlich auch sinnvolle Entscheidungen für die Zukunft fällen, denn das Durchschnittspreisniveau bleibt unverändert.

Auch aus rein praktischer Sicht möchte ich das Thema Geldmengenerhöhung und -verminderung noch einmal genauer betrachten. Die Aufgabe lautet, wie man die Geldmenge verändert, ohne dabei bestimmte Menschen oder Firmen zu schädigen oder zu bevorzugen.

Hier kommt ein weiterer Aspekt ins Spiel: Im Rahmen einer Neuordnung des Geldsystems ist natürlich auch eine Steuerreform unumgänglich. Wir brauchen grundsätzlich nur eine einzige Steuer, die Umsatzsteuer (im Volksmund auch Mehrwertsteuer genannt)! Diese Steuer ist in meinen Augen die fairste. Wer viel konsumieren kann, zahlt mehr, die anderen weniger. Der Steuersatz variiert je nach Wirtschaftsleistung des Landes, und damit haben wir auch schon die Lösung für eine Geldmengenveränderung. Muss die Geldmenge reduziert werden, erhöht man entsprechend die Steuer, wodurch über den Konsum eine gewisse Geldmenge abgeschöpft wird, die dann vom Währungsbüro »stillgelegt« wird. Im anderen Fall senkt man die Steuer, wodurch mehr Geld im Wirtschaftskreislauf bleibt. Die Veränderungen der Steuersätze sind natürlich nur ganz marginal, da das Währungsbüro ja ständig die gesamte Situation überwacht und regelmäßig nachjustieren kann.

Das Währungsbüro überlässt den Finanzämtern selbstverständlich ebenfalls eine gewisse konstante Geldmenge, damit die Volksvertreter und deren Beamte ihre *hoheitlichen* Aufgaben erfüllen können. Diese Kosten müssen natürlich aus der Umsatzsteuer finanziert werden, also von den Wirtschaftsteilnehmern.

Mir ist klar, dass einige meiner Leserinnen und Leser bei meinen Ausführungen die Nase rümpfen werden und ich den Phantasten zugeordnet werde, aber lassen Sie doch meine Ausführungen bitte einmal zu,
denn die Genialität liegt meist in der Einfachheit.

Die zentrale Voraussetzung für ein sinnvolles Geldsystem muss natürlich auch geklärt werden: die ständige Zirkulation!

Sie wissen schon, ich meine den permanenten Umlauf des Geldes,
damit das Verhältnis der Geldmenge zur Wirtschaftskraft nicht gestört
wird. Wie wir bereits gelernt haben, würde das Entziehen von Geld
aus dem Markt durch die Wirtschaftsteilnehmer zu einer Unterversor-
gung der Ökonomie führen, was schwerste Störungen verursacht. In
der letzten Lektion sprach ich schon von den Umlaufgebühren, die
man allen Wirtschaftsteilnehmern abverlangen muss, wenn sie ihr Geld
schlicht zu Hause herumliegen lassen. Bitte bleiben Sie bei diesem
Thema entspannt, auch wenn der erste Impuls ist: »Oh Gott, der will
uns etwas wegnehmen!«

Verglichen mit all den Zinsen, die Sie im jetzigen System zu zahlen
haben, wenn Sie nur ganz normal im Supermarkt einkaufen gehen,
sind die Umlaufgebühren eines fairen Systems extrem niedrig.

In dem noch heute gültigen Monetärsystem versuchte man das Horten von Geld so weit wie möglich zu verhindern, indem man den Zins
erfand. Der dadurch verursachte Reiz, ohne Leistung in Form von
Renditen durch Zinsen weiteres Geld zu verdienen, veranlasste die
Menschen dazu, Ihr Geld direkt oder – im Normalfall – über Banken zu
verleihen. Die dadurch verursachte ungleiche Verteilung der gesamten
volkswirtschaftlichen Vermögen von Arm auf Reich habe ich ausführlich beschrieben.

Leider kämpfen gerade die unteren und mittleren Einkommens-
schichten für einen Erhalt dieses Systems, da auch sie glauben, mit
diesem Bankensystem ohne Arbeit ein zusätzliches Vermögen machen zu können.

Sie kämpfen also für den Bestand der Ungerechtigkeit, durch die
sie nur weiter verlieren können!

Tatsache ist, dass über 98 Prozent der Bevölkerung in diesem
Geldsystem mehr an Zinsen durch ihren eigenen Konsum bezahlen,

als sie durch ihre Kapitalanlagen zurückbekommen, denn schließlich werden in die Endpreise des Marktes diese ganzen Zinszahlungen eingearbeitet.

Jemand, der zum Beispiel über ein Vermögen von *unter* einer Million Euro verfügt, zahlt mehr in das System ein, als er durch seine Guthabenzinsen herausbekommt.

Dass sich viele Nichtmillionäre trotz dieses Sachverhaltes aus einem ersten Impuls heraus gegen eine Umlaufgebühr aussprechen, ist ein klares Indiz dafür, wie wenig unser heutiges Geldsystem verstanden wird. Das gilt insbesondere für viele Banker und andere sogenannte Finanzexperten.

Bei der Einführung einer Geldumlaufgebühr dreht sich die heutige Finanztechnik genau ins Gegenteil. Derjenige, der sein erarbeitetes Geld wieder dem Wirtschaftskreislauf zur Verfügung stellt, braucht keine Gebühren zu bezahlen, so dass sich sein Geld nicht entwertet. Das kann durch ein sofortiges Wiederausgeben des Geldes geschehen oder durch das Ausleihen an andere Wirtschaftsteilnehmer, was meist über eine Bank geschehen wird.

Wer sein Geld zu Hause liegen lässt, muss damit leben, dass es sich nach einem bestimmten Schema entwertet.

Bisher ist die reale Wirtschaft vom Geld abhängig, und es muss durch hohe Zinszahlungen in den Markt »gelockt« werden, was durchaus als Zwang durch das Geldmonopol bezeichnet werden kann.

Wozu das führt, sollte langsam klar sein: Spätestens die immer weiter steigende Armut in den Industriestaaten zeigt die furchtbaren Auswirkungen, obwohl gerade dort über Unmengen an Vermögen verfügt wird. Es ist und bleibt das Verteilungsproblem.

In einem neuen System, wie ich es hier beschreibe, muss sich das Geld selbst im Markt anbieten, damit deren Halter die Verluste umgehen, die durch die Umlaufgebühren entstehen würden. Der jeweilige Wirtschaftsrhythmus gibt also die Bedingungen vor – und nicht das Geld.

Diejenigen von Ihnen, liebe Leserinnen und Leser, die sich bereits mit Finanzsystemen auseinandergesetzt haben, erkennen sehr deutlich die Handschrift des berühmten *Sylvio Gesell*, der neben anderen hochintelligenten Persönlichkeiten für meine Ausführungen Pate stand. Dieser Mann hatte vor vielen Jahrzehnten ein ähnliches System entwickelt, wie ich es hier beschreibe.

Die Idee einer Nutzungs- oder Umlaufgebühr (das ist dasselbe) war ein genialer Einfall dieses Ausnahmewissenschaftlers, der natürlich von den heutigen Bankern und Regierungen eher totgeschwiegen wird, da man schließlich ohne Arbeit sehr gut von der Unkenntnis der Bürger leben kann.

Der heutige Zins ist eine rein private Angelegenheit, also ein Gewinn für die Geldinhaber und ein Verlust für die Schuldner. Eine Umlaufgebühr ist dagegen öffentlich zuzuordnen und kommt somit allen Wirtschaftsteilnehmern zugute, da diese Gebühren wieder in die Wirtschaft zurückkehren, um das Verhältnis zwischen Wirtschaftskraft und Geldmenge nicht zu stören.

Diese Gebühren fließen also in den Staatshaushalt, wovon die öffentlichen Ausgaben bestritten werden. Dadurch wird die eingenommene Gebühr wieder in die Wirtschaft infiltriert. Um diese Gebührenausgaben des Staates müssen natürlich die von den Wirtschaftsteilnehmern zu zahlenden Steuern reduziert werden.

Deshalb spielt die Höhe dieser Umlaufgebühren für die Bürger keine Rolle, weil sie sich nur in der Verteilung zwischen diesen Gebühr- und Steuerlasten auswirken.

Kurz: Mehr Umlaufgebühren bedeuten Steuerreduktionen, wenige Gebühren führen zu Steuererhöhungen. Wichtig ist aber nur das Verhältnis Geldmenge zur Wirtschaftskraft.

Noch einmal:
Durch die Einführung eines solchen Geldsystems gewinnen alle Bürger bzw. arbeitenden Menschen (ob Arbeitnehmer oder Unternehmer), mit einer Ausnahme:

Die wenigen *sehr* Wohlhabenden, die vermutlich unter zwei Prozent der Bevölkerung ausmachen, werden Federn lassen müssen, da nur diese Gruppe mehr Zinseinnahmen aus ihren Kapitalanlagen generiert, als sie an direkten oder indirekten Zinsen zu zahlen hat.

Ich nehme aber mit großer Freude zur Kenntnis, dass auch viele »Reiche« sehr nachdenklich werden, wenn sie durch Aufklärung erfahren, wie unser Geldsystem funktioniert.

Mir ist außerordentlich wichtig, dass ich mit meinem Buch keine (!) Neiddebatte auslöse, nach dem Motto: »Die bösen Reichen und die guten Armen«. Das wäre natürlich falsch.

Wenn aber immer mehr Menschen verstehen, dass die Kinderarmut, die uns allen so zu Herzen geht, auf das Monetärmonopol zurückzuführen ist, sind auch viele wohlhabende Menschen sofort bereit, sich dem Thema eines fairen Geldsystems anzunehmen.

Meine Erfahrungen zeigen deutlich, dass weder die derzeitigen »Opfer« noch die »Täter« auch nur ansatzweise unsere Geld- und Wirtschaftswelt begriffen haben – und das sollen sie wohl auch nicht.

Nur ganz wenige Personen, die im Hintergrund stehen und unter anderem in den Notenbanken ihre »Operationen« durchführen, wissen offenbar Bescheid.

Der weitaus größte Teil der Bevölkerung gewinnt also bei dieser Umlaufgebühr, zumal sie ja sogar über die nachfolgenden Steuererleichterungen wieder zurückfließt.

Diese Gebühren sind also keine zusätzliche Belastung für die Bevölkerung, sondern sichern lediglich die ständige Zirkulation des Geldes im Interesse einer transparenten Wirtschaft.

Das Geld wird also vom Rhythmus der Wirtschaft bestimmt und nicht umgekehrt.

Die Umsetzung der Nutzungsgebühr muss selbstverständlich rechtlich so geschrieben sein, dass auch *alle* Gelder erfasst werden, die zirkulieren müssen. Jeder Wirtschaftsteilnehmer hat das Recht auf Transparenz und muss nachvollziehen können, dass nicht »bestimmte« Gelder von dieser Gebühr ausgenommen sind.

Hier beginnt die technische Herausforderung, die diese Klarheit bietet. Die einfachste und wohl auch effizienteste Form ist vermutlich ein unregelmäßiger Umtausch von »alten« Geldscheinen gegen »neue«. Das lässt sich dann zum Beispiel über bestimmte Seriennummern bewerkstelligen.

Man muss sich das folgendermaßen vorstellen:
In unregelmäßigen Zeitabständen bekommen alle Menschen einen Zeitpunkt genannt, an dem sie ihr Bargeld bei ihrer Bank umtauschen

können. Man gibt dann dort sein Geld ab und bekommt im Gegenzug neue Scheine ausgehändigt, natürlich mit einem prozentualen Abzug. Beträgt also die Umlaufgebühr für einen bestimmten Zeitraum zwei Prozent, so würde der Bürger für 100 D-Mark nun 98 D-Mark (oder wie auch immer die Währung hieße) bekommen.

Ich sehe vor meinem geistigen Auge, wie jetzt einige Leser dieses Buches ihre Stirnfalten runzeln. Bitte vergessen Sie niemals, dass die bisherigen Inflationen, die von den Banken eingeleitet wurden und werden, permanent ihr Bargeld reduzieren, nämlich durch steigende Preise. Im Normalfall reichen selbst die Guthabenzinsen auf den Sparanlagen nicht aus, um die Inflationsraten auszumerzen. In dem von mir dargestellten Modell gibt es keine Preissteigerungen über alle Waren und Leistungen mehr, da eine Inflation ausgeschlossen ist.

Im Nachgang dieser Lektionen werde ich darauf noch einmal zurückkommen.

Da auch in einem neuen Geldsystem ein großer Teil des Kapitals über Banken abgewickelt wird, also bargeldlos, müssen die Institute natürlich auch auf diesen Konten die Nutzungsgebühr abziehen. Dabei müssen die Institute zwischen zwei Kontoarten unterscheiden:

Die Giro- oder bei Unternehmen Kontokorrentkonten, auf denen das Geld der Kunden liegt, das dem Zahlungsverkehr dient, müssen wie Bargeld angesehen werden. Von diesen Guthaben werden die zwei Prozent (wie oben als Beispiel genannt) einfach abgezogen. Wichtig ist bei dieser Kontenart, dass die Banken die Guthaben auf keinen Fall in Form von Krediten verleihen dürfen, da jeder Bürger die Gewissheit haben muss, jederzeit sein Geld abheben zu können. Die Banknoten müssen also vorhanden sein.

Dieses ist im derzeitigen System nicht der Fall. Die heutigen Banken gehen davon aus, dass nicht alle Bürger *gleichzeitig* ihr Geld abholen wollen und verleihen es munter weiter.

Wer kennt nicht die langen Schlangen (hoffentlich nur aus den Medien) an den Bankschaltern, wenn die Leute panisch versuchen, an ihr Geld zu kommen, wenn zum Beispiel eine Währungsreform droht (Argentinien etc.). Plötzlich machen die Banken die Türen zu, weil kein Geld mehr da ist. So etwas passiert nur, wenn die Banken die sogenannten Sichtgeldeinlagen weiter verliehen haben. Das darf nicht sein!

Eine zweite Kontoart allerdings sieht auch in meinem beschriebenen System anders als die oben genannten Bargeldkonten aus. Diese Arten der Konten werden als Spar- und Leihkonten bezeichnet. Hier werden von den Geldinhabern bewusst die Gelder »stillgelegt«, die sie zurzeit nicht brauchen. Dieses Geld steht den Banken nun für Verleihzwecke zur Verfügung. Ein Problem, das natürlich auftauchen kann, ist klar: Was passiert, wenn die Banken bestimmte Gelder nicht verleihen können, oder anders ausgedrückt, wer zahlt dann die Umlaufgebühren?

Das kann vertraglich zwischen der Bank und dem Kunden vereinbart werden. Die Bank kann einen erheblichen Teil der Gebühren tragen oder sie sogar ganz übernehmen. Das hängt von der Fähigkeit der Bank ab. Je mehr eine Bank von den Gebühren übernehmen kann, desto mehr Kunden wird sie bekommen und entsprechend mehr Provision verdienen.

Entscheidend ist, dass die Gebühren bezahlt werden müssen, damit das Verhältnis zwischen Waren und Dienstleistungen und der Gesamtgeldmenge niemals gestört wird.

Beim Schreiben dieser Zeilen sehe ich nun viele Banker vor meinem geistigen Auge, die die Nase rümpfen, weil sie einen echten Leistungsdruck dieser Art gar nicht kennen. Es ist schließlich einfacher, von den neuen leistungslosen Geldmengen der Notenbanken des jetzigen Systems zu leben.

Eine wichtige Frage ist natürlich auch, wie oft ein solcher Geldumtausch stattfindet. Diese Termine obliegen dem Währungsbüro, da dieses anhand seiner Beobachtungen am besten entscheiden kann, wann der optimale Zeitpunkt dafür gegeben ist. Ebenso wird dann anhand der wirtschaftlichen Lage die Höhe der Gebühren bestimmt.

Da natürlich jeder Mensch nur wenige Gebühren bezahlen möchte, wird er das Geld möglichst schnell wieder im Markt ausgeben, wodurch es dort für den weiteren Tausch von Waren und Leistungen zur Verfügung steht.

Vermutlich drängt sich jetzt bei Ihnen der Verdacht auf, dass dadurch eine unglaubliche Hektik entstehen wird, weil jeder sein Geld schnell loswerden will. Diese Überhitzung ist nicht zu erwarten, weil die Menschen nur so viel ausgeben, wie sie aktuell verdient haben, also eine überschaubare Menge. Schließlich ist das Geld an den Rhythmus der Wirtschaft gebunden, also an die tägliche Arbeit. Das Geld, das nicht zum normalen täglichen Konsum gebraucht wird, werden die Bürger natürlich auf ihren Sparkonten anlegen, wodurch die Gebühren weitgehend von den Kreditinstituten getragen werden.

Der Zweck des Systems ist die Sicherung des Geldumlaufs, damit wir anhand der Preisentwicklungen vernünftige Entscheidungen treffen können. Dieser unglaubliche Vorteil ist so groß, dass die paar Unannehmlichkeiten nicht ins Gewicht fallen.

Geld wird dann nur noch ein Mittel sein, um eine solide und nachhaltige Wirtschaft zu leben und nicht mehr so wichtig, dass die gesamte physische Ökonomie ihm nachläuft.

Damit sind die wesentlichen praktischen Punkte besprochen. Ihre Umsetzung erfordert selbstverständlich im Vorfeld eine rechtliche Grundlage.

Wie wir gesehen haben, ist unser derzeitiges Geldsystem erheblich komplizierter und die technischen Umsetzungen weitaus umfangreicher. Vor allem aber ist es völlig undurchsichtig und ungerecht.

12. Lektion – Fazit zum neuen Geldsystem

Der Zeitpunkt ist gekommen, an dem ich eine Zwischenbilanz zu meinen bisherigen Lektionen ziehen möchte.

Ich werde später selbstverständlich auch noch darauf eingehen, wie »realistisch« es ist, dass ein solcher oder ähnlich gelagerter Geldmechanismus in unserer Finanzwelt umgesetzt wird. Zwar haben fast alle Menschen instinktiv erkannt, dass es so nicht weiter geht, aber sie sind der Meinung, dass ein Finanzsystem nur von absoluten Experten verstanden werden kann. Das ist aus meiner Sicht ein fataler Fehler. Würde sich eine größere Menge der Bürger einfach nur die Zeit nehmen, statt die manipulierten Nachrichten der Medienwelt zu konsumieren, diese genannten Themen eigenständig zu erarbeiten, wäre ein globaler Erkenntnisdurchbruch zu erwarten. Sie merken schon, dass ich im Konjunktiv schreibe, denn mir ist klar, wie vernebelt unsere Sinne sind, was natürlich auch das Ziel derjenigen ist, die sehr gut vom unwissenden Volk leben.

Nichtsdestotrotz werde ich immer wieder auf meinen Vorträgen gefragt, wie denn ein gerechtes Geldsystem aussehen müsste. Die Menschen wollen Lösungen!

Diese von mir beschriebenen Lektionen sollen sowohl die Ursachen unserer Probleme aber auch einen ernsten *Lösungsansatz* darstellen. Wir dürfen uns nicht weiter vormachen lassen, dass wir mit einer Reform nach der anderen, die uns von der Politik verkauft wird, tatsächlich auch nur annähernd Gerechtigkeit erreichen oder gar einen Zusammenbruch unseres Finanzsystems verhindern könnten. Im Gegenteil, der Leidensweg der Menschen wird nur weiter verlängert und verschärft, während das Geldmonopol und deren abhängige Politiker immer intensiver ihre »Abschöpfmaschinerie« absichern.

Mit dem »Argument« vermeintlicher Terrorgefahren durch sogenannte Schurkenstaaten wird der Überwachungsstaat weiter ausgebaut, bis irgendwann keine friedlichen Lösungswege mehr möglich sind. Ich halte diese ganzen Storys für reine Ablenkungsmanöver.

Noch könnten die Menschen durch einen kollektiven friedlichen Einfluss auf die Machtsysteme eine Veränderung erwirken.

Bitte versuchen Sie, liebe Leserinnen und Leser, die genannten, einfach umsetzbaren Systemveränderungen des Geldes zu verinnerlichen. Es geht nicht um einen Kampf gegen Personen, wie »die Politiker« oder »die Banker«, denn das wäre fatal.

Die meisten Funktionäre der Bankensysteme, ob Vorstände von kleineren Banken oder Sachbearbeiter, erahnen nicht einmal die Zusammenhänge unserer Finanzwelt. Nur ganz wenige »eingeweihte« Topmanager, die eher wenig in der Öffentlichkeit auftreten oder sogar völlig unbekannt bleiben wollen, wissen, was läuft.

Einige führende Personen in mittleren Positionen des Bankwesens erkennen allerdings immer häufiger die Zusammenhänge, weil auch in dieser Ebene das System zu großen Entlassungswellen geführt hat. Viele dieser Mitarbeiter hat aber längst eine latente Angst erfasst, kritische Äußerungen zu wagen. Keiner will der Nächste sein, der auf der Straße steht.

Nicht viel anders sieht es in der Politik aus. Die ganz Oberen wissen sicherlich Bescheid, aber die vielen Kommunalpolitiker, die für ihr Land oder die Kommune tatsächlich nach bestem Wissen und Gewissen agieren, werden auch meist im Dunkeln stehen gelassen.

Doch nun zu den echten Veränderungen eines Geldsystems, in dem die Tauschfunktion von Leistungen und Waren die Basis einer physischen Ökonomie darstellt.

Die gesamten Fehlentwicklungen dieses sogenannten Kapitalismus haben ihre Ursache im noch heute existenten Warengeld, selbst wenn die US-Amerikaner den Umtausch in Gold widerrechtlich aufgekündigt haben. Das System des Gelddruckens im Voraus (also bevor sich die Wirtschaftskraft erhöht hat) ist identisch geblieben und dient genau wie die Geldreduktion nur dem Geldmonopol.

Die meisten Wissenschaftler sehen das Geld als »sachhaltig« an. Ein deutlicher Beweis ist die argumentierte Funktion der »Wertaufbewahrung«, woraus sich die Globalisierung und deren dramatische Folgen, wie steigende Weltarmut, entwickelten.

Das von mir beschriebene System stellt gewissermaßen unser jetziges Geld auf den Kopf.

Mit einem ehrlichen Tauschgeld werden vor allem die Arbeit und der Warenabsatz gesichert. Jeder Bürger kann jetzt ohne Angst und Unsicherheit ein Einkommen generieren, das seiner *wirklichen Leistung* entspricht. Da sich das Festhalten des erarbeiteten Geldes durch die Umlaufgebühren nicht lohnt, wird jeder Bürger erst einmal alles konsumieren, was ihm nutzt oder gefällt. Dadurch entsteht aber keine Überhitzung der Wirtschaft, sondern lediglich ein guter Warenabsatz, welcher zur weiteren Produktionssteigerung führt. Gesunde Investitionen und somit neue Arbeitsplätze werden die Folge sein.

Natürlich wird irgendwann der Zustand erreicht sein, in dem jeder Bürger nahezu alle Bedürfnisse befriedigt hat. Dann beginnt die Phase des Sparens von Geld, das nicht mehr benötigt wird, nachdem alle Waren und Leistungen des täglichen Lebens erworben wurden, inklusive kultureller Entwicklung. Je nach Fleiß der jeweiligen Menschen eines Wirtschaftsraumes beginnt dieses Sparen früher oder später.

Da Geld aber permanent im Umlauf bleiben muss, um nicht durch die Gebühren verzehrt zu werden, beginnt eine sehr spannende Aktivität der Menschen: Sie werden andere Personen suchen, die das gesparte Geld ausleihen, um damit deren Ideen in wirtschaftlichen Erfolg umzuwandeln. Das kann jeder auf direktem Weg bewerkstelligen, oder sich einer Bank bedienen, die diese Aufgabe übernimmt. Der Schuldner zahlt dann die Umlaufgebühren, wobei er das Geld natürlich in seine Projekte investiert, also wieder in die Wirtschaft zurückfließen lässt. Der Vorteil liegt klar auf der Hand: Die Schuldner zahlen nun keine hohen Zinsen mehr und die Gläubiger keine Umlaufgebühren.

Auf den Punkt gebracht:

»Kapital sucht Idee«, statt »Idee sucht Kapital«.

Die Kunst des Sparers liegt also darin, einen oder mehrere fähige (!) Personen zu finden, die auch wirklich »gekonnt« mit dem Geld umgehen können.

Der Idealfall ist für den Sparer erreicht, wenn er es schafft, durch das Finden solcher Personen seine Umlaufgebühren zu sparen, also sein Kapital zu erhalten. Es geht jetzt also nur noch um Fähigkeiten und Qualität, nicht mehr vordergründig um Diplome oder andere staatliche Bildungsnachweise, die in der jetzigen Zeit eine Hauptrolle spielen, um den Kreis der Bewerber für erfolgreiche Jobmöglichkeiten einzuschränken.

Bitte nicht falsch verstehen: Ein gewisses Bildungsniveau ist in bestimmten Berufen natürlich notwendig und förderlich, aber es ist eben nicht alles, und manche Staatsdiplome sind das Papier nicht wert, auf dem sie gedruckt sind.

Bedenken Sie, wie viele hoch gebildete Experten in obersten Etagen unserer Wirtschaft oder der Politik sitzen und nur klägliche Leistungen abliefern.

Bisher gilt doch nur Folgendes: Wer viel Geld hat, kann hohe Sicherheiten bieten und bekommt überall Kredit. Nun habe ich das Thema »Bodenrecht« noch gar nicht angesprochen, was ich aber noch vorhabe. Nur soweit möchte ich schon vorausgreifen, dass ich auch ein Eigentumsrecht von Grund und Boden einzelner Menschen für ein hohes »Unrecht« halte, denn auch dieser Zustand ist dem Geldmonopol zuzuordnen.

Bitte bleiben Sie entspannt. Es geht mir nicht um eine kommunistische Gleichmachung von Menschen im Sinne eines Arbeiter- und Bauernstaates, im Gegenteil. Nur soll jeder die Chance bekommen, seinen Fähigkeiten und dem Fleiß entsprechend gerecht entlohnt zu werden.

Die Aufwertung von Fähigkeiten und Talenten würde nach meiner Ansicht einen ungeahnten Fortschritt für die Gesellschaft bedeuten. Neue Impulse wären von den Menschen leichter umzusetzen, weil sie nicht mehr durch die ungleiche Verteilung des Geldes »automatisch« behindert würden. Die jetzige Perspektivlosigkeit der meisten Menschen verursacht natürlich Resignation. Ich möchte nicht wissen, wie viele geniale Ideen und Erfindungen vieler Bürger sich entwickeln würden, wenn sie eine Chance zur Umsetzung hätten, und das wäre sicher eine Bereicherung. Dass die großen Lobbyisten, die fest im Sattel des Geldmonopols sitzen, diese Meinung nicht vertreten, liegt auf der Hand, aber sie machen in Personen gemessen nur einen ultrakleinen Bruchteil der Bevölkerung aus...

Ein wesentlicher Vorteil des von mir beschriebenen Geldsystems ist ein schneller Wegfall der Arbeitslosigkeit, die ja bisher immer wieder durch die künstlich erzeugten Deflationen entstand, wie ich hinlänglich beschrieben habe.

Es mag erst einmal ungewöhnlich klingen, aber wer zum Beispiel unzufrieden mit seinem Arbeitsplatz ist, hat sehr gute Chancen, im veränderten System selbst einen Betrieb zu gründen und es »besser«

zu machen. Kapital zum Ausleihen ist grundsätzlich genug vorhanden, denn die persönlichen Interessen sind mit denen der Geldinhaber ja identisch. Selbstverständlich braucht dennoch jeder Fähigkeiten und Fleiß, um zinsgünstige Kredite zu generieren und ein erfolgreiches Unternehmen zu gründen.

Um den Absatz brauchen sich die neuen Unternehmer nicht zu sorgen, denn es ist aufgrund des Tauschgeldes immer genug monetäre Nachfrage im Markt vorhanden.

Entscheidend für den Erfolg ist echte Wettbewerbsfähigkeit, um konkurrenzfähig zu sein, denn es werden mehrere Menschen auf die Idee kommen, ein eigenes Unternehmen zu gründen.

Was zählt, sind die Qualität und der Preis der angebotenen Waren und Leistungen, womit wir wieder beim Thema »Fähigkeiten« angelangt sind.

Um seine Mitarbeiter zu halten, muss der Chef natürlich auch seinem Personal grundsätzlich fair und ehrlich gegenüber agieren.

Da die Investitionskosten zum Beispiel für Produktionsmaschinen bei diesem alternativen Geldmodell nun keine hohen Zinslasten mehr beinhalten, die zurzeit durch die Kapitalrendite des Geldmonopols enorme Anteile erreicht hat, braucht die Maschine nun auch nicht mehr 24 Stunden am Tag zu laufen, um sich zu amortisieren. Es geht nicht mehr um Stückzahl der Produkte (ob sie gebraucht werden, oder nicht), sondern einzig und allein um die qualitative Ausführung.

Bei einer Bedarfsdeckung bestimmter Güter wird sich somit auch rein »organisch« die Arbeitszeit für die arbeitenden Leistungsträger verkürzen. Bitte bedenken Sie, liebe Leserinnen und Leser, wie viele unsinnige bzw. überflüssige Produkte wir zu Lasten unserer Natur produzieren, um diesem wahnwitzigen Dogma eines Wirtschaftswachstums hinterher zu rennen. Das geschieht doch nur, weil die Zinslasten zugunsten des Geldmonopols so »drücken«.

Wettbewerb ist natürlich eine hervorragende Grundlage für motivierte und innovative Unternehmer. Wer in einer möglichst kurzen Zeit die beste Qualität liefert, wird mehr umsetzen (und verdienen) als andere. Das ist ja auch gut so, denn die sozialistischen »Testphasen« im Sinne einer Planwirtschaft sind jämmerlich gescheitert. Allerdings ist auch die sogenannte freie Marktwirtschaft durch die Basis eines falsch

angelegten Geldsystems zum Scheitern verurteilt, wenn man eine vernünftige Ökonomie im Sinne der Menschen erreichen will.

Es würde sich aus meiner Sicht nach einer Systemänderung wieder
ein richtiger Mittelstand herauskristallisieren, was sehr zu begrüßen
wäre. Mittelständische Unternehmen sind grundsätzlich die Garanten
für eine gerechte Wirtschaftsordnung. In allen Zeiten wurde immer wieder bewiesen (besonders in den letzten 100 Jahren), dass große Ka-
pitalunternehmen ähnlich wie staatliche Behörden schlicht uneffektiv
sind. Die großen Konzerne entstanden grundsätzlich nur durch das
Geldmonopol, welches Konkurrenz zu verhindern wusste.

Ich möchte nicht wissen, wie viele Banken, Rüstungs- und Pharma-
konzerne längst die Pforten schließen müssten, wenn sie nicht ständig
gigantische Renditen aus dem jetzigen Finanzsystem hereingeschau-
felt bekämen, die letztlich durch die kapitalärmeren Unternehmer und
Verbraucher jeden Monat erarbeitet werden müssen.

Ich bin sicher, dass kleine dezentrale Betriebe wesentlich effizienter
wären, da sie keinen großen Wasserkopf an Verwaltung und hierar-
chischen Strukturen durchschleppen müssten. Durch die Kapitalkonzentrationen entstanden die gigantischen Großkonzerne, die an einem
bestimmten Ort ihre Produktionsanlagen stehen haben, und täglich
müssen tausende von Arbeitnehmern zum Teil hunderte Kilometer zum
Arbeitsplatz zurücklegen, was aus ökologischer und ökonomischer
Sicht unsinnig ist.

Gäbe es in der Nähe der Arbeitenden einen Betrieb, zu dem die
Anfahrt erheblich kürzer wäre, würden das viele Menschen nutzen.

Aber wie können neue Betriebe entstehen, wenn es das Geldmonopol verhindert?

An dieser Stelle möchte ich wieder kurz die Bodenrechtsfrage anspre-
chen, die jedem neuen Unternehmer ermöglichen muss, auf einem
günstig zu erwerbenden Grundstück einen Betrieb zu gründen, falls
er genügend Geld zur Verfügung hat. Wer ihm wie viel geben wird,
hängt wiederum von seinem Unternehmenskonzept und seinen Fähigkeiten ab, denn grundsätzlich wirbt ja das Sparkapital ständig um neue
»fähige« Schuldner. Natürlich ist kein Geldinhaber so dumm, einfach
irgendjemandem sein Geld in die Hand zu drücken, um die Umlaufgebühren zu sparen, wenn er das Gefühl haben muss, durch Unfähigkeit
des Schuldners *alles* zu verlieren.

Vorausgesetzt, die Parameter stimmen, sollte auch den Mitarbeitern die Möglichkeit gegeben werden, ihr Heim auf einem Grundstück in der Nähe des Betriebs errichten zu können oder eine Wohnung zu erwerben.
Aber zu diesem Thema später mehr.

Eine solche Situation würde den Menschen sehr dienen, da sie nun keine langen Arbeitswege mehr hätten und somit auch mehr Freizeit, die sinnvoll erlebt werden könnte. Bitte denken Sie nicht, ich wäre vollkommen in eine absurde Theorie abgerutscht. Wenn das Geld (wie ich es hier darstelle) und auch der Boden für jedermann zugänglich wären, der fleißig arbeitet, würde im Gegenzug natürlich auch das Geld- und somit Machtmonopol nicht mehr existieren.
Die Welt würde sich sehr schnell ändern. Keine Ausbeutung durch das verzinste Bankensystem, keine Weltmedienlandschaft mehr, die sich im Eigentum einiger weniger »Macher« befindet – und schon würde die natürliche Kreativität der Menschen erwachen, die zurzeit schlicht untergebuttert wird.

Spürten die Menschen wieder eine echte Lebensperspektive, würden sich vermutlich in sehr kurzer Zeit die heutigen Fernsehprogramme, die ja der Verdrängung dienen, selbst eliminieren.
Sehr viele Menschen leiden massiv unter ihrem Job, aber sie müssen durchhalten, um überleben zu können.

Die vielbeschworene Wettbewerbsfähigkeit der Großkonzerne würde im veränderten Finanzsystem sehr schnell ins Wanken geraten, denn durch die Möglichkeit vieler neuer regionaler Konkurrenten wären sie gezwungen, ihre Arbeitnehmer zu halten. Die Kosten für die täglichen Pendler müsste dann der Betrieb übernehmen, was die Lohnkosten erhöhen würde, und die sogenannten Wettbewerbsvorteile der Konzerne wären zugunsten der Kleinbetriebe schnell ausgeglichen.
Bei komplexen Produkten, wie zum Beispiel einem Auto, müssten dann nur noch die Einzelteile zum Endmontagewerk transportiert werden. Das ist sinnvoller, als dass Millionen von Arbeitern jeden Tag tausende von Kilometer zum Arbeitsplatz zurücklegen.

Die Identifikation mit »seinem« Betrieb um die Ecke wird aus Sicht des Arbeitnehmers meiner Meinung nach auch erheblich größer sein als zu einem entfernten Großkonzern, von dessen Lohn er abhängig ist. Das schafft Motivation und Kreativität.

Durch die freie Wahl des Arbeitnehmers, sich jederzeit selbstständig zu machen oder als Angestellter in einem Betrieb zu arbeiten, befinden sich nun Angestellter und Unternehmer auf Augenhöhe.

Ein fähiger Unternehmer wird immer genug Menschen finden, die bereit sind, unter seiner Leitung mehr zu verdienen, als mit den Risiken eines eigenen Betriebes.

Nun werden die Menschen zum Mittelpunkt des wirtschaftlichen Geschehens und nicht mehr der reine Besitz von Geld.

Gegenseitige Arbeitsverträge können jetzt fair ausgehandelt werden.

Natürlich muss der Arbeitnehmer auch eine leistungsbezogene Vergütung bekommen, denn nur das wäre gerecht.

Auf diesem Wege ziehen Arbeitnehmer und Arbeitgeber nicht nur am selben Strang, sondern auch in dieselbe Richtung, was heute meist nicht der Fall ist.

Jeder Arbeiter wird im Interesse seines Einkommens das Beste aus sich herausholen, was er kann. Mangelnde Leistungen (Qualität, Fleiß) führen zu geringerem Einkommen. So einfach ist das.

Der Unternehmer kann seine Mitarbeiter aber auch nicht ausbeuten, denn dann könnten sie natürlich den Betrieb wechseln oder sich selbstständig machen.

Durch die günstigen Kredite des Unternehmens braucht der Betrieb auch keine hohen Zinsanteile und Prämien mehr in die Produkte einzukalkulieren. Würde der Unternehmer zu sehr »hinlangen«, wäre er nicht mehr konkurrenzfähig.

Echter Wettbewerb entsteht durch freie Mitbewerber!

Qualität und Preis werden die einzigen relevanten Parameter einer neuen Wirtschaftsordnung sein, und die Menschen und die technische Entwicklung verfolgen nur dieses Ziel.

Ist man in der Lage, durch technischen Fortschritt in einer wesentlich kürzeren Zeit eine maximale Qualität zu erreichen, brauchen die

Arbeiter logischerweise auch nicht mehr den ganzen Tag an der Maschine zu stehen – die Folge ist mehr Freizeit. Vor allem aber würde sich die unsägliche Zerstörung unserer Umwelt immens reduzieren, da nur die Produkte produziert werden, die den Bedürfnissen der Menschen dienen.

Gerechtigkeit und Gegenseitigkeit sind in dieser Finanzwelt keine leeren Worthülsen mehr, sondern gehören zur gelebten Wirtschaft.

Die Möglichkeit des Sammelns großer Vermögen einiger Weniger entfällt, zumindest was die *leistungslose* Vermehrung anbelangt.

Ansonsten hat jeder Mensch in einer Generation die Möglichkeit, sehr wohl großen Wohlstand zu erreichen, wenn er es *verdient*.

Ich habe in diesen bisherigen Lektionen versucht, Ihnen einen Überblick zu verschaffen und überlasse es selbstverständlich jedem Leser dieses Buches, sich seine eigene Meinung zu bilden.

Es geht mir auf keinen Fall um eine Phantasiewelt, auch wenn es nicht leicht sein wird, die Menschen einfach so »mitzunehmen«. Dazu sind die vielen sogenannten Informationen unserer Medienwelt viel zu mächtig, die erst einmal suggerieren, dass meine Ausführungen völlig an der Realität vorbeilaufen.

Meiner Meinung nach brauchen wir aber noch viele Jahre für die Umsetzung eines fairen Systems. Erst wenn der Leidensdruck der Menschen unerträglich wird, könnten sie anfangen, über die Ursachen unserer globalisierten Welt nachzudenken. Hoffentlich ist es dann nicht zu spät.

In der von mir beschriebenen Finanzwelt sehe ich eine prosperierende Ökonomie, die allen Menschen dient.

Das ist nur durch eine wirtschaftliche Existenzsicherheit möglich, die durch eine Entscheidungsfreiheit der Menschen zu gewährleisten ist.

Der Mensch muss im Mittelpunkt stehen, nicht das Geld!

Das Bodenrecht und seine Auswirkungen

Vorwort zu einem besonders heiklen Thema

Meine bisherigen Ausführungen haben hoffentlich zumindest »theoretisch« bei Ihnen eine gewisse Logik erkennen lassen, auch wenn die meisten Menschen sagen werden: »Das ist zwar alles sehr gut nachvollziehbar, aber niemals in dieser Welt umzusetzen.«

Jede neue Ordnung beginnt mit einer Idee und einem zum Teil sehr langen Weg, bevor sie Realität werden kann, vielleicht anfänglich auch nur teilweise.

Leider sind wir in unserer konditionierten Welt sehr stark in unserer Kreativität eingeschränkt, und die meisten Menschen hinterfragen kaum noch die offensichtlichen Fehlverhalten der Menschheit. Unser Geldsystem ist ein entscheidender Faktor für diese ungerechte Welt, und genau hier müssen wir den Hebel ansetzen.

Interessierte Menschen, die gern den Ursachen auf den Grund gehen, so wie ich es auch leidenschaftlich praktiziere, brauchen doch nur einmal unsere jetzige Situation im Geiste weiter zu prognostizieren. Dieses Finanzsystem ist zum Scheitern verurteilt und wird unweigerlich zu einer Massenverarmung auf der ganzen (!) Erde führen.

Auch die heute noch »Gutbetuchten« werden nach und nach diesen Weg gehen. Rein mathematisch gehören irgendwann einer Person alle

Güter dieser Erde, und alle anderen haben dann nichts mehr. Spätestens bei einer Hungersnot auch in den Industriestaaten werden dann alle Zeichen auf *kriegerische Unruhen* stehen, wobei gerade in diesem Fall wieder die Bankensysteme viel Geld verdienen werden. Im letzten Teil dieses Buches habe ich die Federal Reserve genauer betrachtet, vor allem, wie diese Institution durch jeden Krieg immer mehr Macht über die Menschen erhalten hat.

Es gibt eine kleine Chance, dass die Menschen vielleicht auch vorher schon die Zusammenhänge unserer Welt erkennen. Je mehr Bürger diese Themen diskutieren, desto größer wird die Chance für eine gerechtere Welt. Im Internet und vielen anderen Foren werden diese Probleme mittlerweile zum Teil auf hohem Niveau diskutiert. Es ist offenbar eine Dimension erreicht, bei der die Machtsysteme sehr unruhig werden. Viele politische Aktionen, wie der massive Ausbau des Überwachungsstaates, sprechen für eine hohe Nervosität der oligarchischen Machtstrukturen.

Wir brauchen in dieser Welt endlich gebildete Menschen, die Lösungen erkennen, verstehen und kommunizieren können.

Unser heutiges »Verbildungssystem« produziert nur weitere Experten, die nichts mehr hinterfragen und eine Mainstream-Karriere hinlegen wollen, bis sie eben auch durch das Raster fallen.

Heutzutage ist es keine Seltenheit mehr, dass ehemals gutbezahlte höhere Angestellte und mittelständische Unternehmer, die schließlich immer als Garanten unserer Wirtschaftsordnung bezeichnet wurden, unter die Demütigungskonstruktion »Hartz IV« fallen, während sich die Topmanager mit Lustreisen und Abfindungen ihr Leben versüßen. Es geht bei diesen Aussagen auf keinen Fall um eine »Neiddebatte«, nein, es geht um ein rücksichtsloses System, in dem bis auf eine ultrakleine Elite nahezu alle Menschen verlieren müssen!

Um ein faires Geldsystem umzusetzen, müssen wir neben den monetären Mechanismen nun ein sehr heikles Thema anschneiden, welches bei einigen meiner Leserinnen und Leser vermutlich ein noch stärkeres Kopfschütteln hervorrufen wird als bisher.

Mir ist klar, dass viele Menschen vom eigenen Grund und Boden träumen, und wenn sie das dann erreicht haben, fast schon eine erotische Beziehung zu ihrer »Scholle« aufbauen, auf der sie leben.

Wenn Sie meine Ausführungen zum Geldsystem nachvollziehen möchten, werden Sie schnell erkennen, dass viele erfolgreiche und wohlhabende Menschen im Rahmen einer »Geldumlaufgebühr« auf die Idee kommen würden, ihr Kapital in Grund und Boden zu investieren, um diesen Kosten zu entgehen.

Deshalb halte ich es nur für konsequent, dieses Thema genauer zu untersuchen.

Bei dem Begriff »Bodenreform« gehen bei vielen Menschen die Messer in der Hosentasche auf, da sie damit vor allem die »Grundstücksenteignungen« in der Geschichte, speziell in der sogenannten sozialistischen Welt der nahen Vergangenheit, in Verbindung bringen.

Bitte versuchen Sie, meine kommenden Ausführungen unvoreingenommen auf sich wirken zu lassen, denn wir dürfen auf keinen Fall elementare Ursachen unserer verarmenden Welt ausklammern, wenn wir wirklich etwas verändern wollen.

In fast allen Köpfen der Menschen haben die vom Geldmonopol gelenkten Medien manifestiert, dass die Bevölkerungsexplosion auf unserem Planeten die Ursache für die Massenarmut sei. Es heißt, die Erde sei einfach nicht groß genug, um alle Menschen zu ernähren.

Das sehe ich komplett anders. Ich bin davon überzeugt, dass niemand auf dieser Welt an Hunger sterben müsste, wenn wir ein faires Finanz- und Wirtschaftssystem hätten, welches auf den leistungslosen Reichtum einer elitären Gruppe verzichten würde.

Die Kornkammern Russlands (zum Beispiel die Ukraine) allein hätten vermutlich einen großen Teil der Welt ernähren können, wenn nicht ein machtbesessenes System einen effizienten Bodenanbau verhindert hätte. Die ehemalige Diktatur des Proletariats der Sowjetunion und andere sozialistische Länder zeigen deutlich, wie man durch Planwirtschaft ganze Völker im Hungerzustand halten kann.

Die heutige Diktatur des Kapitals wirkt im ersten Augenblick für viele Menschen fairer, aber wir sehen auch in den USA und anderen

Vorzeigeländern des Kapitalismus eine Massenverarmung der Menschen. Ganze Stadtteile der großen Industriestandorte, wie Detroit, entwickeln sich immer stärker zu flächendeckenden Slums.

Die Auswirkungen eines kapitalistischen oder sozialistischen Systems sind letztlich für die Masse der Menschen identisch: *Armut!*

Um die Ursachen zu erforschen, müssen wir neben dem verfehlten Geldsystem vor allem die *Bodenfrage* untersuchen.

Übrigens, mehr als vier Fünftel der Weltbevölkerung haben *keinen* eigenen Grund und Boden, sondern müssen zur Bodennutzung, wie Ackerbau oder schlichtes Wohnen, einen Tribut an die Landeigentümer bezahlen, die auf diesem Wege leistungslos noch mehr Geld erhalten, um damit ihre Grundstücke noch weiter zu vermehren.

Ich selbst verbringe einen Teil meines Lebens in meinem Traumland Kanada und habe dort einige Kontakte zu einheimischen Indianern, die heute in Ghettos leben müssen, da sie aus »ihrer« Heimat vertrieben wurden. Diese Menschen können einfach nicht verstehen, wie es sich Personen erlauben können, das von Gott geschaffene Land als Eigentum zu erklären und für die Nutzung eine Miete zu verlangen. Für diese Urvölker ist es selbstverständlich, dass sie diesen Boden während ihres Lebens nutzen dürfen und ihn für die nachfolgenden Generationen zu erhalten haben.

Unsere heutigen Landflächen werden durch den Zinsdruck der Eigentümer gnadenlos ausgebeutet, als gäbe es kein Morgen. Die durch das Geldmonopol entstandenen Lobbyisten, wie die Großagrarindustrie, greifen gnadenlos Subventionen ab, um mit genmanipuliertem Saatgut Höchsterträge zu produzieren, auch wenn dadurch der Boden zerstört wird. Die Früchte der Felder werden zum Beispiel von der EU subventioniert, um dann anschließend die Überproduktionen zu vernichten, damit die Preise stabil bleiben.

Diese Auswüchse, über die ich allein einige Bücher schreiben könnte, sind auf unser Geldsystem *und* das Bodenrecht zurückzuführen.

Sollte sich dieses Thema nicht langsam in den Köpfen der Menschheit manifestieren, wird der aus dieser Komponente immer wieder aufkeimende soziale Sprengstoff permanent zu neuen Kriegen auf unserer Erde führen.

Darum geht es in diesem Kapitel.

13. Lektion – Lernen aus der Geschichte

Wenn wir die letzten 250 Jahre zurückverfolgen, lassen sich die von mir beschriebenen Probleme sehr leicht erkennen.

Anfang des 19. Jahrhunderts begann die intensive Besiedlung Amerikas und setzte sich rasant fort. Die Erfolgsstory des Landes der unbegrenzten Möglichkeiten wies allerdings schon nach wenigen Jahren bei genauerem Hinsehen einige interessante Phänomene auf: Die Wirtschaft wuchs damals *real* in atemberaubendem Tempo, wenn man diese Zeit mit den davorliegenden Jahrhunderten verglich.

Es wurde aber auch deutlich, wie in diesem Land die Schere zwischen Arm und Reich schon damals stark auseinanderdriftete.

In wenigen Jahren hatten sich viele Dörfer und Städte mit teilweise über 100.000 Einwohnern entwickelt, da sehr viele Menschen in diesem neuen Kontinent ihre Existenz aufbauen wollten. Die ersten Siedler eigneten sich einfach das Land an, das sie bewohnten. Niemand fragte, warum überhaupt jemand auf die Idee kam, nicht die Erträge des bewirtschafteten Landes zu vereinnahmen, um sich und die Familie davon ernähren zu können, sondern den Grund und Boden *selbst* als Eigentum erklärte.

In relativ kurzer Zeit nannten einige wenige Bürger große Ländereien ihr Eigen, mit denen sie nun den Markt der Spekulation kreierten.

Man vertrieb die Indianer ins Hinterland, indem man ihnen mit großen Alkoholmengen das Land »abkaufte« oder die Stammesmitglieder einfach erschoss. Damit wurde der Grundstein einer grausamen Verelendung der amerikanischen Urbevölkerung gelegt.

Mit dem technischen Fortschritt und der Industrialisierung wurde die Nachfrage nach Land immer größer, und in einigen Städten, wie New York, explodierten die Immobilienpreise nahezu.

Durch die gigantischen Spekulationsgewinne, die letztlich nicht durch Leistung der Bodeneigentümer zustande kamen, sondern stattdessen leistungslos erzielt wurden, konnte diese entstandene Machtgruppe weitere Grundstücke erwerben, wodurch die Schere zwischen Arm und Reich noch weiter auseinanderging.

Wer als »Neuling« Land zum Leben oder zur Bearbeitung benötigte, musste es von jemandem kaufen oder zu einem Zins pachten.

Nun entstand ein ähnliches Problem, welches ich in den vorherigen Lektionen des Geldmonopols bereits beschrieb: Die Erträge aus dem Boden, die aus der harten Arbeit der Nutzer erwirtschaftet wurden, konnten diese nicht für sich und ihre Familien behalten, sondern mussten immer einen großen Teil ihres Verdienstes an die Bodeneigentümer abführen, die reicher und reicher wurden.

Durch das Horten von Grund und Boden wurden die Preise massiv in die Höhe getrieben. Viele Menschen, die arbeiten und wohnen wollten, bekamen immer größere Probleme. Sie liehen sich Geld gegen Zinsen über die entstandenen Banken, die natürlich von den mächtigen Bodeneigentümern initiiert wurden und stellten fest, dass die Nachfrage nach den *Bodenerträgen* begrenzt war, da zum Beispiel der Nahrungsmittelmarkt nur eine bestimmte *Größe* hat.

Wenn die Bürger genug zu essen haben, kaufen sie nun einmal kein Getreide mehr, während die Zinsen für den Bodenkauf aber mathematisch gesehen ins Unendliche laufen.

Wir sollten uns erst einmal fragen, wie es dazu kam, dass ein freies Land vom Allgemeinbesitz irgendwann in Privateigentum umgewandelt wurde, der dann plötzlich verkaufbar war, sprich eine Ware.

Schon im alten Griechenland oder Rom wurden durch die von Feudalstrukturen angezettelten Kriege immer wieder ganze Länder erobert und der Boden in das Eigentum der jeweiligen Diktatoren überführt. Der Begriff »Privatisierung« hat seinen Ursprung in dem alten lateinischen Wort »privare«, was soviel wie »rauben« heißt.

Eine kriegerische Aneignung der Ländereien reichte natürlich noch nicht aus, den Boden zur Ware zu machen, aber durch die Einführung des werthaltigen Geldes wurde das anders. Die Menschen sahen die Goldmünzen weniger als Geld, sondern mehr als Ware an, die man bequem tauschen und horten konnte. Somit war es möglich, die Grundstücke überhaupt erst zu kaufen und zu verkaufen, da unsere Vorfahren alle versessen nach Gold waren.

Auch damals schon hinterfragte niemand, *wie* man an das Geld kam, ob es nun ehrlich erarbeitet oder »gestohlen« wurde. So startete das von mir ausführlich beschriebene Geldmonopol.

Durch die Münzeinführung begannen also auch die Spekulationen und somit die Unterdrückung der Menschen, denn durch die Eigentumserklärungen der großen Feldherren konnten die Großgrundbesitzer den »geraubten« Boden nun so lange halten, bis jemand bereit war, einen »angemessenen« Preis dafür zu bezahlen.

Derjenige, der den Boden nun durch harte Arbeit nutzte, musste von den Erträgen immer die Zinsen für dieses Land abführen, wodurch bei den wenigen Eigentümern ein immer größerer leistungsloser Reichtum entstand.

Schon im alten Griechenland verschuldeten sich die Bauern, die ja letztlich das Herzblut einer jeden Gesellschaft sind, da sie schließlich bis heute für die Ernährung des Volkes sorgen müssen. Die Kreditgeber waren die Adligen, die das Land als Sicherung für die Darlehen als Pfand behielten, bis die Schulden bezahlt waren. Nun ist der Nahrungsmittelmarkt, wie gesagt, begrenzt, und viele Bauern konnten ihre Raten nicht mehr finanzieren. Zur weiteren Sicherheit mussten sie sich selbst und ihre Familienmitglieder als Schuldpfand nachschieben, um das Land, das sie mühsam ernährte, weiter nutzen zu können.

Die Folgen waren absehbar: Die Zinsen liefen ins Unermessliche, und die Bauern und deren Familien verloren letztlich nicht nur den Boden wieder an die Gläubiger, die vom Pfandrecht gnadenlos Gebrauch machten, sondern wurden am Ende sogar versklavt und somit selbst zur *Handelsware*.

Viele Gesetze wurden vom damaligen Geldmonopol geschaffen, das dadurch den Besitzstand der leistungslosen Einnahmen garantierte. Die ehemaligen Bauern, die durch Nichtzahlung der Kredite versklavt wurden, richtete man kurzerhand hin, wenn sie sich weigerten, *ohne Lohn* hart zu arbeiten oder sich auch nur vom »Arbeitsplatz« entfernten.

In der langen Menschheitsgeschichte gab es deshalb immer wieder Aufstände von Bauern, die für ihren Grund und Boden kämpften, um überleben zu können.

Die Historie beschreibt auch regelmäßig große Staatsmänner, die eine Ungerechtigkeit dieses Systems erkennen »wollten« und versuchten, durch Rückgabe des Bodens an die Bauern eine gewisse Wiedergutmachung zu üben.

Diese Herren lebten aber nun einmal nicht ewig, und ihre Nachkommen führten die rücksichtslosen Bodenrechtssysteme wieder ein und setzten das Spiel fort.

Bis zum heutigen Tag wurden immer wieder Menschen enteignet, ob nun von den besagten antiken Ländern oder von den späteren Machtstaaten wie England, Frankreich, Russland, USA oder Deutschland usw.

Nun werde ich die Geschichte nicht zu weit ausführen, da ich meinen Leserinnen und Lesern vor allem die *strukturellen* Zusammenhänge vermitteln möchte.

Entscheidend ist für mich die Aussage, dass der Großgrundbesitz zu jeder Zeit in der Geschichte eine wesentliche Ursache für die Verarmung der Völker war und letztlich bis heute ist.

Eine neue Bodenordnung ist dringend erforderlich, um auch der heutigen Massenverarmung entgegenzuwirken. Wird dieses ernste Problem nicht angefasst, werden in absehbarer Zukunft eventuell immer mehr Menschen ihr Heil im Kommunismus suchen, was nicht der richtige Weg ist, denn dieser läuft erfahrungsgemäß auf eine Massenenteignung der privaten Eigentümer hinaus, um dann im Machtmonopol einer kollektiven *linken* Elite zu enden.

Durch die dann folgende Gleichmachung des Volkes in einem Arbeiter- und Bauernstaat würden ebenfalls die sozialen Strukturen zerstört.

Ich möchte in diesem Buch natürlich nicht zu tief in die einzelnen Parts einsteigen, denn dann komme ich zu weit vom Thema ab. Wichtig aber ist mir, dass diejenigen Leserinnen und Leser, die sich mit verschiedenen politischen und wirtschaftlichen Systemen auseinander gesetzt haben, von mir noch hören sollten, dass der praktizierte Sozialismus oder Kommunismus wenig bis gar nichts mit den Denkmodellen der großen Visionäre, wie Karl Marx, zu tun hatte.

Durch den Großgrundbesitz, der letztlich aus dem Geldmonopol herrührt, fallen permanent neue Ländereien in die Hände *derselben* Personen, die leistungslos übertragen werden. Letztlich führen diese beiden Faktoren Geld- und Bodensystem zu einer Enteignung aller Menschen. Die Konzerne investieren ständig ihre Gewinne in neues Bodeneigentum, und dieser Vorgang setzt sich exponentiell fort. Die Erdbewohner stehen nach und nach vor dem Problem, auf alle Zeit den Eigentümern der Ländereien Mieten und Pacht bezahlen zu müssen. Der Punkt wird irgendwann erreicht werden, an dem sich kein normaler Bürger außerhalb dieses Machtmonopols noch Grundstückseigentum oder eine Wohnung leisten können wird.

Die reichen Grundbesitzer (meist Konzerne) nutzen oder pflegen diese Ländereien aber nicht, sondern sehen darin nur eine Kapital- und Machtsicherung ihres unendlichen Vermögens.

Es ist wichtig zu verstehen, dass nach und nach diese Kapitalkonzentration in Geld und Boden zu einer *Entprivatisierung* der *kleinen* Grundstückseigentümer führt, zugunsten einiger Weniger.

Die Staaten, die es zulassen, dass alles Land privat verkaufbar ist, werden letztlich selbst in die Abhängigkeit dieses Machtmonopols geraten, wenn sie es nicht schon sind. Die Regierungen dieser Welt sollten dringend versuchen, diese Übernahme der Staaten durch das Geldmonopol zu verhindern, sofern das noch möglich ist, da die großen Politiker dieser Erde meist selbst zu dieser Elite gehören.

In Kanada versuchen die Regierungen beispielsweise mit aller Kraft, einen Ausverkauf des Bodens zu verhindern, indem sie Staatsland festlegen, das nicht veräußerbar ist. Ich hoffe sehr, dass auch die nachfolgenden Regierungen standhaft sind. Doch das wird nicht leicht sein,

weil die USA auf ihre Nachbarn Kanada und Mexiko viel Druck ausüben, *gemeinsam zu agieren.*

Die australische Stadt Sydney hatte bei der Gründung 100 Quadrat-
meilen des Stadtgebietes zum *Volkseigentum* erklärt. Wer auf diesem
Gebiet das Land durch Arbeit und Wohnen nutzen wollte, musste an
den Staat eine laufende Nutzungsgebühr zahlen, die natürlich erheblich geringer war als die Zinsen für einen Kauf oder die Miete an einen Privateigentümer. Bis heute kann diese Stadt auf Gewerbesteuern
komplett verzichten, und dem Volk geht es dort im Verhältnis zu anderen Ländern im Durchschnitt erheblich besser.

14. Lektion – Welche Lösung gibt es für das Bodenproblem?

Nähern wir uns diesem Thema aus Sicht der heutigen menschlichen
Konditionierung einmal ganz naiv an.
      Da die Erde die Heimat aller auf ihr lebenden Menschen ist, wäre es
im ersten Impuls gerecht, wenn man den Boden nach Köpfen aufteilt
und jedem ein Stück Land zuordnet, von dem er leben kann und auf
dem er wohnt.
      Aber die Menschen sind nicht gleichartig und die Erde ebenfalls
nicht. Außerdem wächst die Menschheit immer weiter an, so dass diese Form der Bodenvergabe natürlich unsinnig ist.

Es wäre stattdessen aber möglich, durch die Gesellschaft der Menschen (zum Beispiel Gemeinden) eine Einrichtung zu schaffen, die direkt vor Ort die Besitzverhältnisse so regeln könnte, dass derjenige
den Boden nutzen kann, der am besten für eine bestimmte Nutzung
geeignet ist.
      Aber auch die Vergabe dieser Rechte kann nicht wirklich funktio-
nieren, da die Besitzer (also die Gemeinde) eher ihre Interessen bzw.
nahestehende Gruppen bei der Vergabe vertreten könnte, anstatt objektiv die *fähigsten* Bürger zu bevorzugen.

Der Boden darf also grundsätzlich niemandem gehören, sondern nur Gegenstand der Nutzung sein.

Auf der anderen Seite sollte derjenige die Bewirtschaftungsrechte haben, der mit dem Ertrag aus dem Boden am meisten erwirtschaftet und somit auch zum Allgemeinwohl der Gemeinde beitragen kann, das Grundstück also am besten nutzt und pflegt.

Wir haben also ein Spannungsfeld bei der Thematik. Auf der einen Seite muss der Boden allen gehören, sein Wert realisiert sich aber nur durch sinnvolle Nutzung. Diese Nutzung setzt wiederum ein privates Nutzungsrecht und somit einen Besitz voraus, der die anderen der Gemeinde von diesem Grund und Boden ausschließt.

Aber genau hier bietet sich auch eine Lösung an:
Elementar muss die Voraussetzung geschaffen werden, dass die Gemeinde nicht Eigentümer des Bodens ist, sondern ihn im Interesse aller Bürger verwaltet. Wer den Boden nutzen möchte, hat schlicht und ergreifend eine Nutzungsgebühr an die Verwaltung zu zahlen, die wiederum an alle Gemeindebewohner gleichmäßig verteilt wird. Die Qualität und somit die Ertragsfähigkeit des Bodens ist entscheidend für die Höhe dieser Gebühren.

Der heikelste Punkt, der zurzeit nur theoretisch zu diskutieren ist, wäre die Umwandlung des Privateigentumsrechtes in ein öffentliches Eigentum aller Bürger.

Bitte bleiben Sie trotz dieser Ausführungen noch entspannt, denn mir geht es vor allem um die Ursachen unserer heutigen Probleme auf dieser Erde und nicht um aktuelle Maßnahmen, die morgen umsetzbar wären (wenn sie es überhaupt jemals sein sollten).

Würde man diese Grundlagen erst einmal schaffen, wäre das Problem der Bodenspekulation als Hauptursache für den Hunger und die Armut auf dieser Welt auf jeden Fall schon einmal gelöst.

Da die Nutznießer des Bodens logischerweise denjenigen gegenüber im Vorteil sind, die keine Nutzungsrechte haben, entsteht ein soziales Ungleichgewicht. Genauso sind auch die Nutzungsaspiranten als Personen unterschiedlich.

Es geht also darum, dass diese Differenzen, vor allem die des unterschiedlichen Bodenwertes, genau erfasst werden müssen, woraus sich die jeweiligen Nutzungsgebühren ergeben. Diese Kosten werden dann ja wieder an die Bürger ausgeschüttet. Wie aber kann man solche Gebühren kalkulieren?

Jeder Boden hat einen potenziellen Wert, der aber *nur* durch eine menschliche Nutzung realisiert werden kann. Gibt es keine Nutzung der Fläche, ist dieses Land definitiv wertlos. Natürlich haben die großen Urwälder und Seen einen allgemeinen Nutzen, zum Beispiel für das Klima usw.

Jedes Fleckchen auf der Erde ist einmalig. Es kann nicht vermehrt werden und hat deshalb selbst schon einen gewissen Monopolcharakter.

Dieser realisierte Monopolwert kann als Bodenwert bezeichnet werden. Es kommt natürlich darauf an, für welchen Zweck das jeweilige Grundstück verwendet werden kann.

Das könnte eine landwirtschaftliche Nutzung sein oder eine Baugrundverwendung, aber es könnte auch als Rohstofflieferant für Bodenschätze dienen.

Zusätzlich muss außerdem zwischen gleichgearteten Möglichkeiten der Nutzung eine feinere Abstimmung erfolgen.

Das sind dann die konkreten Bodenbeschaffenheiten, die klimatischen Verhältnisse, die Lage, die Infrastruktur wie Straßenanbindungen, aber auch die Absatzmöglichkeiten der Erträge.

Ein wesentlicher Faktor für die Kalkulation des Nutzungsrechtes eines bestimmten Grundstücks ist natürlich die Zahl der *Bewerber*, die dort aktiv werden wollen.

In einer Art »Versteigerungsverfahren« lässt sich die Höhe der Bodengebühren am besten ermitteln. Diese Höhe kommt letztlich der Allgemeinheit zugute.

Dadurch, dass es sehr viel Land gibt und niemand unermesslich viel Boden zur Bewirtschaftung benötigt, wird es keine Grundstücksengpässe geben.

Was der Einzelne nach dem Zuschlag für dieses Land konkret mit dem Boden unternimmt, bleibt ihm überlassen, denn es geht niemanden etwas an. Natürlich hat er den Boden zu pflegen und darf die Umwelt nicht schädigen.

Die Kosten für die Pacht des Grundstückes werden nicht besonders hoch sein, da sie sich an dem echten Ertragswert des Bodens orientieren.
Sollte sich der Bodenwert im Laufe der Zeit erhöhen, was zum Beispiel durch neue Infrastrukturen entstehen könnte, müsste die Bodengebühr dem neuen Ertragswert entsprechend nach oben angepasst werden. Sollte der Bodenwert indes durch Wegzug vieler Menschen an Ertrag verlieren, muss man im Gegenzug natürlich auch die Gebühren senken.

Das Spekulationsproblem ist durch einen solchen Mechanismus auf jeden Fall gelöst, und alle Bürger partizipieren durch die Ausschüttungen dieser Bodengebühren immer als Gemeinschaft sowohl nach oben als auch nach unten daran.

15. Lektion – Wie könnte man ein solches Bodenrecht umsetzen?

Ähnlich dem von mir beschriebenen volkseigenen Währungsbüro, welches weder den Regierungen, noch den Privaten zugeordnet ist, sollte auch ein Bodenplanungsbüro und ein Grundbuchbüro unabhängig voneinander in der Volkswirtschaft installiert werden.

Das Bodenplanungsbüro bestimmt eine definierte Deklaration der Nutzungsart der Grundstücke. Es muss dabei alle allgemeinen und besonderen Bedürfnisse und Nutzungsmöglichkeiten miteinander abwägen.
Ein entsprechendes Gremium von Fachkräften erarbeitet dann komplette Nutzungspläne für ein bestimmtes Gebiet, die natürlich mit den nahegelegenen anderen Gemeinden abgestimmt sein sollten.
Als Resultat dieser Aktivitäten entstehen dann Landwirtschaftsgebiete, Naturschutz- und Wohngebiete sowie Industriestandorte

und Straßen. Diese Infrastruktur wird dann der Öffentlichkeit vorgelegt, wobei vor allem die Berechnungen für die Nutzungsgebühren der jeweiligen Grundstücksarten transparent kommuniziert werden müssen.

Gibt es für ein Grundstück mehrere Bewerber, wird in einem Versteigerungsverfahren dem Höchstbietenden das Grundstück zur Bewirtschaftung zugeteilt. Basis der Versteigerung sind die vom Bodenplanungsbüro ermittelten Gebühren. Je höher diese Gebühren sind, desto größer sind auch die Ausschüttungen an die Bürger, die durch die Vergabe natürlich keinen Zugriff mehr auf dieses Grundstück haben.

Die eigentliche Zuteilung des Grundstückes erfolgt aber nicht durch das Bodenplanungsbüro, sondern durch das unabhängige Grundbuchbüro, wodurch eine Konzentration der Zuständigkeit in Bodenfragen verhindert werden soll.

In regelmäßigen Zeitabständen (im Normalfall alle paar Jahre) muss das Bodenplanungsbüro die Grundstücke neu überprüfen, ob zum Beispiel durch Bevölkerungskonzentrationen oder andere Veränderungen der Bodenwert wesentlich verändert wurde. Danach erfolgt eine Anpassung der Gebühren nach oben oder unten. Solche Veränderungen werden eher selten vorkommen, da sich grundlegend so schnell nicht die Struktur eines Gebietes ändert und die Gebühren *nicht* erhöht werden können, wenn ein besonders fähiger Nutzer sehr hohe Erträge erzielt.

Das Planungsbüro hat selbstverständlich keinen Einfluss auf die Verteilung der Grundstücke, genauso wenig zieht es die Nutzungsgebühren ein. Dieses Recht obliegt ausschließlich dem Grundbuchbüro.

Falls sich eine der genannten Vertragsbedingungen ändert, wird ein Anschluss- bzw. Veränderungsvertrag mit dem Nutzer vereinbart.

Die Nutzungsverträge sind zeitlich nicht begrenzt und selbstverständlich vererbbar.

Nur im Falle einer besonderen Interessenlage der Allgemeinheit darf ein solcher Pachtvertrag von der Gemeinde gekündigt werden, was aber ein konkretes Verfahren erfordert. Die Wahrscheinlichkeit der Aufkündigung eines Vertrages ist grundsätzlich höchst selten.

An dieser Stelle werden wahrscheinlich einige Menschen zusammenzucken und den sprichwörtlichen Haken zu erkennen meinen. Bitte vergessen Sie nicht, dass auch in Deutschland (wie in allen Ländern der Erde) die Möglichkeit der »Wegnahme« eines Grundstückes mit einer Entschädigung besteht.

Art. 15 des Grundgesetzes für die Bundesrepublik Deutschland:

»Grund und Boden, Naturschätze und Produktionsmittel können zum Zweck der Vergesellschaftung durch ein Gesetz, das Art und Ausmaß der Entschädigung regelt, in Gemeineigentum oder in andere Formen der Gemeinwirtschaft überführt werden.«

Der Nutzer des Grundstückes ist also der neue vertragliche Besitzer des Areals, und lediglich die Eigentumsrechte verbleiben beim Volk.

Natürlich kann der Besitzer über das Grundstück nach freiem Ermessen verfügen, also bauen oder Dinge lagern, denn alle installierten Gebäude oder Anlagen bleiben sein Eigentum. Er kann auch jederzeit diese Immobilien oder Fabriken verkaufen. Danach würde das Grundbuchbüro einfach einen neuen Pachtvertrag mit dem Nachfolger schließen.

Die Bodengebühren werden auf jeden Fall auf die Bevölkerung der Gemeinde verteilt, wodurch alle Bürger gleichmäßig am Boden partizipieren.

Mit dieser ganzen Mechanik, die ich nicht detailliert, sondern vor allem sinngemäß dargestellt habe, wären die eigentlichen Grundprobleme des Bodens gelöst: Alle Menschen sind am Boden beteiligt, der Besitzer hat ein garantiertes, nicht kündbares und vererbbares Nutzungsrecht, außerdem ist die Pflege des Bodens gesichert, weil der Besitzer davon bzw. darauf leben möchte. Diese Argumente sprechen auch für eine sichere Pachteinnahme bzw. Nutzungsgebühr für das Volk.

Bisher handelt es sich bei dem von mir beschriebenen Modell natürlich nur um Theorie, die man an einigen Stellen verändern kann, der wichtigste Aspekt bei dieser Grundstruktur des Bodenrechtes ist jedoch, dass niemand bestraft werden sollte, der bisher unter den jetzigen Grundlagen auf »eigenem« Boden lebt.

Wenn die Landflächen unverteilt wären, könnte man sehr entspannt über diese Aspekte sprechen, und vermutlich hätte niemand damit echte Probleme. Dies ist aber nicht der Fall. Das Modell könnte somit nur dann funktionieren, wenn diejenigen nicht bestraft werden, die bereits abgezahlte Grundstücke ihr Eigentum nennen.

Wie aber lässt sich unser bestehendes System in ein solches von mir beschriebenes Bodenrechtsmodell umwandeln?

Nach dem Zusammenbruch vieler sozialistischer Staaten hätte man dort hervorragend ein solches System einführen können, und Russland wäre zum Vorzeigeland eines gleichmäßig verteilten Wohlstandes geworden. Einer »Bodenbefreiung« aus dem Staatskollektiv hätte vermutlich jeder Russe zugestimmt, denn dadurch wäre ja die *freie* Bewirtschaftung des Landes wieder möglich geworden.

Doch leider hat dort unter der »derzeitigen« Führung der unilateralen US-Macht in Windeseile der brutale Kapitalismus zugeschlagen und auch dieses große rohstoffreiche Russland in eine furchtbare Lage gebracht. Kaum irgendwo auf der Erde ist der Kontrast zwischen Arm und Reich in kürzester Zeit so deutlich geworden.

In der nicht sozialistischen Welt herrscht seit über dreihundert Jahren das sogenannte römische Privatbesitzrecht, welches dem Eigentümer die Nutzungsgebühr oder Pachtzahlungen an die Allgemeinheit erlässt. Auch den Spekulationswert des Bodens erhält ausschließlich im Veräußerungsfall des Grundstückes komplett der Eigentümer, was natürlich zu Lasten der Allgemeinheit (also Nichteigentümer) geht, wenn man meinen Grundgedanken folgen möchte.

Die schon aus diesen Gründen teuren Baugrundstücke hindern viele Interessenten an der Möglichkeit eines Bodenerwerbs, da sie diese Kosten durch hohe Vermietungszinsen wieder hereinholen müssen.

Vor allem aber die Wertsteigerungen der Grundstücke – zum Beispiel durch die Verbesserung der Verkehrslage oder durch Umwandlung von Ackerflächen in Bauland – fallen dem Eigentümer komplett leistungslos zu und müssen von den anderen vom erarbeiteten Geld finanziert werden.

Man kann sich leicht vorstellen, welche gigantischen Geldsummen im Laufe der Jahrhunderte von der arbeitenden Bevölkerung aufgebracht werden mussten, um letztlich nur das Recht zu bekommen, irgendwo ein paar Quadratmeter Land zum Wohnen nutzen zu dürfen.

Diese uralte Umverteilung des erarbeiteten Kapitals zu einer immer kleineren, aber reicher werdenden Gruppe führte letztlich zu den Problemen der Verarmung auf dieser globalisierten Welt.

Nun stellt sich die Frage, wie es möglich sein könnte, dieses bestehende Bodenrecht der privaten Eigentumsverhältnisse in ein *gerechtes* System zu überführen.

Die Lösung kann natürlich niemals lauten, die Grundstückseigentümer kurzerhand zu enteignen. Das wäre das »Aus« einer jeden Regierung.

Zwar ist das römische Recht damals von den Eroberern und Diktatoren den Menschen aufgezwungen worden, aber diese »Täter« lassen sich natürlich nicht mehr zur Rechenschaft ziehen.

Die heutigen Eigentümer haben ihre Grundstücke entweder geerbt, oder sie haben sie erworben. Die Bodenveräußerer der Vergangenheit haben ihre »ungerechtfertigten« Verkaufserlöse schon längst vereinnahmt und ausgegeben, während die Käufer die Preise meist durch ihre Arbeit ganz oder teilweise bezahlten.

Eine »Enteignung« ohne Entschädigung kann also niemals der Weg sein, da die Eigentümer die Grundstücke schließlich rechtlich völlig einwandfrei erworben haben.

Eine finanzielle Ablösung aus Steuergeldern kann aber ebenfalls nicht der Allgemeinheit zugemutet werden, denn das würde unglaublich hohe Summen erfordern, die eine Volkswirtschaft nicht aufbringen könnte.

Es muss also eine realisierbare und vor allem gerechte Lösung gefunden werden.

Der jetzige Grundeigentümer ist nicht nur im Besitz des Bodens, sondern spart auch die Nutzungsgebühren gegenüber der Allgemeinheit, die sich aus einer von mir beschriebenen *Sozialpflichtigkeit* ergeben.

Ein Start in ein neues Bodenrecht müsste also mit der Einführung einer Sozialpflicht der Bodennutzer in Form einer Nutzungsgebühr gegenüber der Allgemeinheit beginnen, deren Höhe sich aus dem Bodenwert errechnet.

Gleichzeitig muss natürlich das bestehende Eigentumsrecht der bisherigen Eigentümer gewürdigt werden, indem sie das Grundstück weiterhin unbegrenzt nutzen dürfen und zusätzlich über ein Guthaben in Höhe ihres Grundstückswertes verfügen. Dieses Guthaben wird nun durch die anfallenden Gebühren verzehrt, indem die Alteigentümer bis zum vollständigen Verbrauch des Bodenwertes keine Gebühren zahlen müssen.

Durch diese Eigentumsablösung, die sich »automatisch« über viele Jahre hinzieht, wird das Bodenrecht des Einzelnen sukzessive in ein allgemeines System umgewandelt.

Die Vorgehensweise wäre konkret folgendermaßen möglich:

Nachdem das Grundbuchbüro die Bodenwerte aller Grundstücke zu einem konkreten Zeitpunkt errechnet hat, wird von einem bestimmten Stichtag an die Bodenrechtsumwandlung auf 30 Jahre festgelegt.

Von dem ermittelten Bodenwert werden dann 3,3 Prozent pro Jahr abgezogen, so dass nach 30 Jahren das Guthaben verbraucht ist.

Diese 3,3 Prozent entsprechen auch der jährlichen Nutzungsgebühr, die dann nach Ablauf der 30 Jahre tatsächlich zu zahlen ist, wobei diese Kosten dann natürlich an die Gemeindemitglieder in gleichen Teilen ausgeschüttet werden, wie ich bereits erläuterte.

Würde ein heutiger Grundstücksbesitzer sein Grundstück *nach* Einführung des neuen Rechtssystems innerhalb der 30 Jahre verkaufen, wird der Erwerber der Nutznießer des verbleibenden Guthabens.

Nach Ablauf der 30 Jahre gehören dem Besitzer dann »nur« noch die Gebäude und andere Einrichtungen, die auf dem Boden stehen.

Die Umsetzung all dieser Maßnahmen, von der Berechnung bis zur Bearbeitung und der Verwaltung der Zahlungsflüsse, wird natürlich vom Bodenplanungsbüro sowie dem Grundbuchbüro mit klaren Aufgabentrennungen vollzogen.

»Normale« Grundstücksbesitzer werden jetzt massiv zusammenzucken, wenn sie darüber nachdenken, dass sie irgendwann für »ihr« Grundstück Gebühren zahlen sollen. Bitte bedenken Sie, liebe Leserinnen und Leser, dass nicht nur Kosten entstehen, sondern auch Einnahmen aus den Gebühren der anderen Grundstücke der Gemeinde anfallen, da schließlich diese Nutzungspachteinnahmen auf alle Bürger aufgeteilt werden.

Selbst die jetzigen Besserverdienenden mit zwei bis drei Grundstücken könnten durch diese rechtliche Veränderung mehr Einnahmen erzielen, als ihre jetzigen Grundstücke in 30 Jahren an Gebühren kosten werden.

Verlieren werden eigentlich nur die *Großgrundbesitzer*, die große Landflächen *ungenutzt* liegen lassen. Aber auch denen kann man erklären, dass das jetzige System ihre »Armut« bedeuten wird, wenn alles so weiter läuft wie bisher. Es sei denn, sie gehören zur ultrakleinen Elite der Hochfinanz-Milliardäre, also zum Geldmonopol.

Im Falle einer Umstellung des Bodenrechtes werden sich einige jetzige Eigentümer sehr schnell überlegen, ob sie ihre ungenutzten Grundstücke nicht lieber verkaufen, anstatt ohne Erträge Gebühren dafür zu zahlen. Das führt zunächst zu einem Überangebot an Boden, woraufhin die Preise sinken werden.

Dadurch wird es aber auch nicht so finanzstarken Personen, denen bislang der Erwerb eines Grundstückes mangels Masse vorenthalten war, ermöglicht, einen kostengünstigen Grund gegen Gebühr zu nutzen, ob gewerblich oder für ein Eigenheim.

Die Alteigentümer haben dann die Verluste der fallenden Preise hinzunehmen, so wie sie bisher auch die Preissteigerungen gerne mitgenommen haben, ohne dass die Allgemeinheit daran partizipierte.

Es geht doch vor allem darum, dass die leistungslosen Erträge letztlich immer durch die arbeitende Schicht finanziert werden müssen.

Wenn jemand Geld verdient, ohne zu arbeiten, müssen schließlich andere arbeiten, ohne dafür entlohnt zu werden.

In unserer jetzigen Welt mit »Wert«-Papierspekulationen (Derivaten etc.) werden von einer kleinen Gruppe von »Spielern« gigantische Gewinne gemacht, während gleichzeitig die Löhne, Gebühren oder Gewinne von mittelständischen Unternehmen ständig nach unten korrigiert werden müssen.

Das ist doch auch logisch, denn die arbeitende Bevölkerung, ob Angestellte oder Unternehmer, muss die leistungslosen Gewinne des Geldmonopols finanzieren.

Durch eine komplette Umstrukturierung des Geldsystems und des Bodenrechtes würden diese »ungerechtfertigten« Gewinne einfach wegfallen, zugunsten der eigentlichen Leistungsträger.

Zum Abschluss meiner Worte zum Grund und Boden noch ein kurzer Brief zum Nachdenken:

Brief des Indianerhäuptlings Seathl an den Präsidenten der USA aus dem Jahre 1855

Der große Häuptling in Washington lässt uns wissen, dass er unser Land kaufen will. Er sagt uns dazu Worte der Freundschaft und des guten Willens. Dies ist sehr freundlich von ihm, da wir wissen, dass er kaum auf unsere Freundschaft angewiesen ist. Wir werden uns aber euer Angebot überlegen, da wir wissen, dass, wenn wir es nicht tun, der weiße Mann vielleicht kommen mag, um uns unser Land mit Hilfe von Gewehren wegzunehmen. Was Häuptling Seathl sagt, kann der große Häuptling in Washington mit der gleichen Sicherheit als wahr nehmen, mit der unsere weißen Brüder mit der Wiederkehr der Jahreszeiten rechnen können. Meine Worte sind wie die Sterne, sie gehen nicht unter. Wie kann man den Himmel kaufen oder verkaufen – wie die Wärme des Landes? Diese Idee scheint uns sehr merkwürdig. Wir besitzen auch die Frische der Luft und das Glitzern des Wassers nicht! Wie könnt ihr sie da von uns kaufen? Jedes Stück dieses Bodens ist meinem Volk heilig. Jede schimmernde Kiefernnadel, jedes sandige Ufer, der zarte Dunst in der Dunkelheit der Wälder, jede Lichtung und jedes summende Insekt sind der Erinnerung und dem Erleben meines Volkes heilig.

Wir wissen, dass der weiße Mann unsere Art und Weise nicht versteht. Das Schicksal seines Landes ist ihm so egal wie das eines anderen, da er in der Nacht kommt und vom Land nimmt, was immer er braucht. Die Erde ist nicht sein Bruder, sondern sein Feind. Wenn er den Grund erobert hat, zieht er weiter. Er lässt die Gräber seiner Väter zurück und zerstört rücksichtslos den Boden für seine Kinder. Sein Appetit wird die Erde verschlingen und nur eine Wüste zurücklassen. Der Anblick eurer Städte schmerzt die Augen der Rothäute, aber vielleicht nur deshalb, weil der rote Mann nur ein Wilder ist und nicht versteht...

Es gibt in den Städten der Weißen keinen Ort der Stille, keinen Ort, dem Singen der Frühjahrsblätter oder dem Knistern eines Insektenflügels zu lauschen. Aber vielleicht deshalb, weil ich ein Wilder bin und nichts verstehe, erscheint meinem Ohr der Lärm so schmerzhaft. Was ist das für ein Leben, wenn ein Mensch den lieblichen Ruf des Whippoorwill nicht hören kann oder die Stimme der Frösche um einen nächtlichen Tümpel? Ein Indianer liebt den weichen Klang des Windes sehr, wenn er über das Gesicht eines Sees streicht, und den Duft des Windes, wenn er von einem Mittagsregen reingewaschen ist oder von einer Pinienkiefer mit süßem Geschmack beladen ist. Die Luft ist dem Roten Mann teuer, deshalb, weil alle denselben Atem haben: die Tiere, die Bäume, die Menschen. Der weiße Mann scheint die Luft, die er atmet, gar nicht zu merken; wie ein Mensch, der tagelang dahin stirbt, ist er für den Gestank empfindungslos.

Falls ich mich entscheiden sollte, dem Angebot zuzustimmen, werde ich eine Bedingung zu stellen haben: Der weiße Mann muss alle Tiere des Landes als seine Brüder behandeln. Ich bin ein Wilder und verstehe es nicht anders. Ich habe schon tausende verwesende Büffel auf der Prärie gesehen, von weißen Männern zurückgelassen, die sie von einem vorbeifahrenden Zug aus abknallten! Ich bin ein Wilder und verstehe es wirklich nicht, wie das rauchende Eisen-Pferd wichtiger sein kann als der Büffel, den wir nur töten, um zu leben. Was ist der Mensch ohne die Tiere? Wenn alle Tiere nicht mehr da wären, würde der Mensch an der großen seelischen Einsamkeit sterben, denn alles was den Tieren widerfährt, trifft auch die Menschen. Alle Dinge sind miteinander verbunden. Was immer der Erde zustößt, stößt auch den Söhnen der Erde zu! Vielleicht könnten wir verstehen, wenn wir wüssten, was der große Traum des weißen Mannes ist, welche Hoffnungen er seinen Kindern an langen Winterabenden erzählt, welche Visionen er ihnen in den Geist brennt, dass sie es sich für morgen wünschen. Aber wir sind Wilde. Die Träume des weißen Mannes sind uns verborgen. Und weil sie uns verborgen sind, gehen wir unsere eigenen Wege. Wenn wir zustimmen, dann deshalb, um wenigstens die Reservation, die ihr uns versprochen habt, zu retten. Vielleicht dürfen wir dort unsere kurzen Tage noch so verleben, wie wir es wollen. Wenn der letzte rote Mann von der Erde verschwunden sein wird, wenn die Erinnerung nur noch dem Schatten einer Wolke gleicht, die über die Prärie zieht, werden jene Ufer und Wälder dennoch die Seelen meines Volkes festhalten, da sie dieses Land so lieben, wie ein Neugeborenes den Herzschlag seiner Mutter liebt. Wenn wir euch unser Land verkaufen, liebt es so, wie wir es geliebt haben. Sorgt euch darum, wie wir uns gesorgt haben. Haltet fest in euerem Gedächtnis, wie das Land aussieht, wenn ihr es nehmt.

Eins wissen wir, und der weiße Mann wird es vielleicht eines Tages auch entdecken: Unser Gott ist derselbe Gott. Ihr mögt jetzt denken, dass ihr ihn so besitzt, wie ihr auch das Land besitzen wollt. Aber das könnt ihr nicht. Er ist Gott für alle Menschen. Und sein Mitleid für die weißen und die roten Menschen ist dasselbe. Ihm ist die Erde wertvoll, und die Erde zu verletzen, heißt, Verachtung auf den Schöpfer zu häufen. Macht weiter, euer Bett zu beschmutzen, und eines nachts werdet ihr in euerem eigenen Müll ersticken. Wenn die Büffel alle abgeschlachtet sind, die wilden Pferde alle gezähmt, die heimlichen Winkel des Waldes schwer vom Geruch vieler Menschen und der Anblick der reifen Hügel von ratschenden Weibern verdeckt ist, wo ist dann das Geheimnis des Dickichts? Es ist fort. Wo ist der Adler hin? ER IST FORT!

Mit all eurer Kraft, mit all eurem Mut und mit ganzem Herzen bewahrt es für euere Kinder und liebt es so, wie Gott uns alle liebt. Eines wissen wir: Unser Gott ist derselbe Gott. Die Erde ist ihm wertvoll.

16. Lektion – Fazit zum Geldmonopol und dem Bodenrecht

Mir ist völlig klar, dass Menschen wie ich, die es wagen, die alten Manifeste bestehender Strukturen auch nur in Frage zu stellen, schnell diskreditiert werden.

Dieses nehme ich bewusst in Kauf, denn wir haben nur *diese eine Erde*, die eindeutig in der Lage wäre, alle Menschen zu ernähren und ihnen die Grundlagen für ein lebenswertes Dasein zu bieten. Die Zeit ist reif, sich für unsere Heimat stark zu machen.

Im Rahmen einer ethischen Verantwortung fühle ich mich nahezu dazu verpflichtet, mein Weltbild, welches ich über viele Jahre mühsam erarbeitete, nach außen zu tragen.

Deutlich machen wollte ich bis zu diesem Teil des Buches, dass das Grundproblem in unserer Gesellschaft aus meiner Sicht sehr klar zu isolieren ist.

Ich spreche von den »leistungslosen« Gewinnen einer oligarchischen Machtelite, die ihren immer größer werdenden Reichtum ausschließlich durch die arbeitenden Menschen erhält. Das muss dringend verstanden werden.

Mir geht es auf keinen Fall um Feindbilder oder Neiddebatten, denn viele »kleinere« Nutzer dieses Finanzsystems (ich meine damit sarkastisch ausgedrückt auch die »normalen Millionäre«) verstehen die Grundlagen unseres Geldmonopols nicht in Gänze.

Würden diese »normalen« wohlhabenden Menschen unsere Finanzwelt begreifen, hätten sie längst erkannt, dass auch sie auf Dauer nur verlieren können.

Auf das Argument »Na ja, ich werde den Zusammenbruch ja nicht mehr erleben«, kann und will ich nicht eingehen, denn diese Menschen bewegen sich aus meiner Sicht auf einem Niveau, das unkommentiert bleiben sollte.

Die Ursachen sind systemimmanent, und die Aufteilung der Menschen in Täter und Opfer ist sicher der falsche Weg, denn die eigentlichen Drahtzieher dieses perfiden Spieles kennt nahezu niemand, da sie nicht in den Medien auftauchen.

Die Wahrscheinlichkeit, dass man mich in eine sozialistische oder kommunistische Ecke nach sowjetischem Muster stellt, ist recht groß, aber damit muss ich leben.

Wer allerdings meine Aussagen zu verstehen versucht, indem er unsere manipulierte Medienlandschaft einfach einmal für ein paar Stunden ausblendet, der wird schnell erkennen, dass ich keine politischen Ambitionen verfolge und auch keine Spenden für eine Gegenbewegung erbettele.

Meine Erfahrungen zeigen mir, dass meine »erklärten Gegner« mich entweder einem rechten oder linken Gedankengut einzuordnen versuchen.

Das sind halt die eindeutigen Auswüchse konditionierter Personen, die autarkes Denken bei selbstständigen Menschen offenbar als bedrohlich empfinden.

Jeder Mensch, der noch einen Hauch seines eigenen »Ichs« verspürt, weiß instinktiv so oder so, dass unsere Welt in dieser Form rücksichtslos ausgebeutet und zerstört wird, um diese ganzen Geldmengen zu finanzieren, die nur einer bestimmten Gruppe zukommen, während der größte Teil der Menschheit nach und nach verelenden wird.

Wir haben eine gute Chance, diesem Wahnsinn ein Ende zu berei-
ten. Dazu müssen möglichst viele Menschen aufwachen und diese Themen diskutieren. Eine auf diesem Wege entstehende immer
größer werdende Gruppe kann *ohne* brachiale Gewalt sehr viel
erreichen.

Fragen, die mir am häufigsten gestellt werden

Kurze Einleitung

Meine große Hoffnung ist, dass immer mehr Menschen »erwachen« und mit dem autarken Denken anfangen. Grundsätzlich hat jeder Mensch eine Eigenverantwortung für sich selbst und muss die Konsequenzen für seine Entscheidungen tragen.

Das Geldmonopol hat es auf geniale Weise geschafft, den Bürgern diese Fähigkeiten abzugewöhnen. Ich bin mir allerdings absolut sicher, dass jeder Mensch ein Talent zum Selbstdenken inne hat und auch relativ schnell aktivieren könnte. Allein die Perspektivlosigkeit, die sich nahezu auf der ganzen Welt in atemberaubendem Tempo ausbreitet, halte ich für die Ursache einer echten Fortschrittshemmung. Wir sollten also diese alternativen Grundlagen einer Gesellschaft offen diskutieren, damit jeder Mensch erkennen kann, dass es echte Perspektiven gäbe, wenn sich viele Bürger dafür einsetzten.

Mir ist selbstverständlich völlig klar, dass sich meine ganzen Ausführungen eines gerechten Geldsystems auf eine *isolierte*, also geschlossene Volkswirtschaft erstrecken. Aber warum soll das denn so schlimm sein?

Würde eine Volkswirtschaft oder Kommune als erste mit diesem umlaufgesicherten Geld starten, das gleichzeitig kein »Warengeld« darstellt, würden relativ schnell alle Menschen der anderen Staaten erkennen, welche enormen Vorteile daraus entstehen.

Ein gleichmäßiger Wohlstand über alle Bevölkerungsschichten würde vermutlich auffallen, zumal es sich *nicht* um ein sozialistisches System handelt. Überspitzt gesagt: Wer besonders fähig und fleißig ist, kann natürlich »Ferrari« fahren und in einer Luxusvilla leben. Natürlich darf ein solches »Starterland« nur einen Außenhandel mit Staaten zulassen, die sich diesem System anpassen. Wechselkurse sind dann über die Währungsbüros mit den entsprechenden volkswirtschaftlichen Abteilungen relativ einfach mathematisch zu ermitteln.

Mit der Beantwortung der nachfolgenden Fragen, die mir so oder ähnlich immer wieder gestellt werden, möchte ich die ganzen genannten Zusammenhänge noch weiter vertiefen aber auch deutlich machen, welche Chancen ich einem von mir favorisierten System tatsächlich derzeit gebe.

Was ist die Konsequenz, wenn man einfach alles so weiter laufen lässt, wie im Moment?

Was kann man denn überhaupt tun, um nicht auch in Armut zu rutschen, wie schon so viele andere Menschen?

Den Leserinnen und Lesern, die bis hier durchgehalten haben, zolle ich schon einmal meinen Respekt, denn mir ist klar, dass man einige Passagen meiner Ausführungen schnell als »Spinnerei« abtun kann, da man durch die Medien extrem manipuliert wurde oder bisher recht gut von diesem Finanz- und Wirtschaftssystem leben konnte. Doch wie lange noch?

Bitte versuchen Sie sich von den ganzen Konditionierungen unserer Welt zu lösen. Ich weiß wahrlich, wie schwer das ist. Auch mein Leben war einmal von den Nachrichten geprägt, die von wenigen Redakteuren herausgesucht über den Äther laufen.

Wir ertrinken in Informationen und hungern nach Wissen!

Wenn wir verstehen, dass diese News im Fernsehen keinen echten Mehrwert darstellen, weil von Tausenden Meldungen, die täglich die Nachrichtenagenturen erreichen, nur eine Hand voll veröffentlicht werden und damit eine gigantische Manipulation möglich ist, kommen wir einen großen Schritt weiter.

Ich habe gelernt, mich nur noch mit den wenigen »Baustellen« zu beschäftigen, die unsere gesamte Erde betreffen. Das eigene Erarbeiten unserer Welt kommt ja nicht zum Nachrichtenkonsum hinzu, sondern findet *stattdessen* statt.

Schon damit habe ich eine gewisse innere Ruhe gefunden, denn Wirbelstürme in der Karibik oder Flugzeugabstürze im Indischen Ozean finde ich zwar bedauerlich, aber ich lasse diese Informationen schlicht nicht mehr an mich heran. Die ganzen Hiobsbotschaften, ob Terrorgefahren, angebliche iranische Atombombenbauten oder unnatürliche von Menschen verursachte Klimaverschiebungen (die nachweislich in Frage zu stellen sind) lasse ich nun nicht mehr an mich heran.

Man sollte aufhören, sich von diesen ganzen Manipulationen verwirren zu lassen, denn wenn man erst einmal angefangen hat, sich mit den wirtschaftlichen und politischen Themen ganz *realistisch* auseinander zu setzen, beginnt schnell ein irreversibler Vorgang, der Klarheit schafft. Plötzlich versteht man auch, warum man uns mit solchen (häufig unwahren) Nachrichten überzieht.

Eines Tages kam ich zu einer Erkenntnis, und die möchte ich um nichts auf der Welt mehr missen.

»Selig sind die geistig Armen«, wird mir bei meinen Ausführungen hin und wieder gesagt, aber das stimmt einfach nicht. Niemand braucht Angst davor zu haben, zu viel zu wissen, weil er keine Depression haben möchte.

Die Menschen, die keine Ahnung von unserer Finanz- und Wirtschaftswelt haben, sind nicht glücklicher, denn sie fühlen sich noch eher als Versager, wenn sie zum Beispiel arbeitslos wurden und plötzlich im Abseits stehen.

Ein typischer Fall einer Lebensgemeinschaft aus der Praxis:

Eine Frau (37) und ein Mann (41) sind in zwei verschiedenen Unternehmen beschäftigt. Beide haben ein gutes Einkommen von zusammen 5.000 Euro netto im Monat (im Jahr 2005). Sie ist Chefsekretärin in einem großen Autovermietungsbüro und er technischer Angestellter in einem Telefonunternehmen.

Wie das Schicksal so zuschlägt, wird die Frau arbeitslos, da die Personalkosten für die Autovermietung nicht mehr zu halten sind. Die Direktion des selbstständigen Autovermieters steht immer mehr unter dem Konkurrenzdruck der Billiganbieter und gibt diesen Druck natürlich an die Außenagenturen weiter.

Gleichzeitig wird der Mann entlassen, da nach der Übernahme des Unternehmens durch einen ausländischen Konkurrenten Arbeitsplätze abgebaut werden müssen, um in der globalisierten Welt bestehen zu können.

Anfänglich sind beide noch relativ hoffnungsvoll und bewerben sich um neue Arbeitsplätze. Die Realität erreicht sie aber sehr schnell. Absagen oder Gehaltsangebote, die weniger als die Hälfte ihres bisherigen Niveaus ausmachen, gehören zu ihren Erfahrungen.

In den ersten Monaten verzehrt das Paar sein gespartes Hab und Gut, denn es hatte sich natürlich etwas auf die Seite gelegt. Irgendwann werden die langfristigen Geldanlagen für die Altersvorsorge gekündigt usw.

Nach zwei Jahren ist es dann soweit: Sozialhilfe!
Den Freunden gegenüber versuchen sich die beiden fröhlich zu geben, da es ihnen peinlich ist, nichts mehr zu besitzen. Mit Ausflüchten erklären sie ihren Freunden, dass sie keine Zeit haben, um Essen zu gehen oder ins Kino. Es ist einfach kein Geld mehr da. Vielleicht bekommt der Mann irgendwann einen Job in einer Leiharbeitsfirma, die ihn *richtig* ausnimmt.

Das ganze schöne Leben von »damals« ist plötzlich dahin. Das Paar zieht in eine kleine Wohnung in ein Stadtviertel, das es vor ein paar Jahren nicht einmal richtig wahrgenommen hatte. In der Ehe beginnt es zu kriseln. Nicht selten entstehen aus solchen Schicksalsschlägen völlige Armut, Alkoholismus und Obdachlosigkeit.

Ich habe in diesem Beispiel bewusst Kinder herausgelassen, denn dann entstehen noch schneller Familiendramen. Glauben Sie, liebe Leserinnen und Leser, die beiden wären unglücklicher, wenn sie die *Ursachen* ihres Schicksals verstehen würden? Im Gegenteil, sie fühlen sich *durch die Unkenntnis* eher als komplette Versager des Systems und erkennen nicht, dass eben genau dieses System versagt hat.

Fälle wie diese gibt es täglich in hundertfacher Form, und es ist auch kein Ende erkennbar, wenn diese Finanzwelt nicht grundlegend geändert wird. Ein ähnliches Schicksal, wie gerade beschrieben, wird noch sehr viele Menschen treffen, die sich heute noch in Sicherheit wiegen, da ihr Unternehmen ja »gesund« ist und sie fest im Sattel sitzen.

Man sollte sehr vorsichtig sein mit den Formulierungen, dass die Menschen selbst schuld sind, wenn sie durchs Raster fallen.

Die Aussage: »Wenn man arbeiten will, bekommt man auch Arbeit«, halte ich für sehr anmaßend.

Dieses System hat es geschafft, die Menschen komplett auseinander zu bringen – und das quer durch alle Bildungsschichten. In vielen Chefetagen herrscht Mobbing, aber auch die Obdachlosen auf der Straße bekriegen und bestehlen sich gegenseitig. Die Aggressionen der Menschen insgesamt steigern sich dramatisch auf der ganzen Welt.

> *»Ein politisches System, das dem Untergang geweiht ist, tut instinktiv vieles, was diesen Untergang beschleunigt.«*
> **Jean-Paul Sartre**

Die Intelligenz, durch die sich die Menschen gegenseitig zerstören lassen, ist von den »Planern einer gewissen Elite« hervorragend angelegt worden und wird akkurat ausgeführt. »Respekt« vor diesem Geldmonopol, das die Ursache für diese Situation ist! Die Menschen füttern die Krokodile permanent weiter, um sich dann fressen zu lassen.

Bitte verzeihen Sie die starke Polarisierung in diesem Teil, aber wenn die Menschen irgendwann begreifen würden, wie unsere Wirtschaftswelt funktioniert, käme es vermutlich zu Bürgerkriegen. Je eher sich eine Gruppe von intelligenten und pazifistischen Kritikern bildet, desto größer ist die Wahrscheinlichkeit auf eine friedliche Lösung für diese Welt.

Nun zu den Fragen:

Welche Quellennachweise liegen Ihren gesamten Aussagen zugrunde?

Diese Frage wird mir wirklich oft gestellt, und ich kann sie kaum noch hören. Was ist eigentlich so ein Quellennachweis? Letztlich doch nichts anderes, als ein Dokument über das Gedankengut von anderen Menschen. Dafür bräuchte ich dann auch wieder einen Quellennachweis.

Ich weiß natürlich auch, dass man mit Quellen am besten mathematische oder andere wissenschaftliche Beweise meint, aber welchen Wert haben die denn wirklich? Ich habe in meiner mehr als zwanzigjährigen Berufslaufbahn als Topmanager (so nennt man das ja heute) sehr erfolgreich eine Unternehmensgruppe maßgeblich ausgebaut, und mein Leben war geprägt von mathematischen Tabellen, Kurvendiskussionen und Bilanzen.

Wenn ich eines gelernt habe, dann, dass die meisten Dokumente wenig bis gar nichts aussagen. Statistiken sind oft das Papier nicht wert, auf dem sie gedruckt sind. Die meisten Menschen können eine lineare Kurvendarstellung nicht von einer logarithmischen unterscheiden, aber das müssen sie auch gar nicht.

Ich habe gelernt, dass die beste Quelle, die man zu Rate ziehen kann, die eigenen fünf Sinne sind. Aus diesen Informationen kann man relativ einfach ableiten, was in unserer Welt abläuft. Jede Statistik soll einen Zweck erfüllen, und der ist meist *nicht* die Darstellung der Realität. Wenn ich die statistischen Interpretationen in den Medien lese, wonach wir einen unglaublichen Wirtschaftsaufschwung zu verzeichnen haben, brauche ich mich nur in verschiedenen Städten meiner Heimat umzusehen.

Sehe ich überall glückliche Menschen, die den Aufschwung genießen oder lauter Geschäftseröffnungen, weil die Nachfrage der Bürger so gestiegen ist?

Nein, ich nehme sehr deutlich wahr, wie desillusioniert die Menschen im Durchschnitt wirken, und dass viele Geschäfte mit unglaublichen Rabatten um die letzten Kunden werben. Viele Läden in den Orten stehen leer, und auf Schildern werden Nachmieter gesucht. Sieht so ein Aufschwung aus? Wohl kaum. Natürlich findet für gewisse Personen eine positive Entwicklung statt, aber für die Masse eher nicht. Was bringen mir Statistiken, die bewusst die Realität verschleiern sollen?

Auch die Arbeitslosenzahlen gehen natürlich *nicht* zurück, es sei denn, sehr viele Personengruppen werden statistisch einfach *nicht mehr* erfasst.

Nehmen wir die Klimaverschiebung, die ja tatsächlich zugange ist, offenbar jedoch auf natürlichen Ursachen beruht.

Der IPCC Bericht der internationalen Klimaexperten wäre in diesem Fall sogar einmal eine interessante Quelle, auch wenn ich davon ausgehe, dass die Hauptergebnisse schon *vor* den »Forschungen« feststanden.

Zumindest in den Medien hören wir nur Auszüge aus diesem Bericht. Niemand schreibt in den Zeitungen, dass der Südpol unserer Erde tendenziell kälter wird, wo sich übrigens über 90 Prozent aller Eismassen überhaupt befinden. Das steht aber *auch* in dem Expertenbericht. Es wird uns darüber hinaus *nicht* erzählt, dass der Nordpol in der Weltgeschichte mehrmals über tausende Jahre eisfrei (!) war, was nicht zur Erhöhung des Wasserspiegels führte (siehe mein Buch »Das Matrix-Syndrom«).

Der Name Grönland entstand übrigens aus dem Begriff »Grünland«, weil die Wikinger dort Ackerbau und Viehzucht betrieben.

Im Mittelalter war es wesentlich wärmer auf der Erde als heute, und man nannte diese Zeit meteorologisch »Optimum«.

Wer von uns kann denn wirklich erkennen, ob die Unwetter auf der Erde im Durchschnitt zugenommen haben? Natürlich gibt es immer irgendwo auf der Welt irgendwelche Naturkatastrophen, und wenn jedes Mal eine Meldung daraus gemacht wird, wird ein (falsches?!) Bild für die Menschen aufgebaut.

Ich verzichte sehr bewusst auf Statistiken und »wissenschaftliche« Dossiers, denn ich bin mir ziemlich sicher, dass diese Dokumente sehr stark vom Geldmonopol geprägt sind, an dem auch die Wissenschaftler mit ihren Einkommen hängen.

Diejenigen Leserinnen und Leser, die Zweifel an meinen Aussagen haben, fordere ich auf, meine »Thesen« zu überprüfen. Mit Internetsuchmaschinen können sie eine Menge eruieren, auch wenn im Internet viel Unsinn verbreitet wird. Bilden Sie doch ganz einfach zwanglose Diskussionsgruppen, um sich auszutauschen. Wenn wir die Zeit sinnvoll nutzen würden, anstatt vor dem Fernseher, dem Radio oder der Zeitung zu »hängen«, wo wir Nachrichten offenbar zur kollektiven »Meinungsbildung« serviert bekommen, würde sich sehr schnell etwas ändern.

»Unsere Theorien sind unsere Erfindungen. Sie sind nie mehr als kühne Vermutungen, Hypothesen; von uns gemachte Netze, mit denen wir die wirkliche Welt einzufangen versuchen.«
Karl R. Popper

Es ist sehr leicht, sich »nur« auf Zahlen und Daten zu berufen, um seine Botschaft zu untermauern. Das will ich aber möglichst nicht, denn dazu kenne ich diese Systeme zu gut.

In Vorträgen oder persönlichen Gesprächen gehe ich natürlich auf bestimmte Quellen ein, ich möchte aber auch keine Opfer produzieren, indem ich ehrliche und kompetente Wissenschaftler in meinen Büchern zitiere, die gegen den Mainstream schwimmen und hinter den Kulissen das Gegenteil ihrer »offiziellen« Aussagen behaupten.

Eine freie Meinungsäußerung ist auch in den »demokratischen« Staaten bei weitem nicht *so* möglich, wie es gern dargestellt wird. Viele Menschen, die es wagten, sensible Themen auch nur zu hinterfragen, wissen sehr genau, was ich meine. Selbst einige Fragen nur zu stellen, kann in einem Land der »Meinungsvielfalt« schon eine strafbare Handlung darstellen.

Bitte bedenken Sie, dass Statistiken immer von bestimmten Menschen oder Lobbyisten in Auftrag gegeben wurden.

Fordern Sie sich bitte selbst, und erkennen Sie die Machenschaften unserer Welt. Der Verzicht auf Quellen ist kein Zeichen von Unseriosität, sondern in der heutigen Zeit eher vom Gegenteil. Selbstverständlich werde ich an bestimmten Stellen einige Quellen bzw. Mentoren nennen, die mich nicht nur geprägt haben, sondern auch einige Daten für dieses Buch lieferten.

Wie realistisch ist denn zurzeit eine Umstrukturierung unseres Finanzsystems?

Ich schreibe diese Zeilen am 16.11.2007. Als Einstieg zur Beantwortung dieser Frage habe ich nur kurz ins Internet geschaut.

Folgende Schlagzeilen der heutigen Presse bringen es auf den Punkt:

1.

Berlin direkt
Kinderarmut in Deutschland
Immer mehr Kinder sind arm

Quelle: ZDF mediathek
von Winnie Heescher und Cornelia Schiemenz

2.

Armut
»Slumbildung in Deutschland«

Während Politiker noch vor dem Begriff »Unterschicht« zurückschrecken, sprechen Wissenschaftler schon eine viel deutlichere Sprache.

Quelle: FOCUS-Online
von Nina Baumann

Nach diesen Überschriften folgen kurze und bedrückende Darstellungen der genannten Themen. Auch wird in diesen Artikeln deutlich, dass die Politik ziemlich planlos auf diese Schlagzeilen reagiert. Es sollte uns Mut machen, dass zumindest die *Wirkungen* unseres Systems immer deutlicher herausgestellt werden. Viele Journalisten sind auf dem richtigen Weg, auch wenn ich nicht glaube, dass sie alles veröffentlichen können, wenn es um die Ursachen für diese Probleme geht.

Meine Vermutung geht dahin, dass sich die Kritiker, die zumindest erkannt haben, dass ein *Systemfehler* die Ursache unserer Probleme ist, sich immer mehr zusammenschließen.

Alles hängt davon ab, ob endlich wirklich in größeren Zirkeln begriffen wird, dass unser *Geldsystem* die Basis für eine globale Massenverarmung darstellt und auch hier der Hebel angesetzt werden muss.

In Anbetracht der Situation, dass die Notenbanken zurzeit in meinen Augen längst nicht mehr Herr der Lage sind und auch nicht mehr die Wirtschaft mit ihrer Zins- und Geldmengenpolitik regiert, sondern diese vielmehr von der aktuellen *Geldsystemkrise* regiert werden, ist eine baldige Veränderung tatsächlich zu erwarten.

Ich mache mir natürlich nichts vor. Im Falle des Zusammenbruchs unserer Finanzsysteme werden die wirklichen Ursachen niemals über die Medien veröffentlicht werden. Schließlich soll das nachfolgende Finanz- und Geldmodell wieder ähnlich aufgebaut werden wie das jetzige.

Genügend »Gründe«, die einen Finanzkollaps »erklären« könnten, sind ja bereits über unsere Medien in die Köpfe der Bürger infiltriert worden.

Da gibt es dann solche Storys wie eine »Vogelgrippe«, die man hin und wieder einmal veröffentlicht (siehe mein Buch »Das Matrix-Syndrom«), oder man erklärt uns irgendwelche »Terrorgefahren« durch die arabische Unterwelt.

Allein das Thema »Iran und der Atombombenbau« gäbe Anlass zum Schmunzeln, wenn die Lage nicht so ernst wäre.

Alle paar Jahre verdoppelt sich die technische Entwicklung unserer Industriestaaten, das gilt auch für die Rüstung. In den 1940er Jahren wurden zwei Atombomben auf zwei japanische Städte abgeworfen, was man nur als perfide und abartig bezeichnen kann. Ich bin mir sicher, dass die Atombombentechnik eher eine veraltete und sehr aufwändige Form für eine Massenvernichtungswaffe ist.

Die Folgeschäden allein bei den bedauernswerten amerikanischen Soldaten des ersten Golfkrieges sprechen eine deutliche Sprache. Ich möchte nicht wissen, welche furchtbaren Bilder der damaligen Opfer auch auf der irakischen Seite nicht gezeigt wurden. Natürlich wird uns auch nicht erklärt, *welche* Waffen für das Golfkriegs-Syndrom verantwortlich waren, vermutlich waren es aber keine atomaren.

In einem Interview Anfang 2007 machte der russische Präsident Wladimir Putin in einer Pressekonferenz sehr deutlich, wie wenig finanzieller Aufwand heutzutage nötig ist, um hoch effiziente Waffensysteme zu produzieren.

Wie wahrscheinlich ist es denn, dass ein moderner Industriestaat wie der Iran keine Kenntnis über diese Waffen hat und stattdessen lieber einen Mordsaufwand betreibt, um sich einer veralteten Atombombentechnik zu widmen?

»Abrüstungskonferenzen sind Feuerwehrübungen der Brandstifter«
John Osborne

Der Begriff »Atombombe« erzeugt aber in der Bevölkerung eine unglaubliche Angst, und ein Volk in Angst ist natürlich sehr gut zu steuern.

Interessanterweise spielt der Iran seit einigen Jahren öffentlich mit dem Gedanken, aus der US-Währung *auszusteigen*. Könnte hier die Ursache für die Aggression der Amerikaner gegen den Iran liegen?

Eine andere Geschichte ist die angeblich von Menschen durch das CO_2 verursachte Klimaveränderung. Obwohl Tausende Wissenschaftler diese Aussagen ausdrücklich *nicht* teilen (darunter auch viele Nobelpreisträger), wird diese Story durch regelmäßige Medienpräsenz mittlerweile von vielen Menschen dennoch als *wahr* angenommen.

Um die eigentliche Frage zu beantworten, möchte ich Folgendes feststellen:
Ich glaube nicht, dass die nächste Währung nach einem Crash des US-Dollars (und somit auch aller anderen Weltwährungen) eine

Tauschwährung sein wird, wie ich sie in diesem Buch beschrieb, denn dafür wird die eigentliche Ursache unserer Globalisierung und Kriege noch nicht ausreichend erkannt und diskutiert.

Allerdings kann ich mir vorstellen, dass die Nachfolgewährung dann keine hohe Lebenserwartung hat, weil die Verteilung des Reichtums vermutlich auch nach einer Währungsreform ungerecht bleiben wird.

Je mehr Menschen damit anfangen, selbstständig zu denken, desto eher werden die Ursachen erkannt und können abgestellt werden. Zurzeit kann man nur jedem Bürger empfehlen, sich vorerst auf eine kommende Währungsreform vorzubereiten, denn die scheint unumgänglich, auch wenn die Phantasie der Machtsysteme, dieses Finanzsystem noch eine gewisse Zeit am Leben zu erhalten, nicht unterschätzt werden sollte.

Dazu später mehr.

Wie sieht unsere Zukunft aus, wenn das System nicht geändert wird?

Eine solche Frage konnte noch nie konkret beantwortet werden – und das gilt auch für die Zukunft. Es gibt immer unendlich viele Szenarien, die man prognostizieren kann.

Unser derzeitiges Finanz- bzw. Geldsystem steht offenbar vor einem Abgrund. Die immensen Ablenkungsmanöver in der Presse sind überdeutlich. Die Politiker suggerieren uns einen robusten Aufschwung, den es aus der Betrachtung einer sinnvollen Ökonomie systembedingt gar nicht geben kann.

Die Arbeitslosigkeit steigt an, auch wenn mit statistischen Tricks etwas anderes ausgesagt wird. Die Argumente für die Globalisierung laufen ebenfalls ins Leere.

Drittländer werden einfach »geschlachtet«.

Nehmen wir nur einmal das »Wachstumsland« China:
China weist zweistellige Wachstumsraten auf. Die USA und deren Wirtschaftsaggregate (also der Rest der Welt) jubeln.

Was für eine Erfolgsstory! Oder vielleicht doch nicht?
Mit fast dreistelligen Wachstumsraten kann China auch in Sachen Umweltvernichtung aufwarten. Es gibt dort offenbar kein Bewusstsein für unsere Natur.

So wird zum Beispiel Quecksilbermüll meist ungefiltert von der Industrie in die Flüsse geleitet, weshalb Millionen von Menschen mangels sauberen Trinkwassers elend sterben.

Doch die permanent steigenden Dollarmengen müssen ja finanziert werden. Bilder aus China beschränken sich meist nur noch auf Hongkong, Peking oder Shanghai.

Für den »Rest« des chinesischen Reiches scheint sich kaum jemand zu interessieren.

Die »glücklichen« chinesischen Bürger sitzen also in den oben genannten Vorzeige-Ballungsgebieten.

Ich möchte mit ein paar Worten die Arbeitsbedingungen für die Menschen dort beschreiben:

- Der Arbeitstag dauert 14 Stunden
- Die Arbeitswoche dauert 6 Tage
- Es ist verboten, während der Arbeit zu sprechen (Überwachung)
- Toilettenaufenthalt max. 5 Minuten täglich (danach werden Geldstrafen fällig)
- 3 Mahlzeiten täglich (Suppe, Wasser, Salz)
- Monatslohn: 40–50 Euro
- 10 Euro werden für ein Holzbett abgezogen (Wanderarbeiter)

Neulich las ich in einer Pressemeldung, dass immer mehr Kinder mit dramatischen Missbildungen geboren werden, was auf die massive Umweltverschmutzung in China zurückgeführt wird.

Leider gehen diese Meldungen im Wust der Medien komplett unter.

Ich glaube nicht, dass es an ein Wunder grenzt, wenn China mit elf Prozent Wirtschaftswachstum »auf den Putz haut«.

Alle Investoren und Sparer, die *diese* Wirtschaft durch Fonds mitfinanzieren, sollten sich darüber im Klaren sein, dass sie damit nicht nur ein neues »weltweites« Gehaltsniveau unterstützen, sondern auch die furchtbarsten Verelendungen auf unserer Erde mitfinanzieren!

Aber wie wird argumentiert? Der Einzelne kann ja nichts gegen diese Missstände tun, und wenn man dort die Renditen nicht »mitnimmt«, machen es die anderen ...

Wann beginnen die Menschen endlich, auch diese Zusammenhänge großflächig zu diskutieren?

Weitere Länder stehen schon in der Warteschleife, um sich zerstören zu lassen. Indien ist zum Beispiel so ein Kandidat.

Deutsche Konzerne entlassen massenhaft ihre Mitarbeiter, um neue Unternehmen im »günstigeren« Indien zu gründen, deren Angestellte dann diese Arbeiten übernehmen. Gleichzeitig werden die Slums dort auch immer größer.

Bitte erkennen Sie spätestens jetzt, dass die Ursachen dieser Fehlentwicklungen *ausschließlich* in den Kapitalkonzentrationen dieses Weltgeldsystems zu finden sind. Auf der ganzen Erde entstehen dadurch gigantische Slums, weil die Schere Arm und Reich *überall* auseinander geht und letztlich *alle* Menschen in die Massenverarmung führt – bis auf ganz wenige, die dem Geldmonopol angehören.

Auch in unseren Industriestaaten erleben wir eine ähnliche Entwicklung: Mehrere Millionen (!) Kinder, allein in Deutschland, leben unterhalb der Armutsgrenze. Viele Menschen sind verzweifelt und wissen nicht mehr ein noch aus. Was machen Eltern in unseren Breiten durch, die ihrem Kind nicht einmal mehr ein kleines Weihnachtsgeschenk kaufen können oder ein Fahrrad für die Fahrt zur Schule? Millionen Menschen sind bis über beide Ohren verschuldet, obwohl der Reichtum (auch in Deutschland) unermesslich ist.

Es geht halt immer wieder um die Verteilung des Kapitals, und die Ursache dafür kennen Sie ja nun.

Solange die Menschen diese Zusammenhänge nicht verstehen, werden sie sich gegenseitig weiter bekämpfen, statt *gemeinsam* auf dieses System Einfluss zu nehmen.

Vergegenwärtigen Sie sich bitte immer wieder, dass Milliarden Menschen von nur einigen wenigen hundert Personen in ein globales Elend manövriert werden.

Ich hole ständig sehr weit aus, um konkrete Fragen zu beantworten und bitte um Nachsicht dafür. Wenn man sich aber so lange mit diesen dramatischen Auswüchsen beschäftigt, wie ich das tue, »überzieht« man manchmal mit den Argumenten, vor allem, wenn man glaubt, erfasst zu haben, wie die Probleme zu lösen wären.

Im Jahr 2007 wurde die Welt von einer sogenannten US-Hypothekenkrise geschüttelt, die die Banken in eine extrem ernste Lage brachte. Niemand erklärt in den Medien (und sei es auch nur versteckt), dass diese »Subprime-Krise« nicht die *Ursache* der Probleme ist, sondern die *Folge* unseres verfehlten Finanzsystems.

Da die Amerikaner ständig neues Geld in ihre Volkswirtschaft pumpen »müssen«, um die anderen Länder (Deutschland, China, Japan u.a.) leer zu kaufen, lässt man die amerikanische Bevölkerung in eine gigantische Schuldenfalle laufen.

Die Amerikaner leben komplett auf Pump.

Die Banken haben es den Menschen sehr einfach gemacht, völlig unbürokratisch ihre Immobilien zu verschulden, damit sie konsumieren können.

Jetzt könnte man einwenden, dass auch in Deutschland eine massive Überschuldung zu verzeichnen ist. Das stimmt, aber in den USA ist es erheblich leichter als in anderen Ländern einen Kredit zu bekommen.

Schließlich ist die amerikanische Volkswirtschaft grundsätzlich zerstört worden und auf Konsum angewiesen. Durch eine permanente Geldmengenerhöhung werden in den Vereinigten Staaten hohe Inflationsraten erzeugt, die in den vergangenen Jahren auch die Preise für die Immobilien nach oben drückten. Hat ein US-Bürger zum Beispiel eine 100-prozentige Finanzierung für sein Haus, was in den meisten anderen Ländern der Welt gar nicht möglich wäre, passiert Folgendes:

Nehmen wir eine fiktive US-Familie. Ein Haus wurde im Jahr 2000 mit 200.000 US-Dollar bewertet. Genau diese Summe bekam der Familienvater als Kredit, um die Immobilie kaufen zu können. Eigenkapital forderte die Bank nicht. Schließlich hatten Mann und Frau je zwei Jobs, mit denen sie ihre Familie durchbrachten.

Durch die initiierten Inflationsraten (sprich Geldmengenerhöhung) stiegen nun die Immobilienpreise, wovon auch das Haus in unserem Beispiel betroffen war. Laut einem »Gutachten« hätte das Haus im Jahr 2005 schon 250.000 US-Dollar gekostet.

Nun war die Hausbank bereit, dieser Familie einen weiteren Kredit in Höhe von 50.000 US-Dollar einzuräumen. Als Sicherheit diente wieder dasselbe, nun »wertvollere« Haus in den Kreditverträgen.

Die Einkommen der Bürger sind aber nicht um diese Inflationsrate gestiegen. Daher nahm das Ehepaar einen dritten Job an, bis irgendwann nichts mehr ging.

Warum tätigen die Banken solche Geschäfte, bei denen von vornherein klar ist, dass sie ihr Geld niemals zurückbekommen?

Die US-Wirtschaft braucht nun mal neues Geld, um konsumieren zu können. Und durch den beschriebenen Vorgang wurden ja 50.000 US-Dollar an neuem nachfragewirksamen Geld in den Markt gepumpt, um die deutschen, chinesischen oder anderen ausländischen Produkte zu erwerben. Diese »wertlosen« 50.000 US-Dollar werden dann irgendwann, zum Beispiel in Deutschland, als Exportüberschuss ausgewiesen.

Die meisten Bürger können in den USA ihre Schulden niemals zurückzahlen. Viele haben teilweise zwei oder drei Jobs, um noch irgendwie ihre Verbindlichkeiten zu bedienen.

Ein Zusammenhang, den sich kaum jemand klar macht, ist der, dass die Banken somit vermutlich niemals ihre verliehenen Gelder zurückbekommen. Doch das ist ihnen eigentlich auch »egal«.

Sie können doch die Immobilien jederzeit den zahlungsunfähigen Bürgern »abnehmen« und die Forderungsausfälle abschreiben. Schließlich haben die Banken *keine* Leistungen für die Kreditbeträge erbracht, sondern das Geld einfach nur gedruckt. Dieses Privileg haben sie nun einmal. Letztlich haften die Bürger mit ihrer Arbeit für diese Forderungsausfälle, denn der *Staat* tritt ja bei Bankenkrisen grundsätzlich ein.

Zurück bleiben zerstörte Menschen ohne Haus aber mit hohen Restschulden, was zu einer immer sichtbareren Massenverarmung und Slumbildung in den USA führt.

Die Subprime-Krise werde ich später noch einmal genauer beleuchten, für diejenigen, die die Systematik besser verstehen wollen, obwohl die *Details* letztlich »unwichtig« sind.

Ändert sich an diesen Praktiken nichts, wird es alle anderen Länder auch treffen.

Im Sommer 2007 kam die IKB (Deutsche Industriebank) in eine schwere Krise, da sie über das Weltgeldsystem auch in US-Hypotheken investiert hatte, wie eigentlich *alle* Banken dieser Erde. Ob diese Investitionen direkt oder indirekt erfolgten, spielt keine Rolle, da es ja nur ein (!) Weltgeld gibt, egal, ob die Währung Dollar, Yen oder Euro heißt.

Um einen Konkurs der IKB zu verhindern (besser gesagt zu verschieben), sprang die KfW (Kreditanstalt für Wiederaufbau) ein, die in erster Linie dem Staat Deutschland (also den Bürgern) gehört. Kurz, die deutschen Steuerzahler mussten für diese irrsinnigen Verluste mit ihrer Arbeitskraft einspringen.

Noch im selben Jahr wurde die öffentlich rechtliche Sachsen LB von einer anderen Landesbank in einer Nacht- und Nebelaktion übernommen, da das sächsische Institut aufgrund seiner Hypothekengeschäfte in Amerika vom Konkurs bedroht war. Gekauft wurde die sächsische Landesbank von der Landesbank Baden-Württemberg, nicht ohne sich vorher auf Kosten der Steuerzahler eine milliardenschwere Bürgschaft zu sichern.

Es wird immer deutlicher, dass diese »Spiele« nicht mehr lange durchzuhalten sind, weil die Schmerzgrenze der Menschen langsam überschritten ist.

Die Machtsysteme versuchen zurzeit mit aller Kraft, die Überwachung der Bürger massiv auszubauen. Man schiebt dann die unsichere Lage durch vermeintliche Terrorgefahren vor, die ich schon lange nicht mehr glaube.

Letztlich geht es um den Versuch zu verhindern, dass sich die Menschen mit den Ursachen unserer Welt auseinandersetzen, sich organisieren und für eine lebenswerte Welt stark machen.

Es wird versucht, eine Währungsreform so lange es geht hinauszuzögern.

Wann es zu einem Zusammenbruch der Währungen kommt, kann niemand sagen. Denn *noch* glauben zu viele Menschen an das heutige Geld. Allein die Tatsache, dass viele junge und alte Bürger ihr sauer erarbeitetes Kapital in Lebensversicherungen, Aktien- und Rentenfonds anlegen, ist ein klares Indiz dafür, wie wenige die Situation auch nur erahnen.

Eines ist aber aus meiner Sicht ganz sicher:
Viele Menschen werden sehr viel, wenn nicht alles verlieren, wenn unser Geldmechanismus gegen die Wand fährt – und die Uhr tickt und tickt.

»Beamte sind ein wundersames Beispiel für die Vermehrung der Menschen auf ungeschlechtliche Weise.«
Ursula Noack

Der Zusammenbruch könnte in jedem Moment losgehen. Es könnte aber auch noch ein paar Jahre dauern, denn die Phantasie des Geldmonopols bringt immer neue *Geschichten* hervor, um die Menschen abzulenken. Wer sich jetzt nicht vernünftig vorbereitet, geht extreme Risiken ein (dazu später).

Auch *nach* einer Währungsreform werden die Machtsysteme (Banken, Regierungen und Medien) der Bevölkerung eine Story mit einer »logischen« Erklärung für den Crash auftischen.

Ob man sich dabei der angeblichen unnatürlichen Klimaverschiebung bedient oder des iranischen Atombombenbaus, weiß ich nicht.

Die wahren Ursachen, die Sie, liebe Leserinnen und Leser, nun kennen sollten, sofern Sie meiner Sichtweise folgen, wird man mit Sicherheit niemals veröffentlichen, da die Banken und Regierungen sehr eng zusammenarbeiten und -halten.

In den Medien stehen aber ganz andere

Informationen. Was stimmt denn nun?

Der Satz ist so alt, aber trotzdem aktuell:

»Vertraue nur Statistiken, die Du selbst gefälscht hast.«

In den Medien erfahren wir täglich, wie »wunderbar« sich unsere Wirtschaft erholt. Die Wachstumsraten werden ständig nach oben korrigiert.

Ich möchte nicht zu theoretisch vorgehen, um einige Zusammenhänge zu beleuchten, denn mit dieser statistischen Methode der Vernebelungstaktik wird ja bewusst ein *Interessenmangel* der Bevölkerung provoziert. Kein Normalbürger soll auch nur ansatzweise verstehen, was da im Machtsystem zurechtgebastelt wird, um dann womöglich auch noch Fragen zu stellen.

Wir werden sehr oft durch die Medien mit dem Begriff Bruttoinlandsprodukt (BIP) konfrontiert.

Mit einer Steigerung des jährlichen BIP soll deutlich gemacht werden, dass das Wirtschaftswachstum positiv verläuft.

Was sagt das BIP eigentlich aus?

Das BIP gibt alle neu zur Verfügung stehenden Waren und Dienstleistungen zu ihren aktuellen Marktpreisen an, die im Inland innerhalb einer definierten Periode von In- und Ausländern hergestellt wurden und dem Endverbrauch dienen. Werden Güter nicht direkt weiterverwendet, sondern auf Lager gestellt, gelten sie ebenfalls als Endprodukt (Vorratsveränderungen).

Beim Durchdenken dieser Definition fällt auf, dass es bei den Waren und Dienstleistungen nicht um eine Bedürfnisbefriedigung der Verbraucher geht, sondern um Arbeitsaktivitäten, wie sinnlos sie auch immer sein mögen.

Die Behörden können also zum Beispiel sehr schnell ein Wirtschaftswachstum forcieren, indem sie völlig sinnlose Verordnungen und Gesetze erlassen – und schon werden neue Formulare gedruckt, Steuerberater oder Buchhalter müssen an kostenpflichtigen Weiterbildungen teilnehmen, neue Schilder werden nötig, Briefpapier und und und...

Wenn man dann nach kurzer Zeit erkennt, dass diese Regel-Änderungen nicht den gewünschten Effekt hatten, kann man ja wieder die Uhren zurückdrehen oder sogar noch *Nachtragsgesetze* verabschieden, und der unproduktive Umstellungsschwachsinn geht von vorne los.

Diese ganzen Aktivitäten werden dem BIP jedes Mal als *Plus* zugeordnet und sollen den Bürgern echtes »Wachstum« suggerieren.

Der zweite Satz der Definition ist auch spannend.

Sogar »Vorratsbildungen« werden einfach dem BIP zugerechnet. Baut also ein Autohersteller viele neue Autos, die niemand braucht, fließen diese »Produkteinheiten« selbstverständlich ins BIP.

Natürlich produzieren die Automobilhersteller grundsätzlich zu viele Autos, kaufen oft über *eigene* Tochterfirmen ihre Überproduktionen auf und lassen diese Fahrzeuge sogar zu, damit die Zulassungsstatistiken stimmen und die Aktionäre nicht unruhig werden.

Diese ganzen Pseudowirtschaftsmaßnahmen schaffen »Wachstum«!

Gehen wir noch einen Schritt weiter:
Die Pharmaindustrie stellt ein wesentliches Standbein der sogenannten modernen Länder dar. Die Medikamentenumsätze werden dem BIP positiv zugerechnet, obwohl diese Kosten für die »Instandhaltung« von Menschen (man spricht hier gern von Humankapital) angewandt werden. Polemisch ausgedrückt heißt das:

»Wenn wir Glück haben, werden wir alle Dialysepatienten, dann haben wir noch ein paar Jahre Wachstum.«

Auf das normale Leben gemünzt, wäre das so, als würde ein Unternehmer die Inspektionsrechnung seines Firmenwagens auf dem Konto »Gewinn« verbuchen.

Natürlich gibt es klare wissenschaftliche Erklärungen, warum man un-

bedingt diese Vorgänge so handhaben »muss«, und in Akademikerkreisen versteht man sich auch.
Der Normalbürger aber wird durch solche Maßnahmen aus meiner Sicht bewusst verwirrt.

Warum stellt das Volk nicht solche Fragen? Weil es dazu gar nicht kommt. Die Menschen werden durch die Medien von den wichtigen Fakten abgelenkt. Man diskutiert lieber in Talkshows über die neuesten Meldungen von der »Raucherfront«. Krippenplätze sind auch ein Thema oder die Klimaverschiebungen, zu denen man viel sagen kann.

Hochangesehene Persönlichkeiten, die über die Medienplattformen dieser Erde die Interessen der eigentlichen Machthaber »verkaufen«, geben diesen ganzen Themen erst Gewicht.

»Die Berühmtheit mancher Zeitgenossen hängt mit der Blödheit der Bewunderer zusammen.«
Heiner Geisler

Real haben wir auf jeden Fall kein Wachstum, sondern eine *rückläufige* Wirtschaft. Zwar müssten die Eisenbahnbrücken oder die Stromleitungsmasten dringend in unserem Lande saniert werden, aber trotz der real über zehn Millionen Arbeitslosen in Deutschland (die offiziellen Zahlen sind natürlich auch statistisch manipuliert) können diese Instandhaltungsmaßnahmen nicht umgesetzt werden...

Können Sie konkrete Beispiele für die statistischen Manipulationen nennen?

Das ist wirklich nicht besonders schwer zu beantworten, da eigentlich jede öffentlich in Auftrag gegebene Kalkulation quasi gelogen ist, zumindest aber geschönt wurde.

Wagt es jemand, Wahrheiten real in Zahlen auszudrücken, werden diese Dossiers grundsätzlich nicht veröffentlicht und die Urheber dieser nicht systemimmanenten Zahlen verunglimpft.

Am beliebtesten ist das Damoklesschwert des Antisemitismus, das speziell in Deutschland und Österreich sehr schnell über einem schwebt.

Mit dieser Methode werden hervorragende Wissenschaftler und

auch Politiker, die es wagen, bestimmte Zusammenhänge zu hinterfragen, sofort eliminiert.

Wenn Sie sich fragen, was das Aufdecken von volkswirtschaftlichen Manipulationen mit rechtem Gedankengut zu tun hat, muss ich leider passen.

Es lässt sich auf diese Weise auf jeden Fall der Ruf unbequemer Menschen zerstören, denn die Macht der Medien ist einfach unglaublich.

Ich möchte es zu diesem Thema mit diesen Aussagen belassen.

Kommen wir zu einigen konkreten Beispielen für statistische Verfälschungen.

Die Inflationsraten in den USA sehen trotz der dramatischen wirtschaftlichen Lage immer noch relativ passabel aus.

In den fiktiven Warenkörben der einzelnen Staaten kann man natürlich sehr leicht die Preissteigerungsraten der Produkte manipulieren. Wenn ein Computer mit einer bestimmten Rechnerleistung im Jahr 2006 zum Beispiel 2.000 US-Dollar kostet und sich im nächsten Jahr die Rechnerleistung verdoppelt hat, der Preis aber nicht erhöht wurde, leiten die Statistiker hier eine 50-prozentige Preissenkung ab. Der PC kostet zwar immer noch 2.000 US-Dollar, in die Inflationsstatistik werden aber nur 1.000 Dollar eingerechnet, weil sich ja die Rechengeschwindigkeit verdoppelt hat.

Steigen zum Beispiel die Preise für Rindfleisch in den USA, das schließlich Bestandteil der ganzen »Burgerkultur« ist, wird das Rindfleisch kurzerhand aus dem Warenkorb genommen und beispielsweise durch Hühnerfleisch ersetzt. Aber nur, wenn das gerade billig ist. Otto Normalverbraucher sieht sich diese Statistiken doch ohnehin nicht an, sondern vertraut den Aussagen des Nachrichtensprechers im Fernsehen, der mit einem Lächeln die netten Zahlen vorträgt.

Wer in den USA ein bezahltes Haus bewohnt, zahlt logischerweise keine Miete. Statistisch rechnen die US-Rechenkünstler aber dem Durchschnittseinkommen dieser Amerikaner eine fiktive gesparte Miete zu, die sie ja bezahlen müssten, wenn sie keine bezahlte Immobilie hätten.

Der ehemalige US-Präsident Bill Clinton ließ, um die Arbeitsmarktstatistik vor seiner Wiederwahl freundlicher aussehen zu lassen, Formulare zur Erfassung der Arbeitslosen um die Frage ergänzen: »Haben Sie sich um einen Arbeitsplatz beworben?« Lautete die Antwort ja, galt der oder die Betreffende nicht mehr als arbeitslos.

In bestimmten Fällen wird sogar komplett auf Zahlen »verzichtet«, falls die Lage zu dramatisch ist. Seit dem Jahr 2006 gibt die FED zum Beispiel nicht mehr bekannt, um welche Größenordnung in einem bestimmten Jahr die Geldmenge erhöht wurde. Somit kann niemand mehr eine echte Inflation berechnen, wenn er den Sachverstand dazu hätte.

In einer offiziellen Ankündigung klingt das dann so:

Am 23. März 2006 wird das Board of Governors des Federal Reserve Systems die Publikation des Geldmengenaggregates M3 einstellen. (...) M3 scheint keine zusätzlichen Informationen über wirtschaftliche Aktivitäten zu liefern, die nicht bereits in M2 verkörpert wären und hat seit vielen Jahren keine Rolle mehr im geldmengenpolitischen Prozess gespielt. Konsequenterweise hat das Board geurteilt, dass die Kosten für die Sammlung und Veröffentlichung der zugrunde liegenden Daten den Nutzen überwiegen.

Quelle: The Federal Reserve Board

Ein deutliches Zeichen für eine bevorstehende Währungsreform.

Aber auch andere Staaten lernen von diesen Praktiken.

Seit 2006 gehen die Arbeitslosenzahlen in Deutschland statistisch gesehen rapide zurück. Real werden einfach nur viele Personengruppen nicht mehr erfasst, obwohl sie dringend Arbeit suchen. In den offiziellen Druckstücken kann man sogar einiges zwischen den Zeilen herauslesen, aber wer sieht sich denn solche Pamphlete überhaupt an? Eigentlich niemand, es reicht ja eine freundliche Information eines Tagesschausprechers, der die vorgegebenen Zahlen vorliest.

Drei Zahlen aus dem Monatsbericht April 2007 der Bundesagentur für Arbeit:

Arbeitslosengeld I erhalten	1.189.919 Personen
Arbeitslosengeld II erhalten	5.204.567 Personen
Sozialgeld erhalten	1.919.509 Personen
In der Summe sind das	8.313.995 Personen

Übrigens, als arbeitslos wurden in dieser Statistik am Ende 3.966.648 Personen gezählt.

Allein über dieses Thema der statistischen Manipulationen lassen sich Buchbände verfassen.

Wäre eine Währungsreform im jetzigen System vermeidbar?

Unsere explodierenden Staatsverschuldungen bei dem selbst geschaffenen Notenbankensystem brauche ich wohl kaum noch näher auszuführen. Nahezu alle Länder dieser Erde sind pleite, vorneweg die USA.

Die Sozialsysteme kollabieren auch in vielen anderen Industriestaaten. Die demographischen Entwicklungen gerade dieser Länder sind überdeutlich und können nur in *eine* Richtung führen.

Unsere derzeitige Finanzwelt ist *global* angelegt und wehrt sich durch ihre Machtsysteme gegen alle Länder, die »aussteigen« wollen. Wer nicht mitspielt, bekommt Probleme. Der Irak zum Beispiel war nicht »linientreu« und wurde auf der Basis von *Lügen* über angebliche Atomwaffen durch die »Anti-Terror-Allianz« komplett zerstört. Wer redet eigentlich noch über diesen unglaublichen Vorgang? Wobei mir klar ist, dass der ehemalige irakische Präsident ein furchtbarer Despot war

– aber das ist hier nicht die Frage.

Der Iran würde auch gern aus dem US-Dollar aussteigen, aber das würde den sofortigen Kollaps unserer Weltleitwährung bedeuten, also wird ein neues Spiel gespielt, offenbar mit derselben Story. Dem Iran wird über ständige Anschuldigungen »böser Kriegsvorbereitungen« mit einem »Einmarsch« gedroht.

China sitzt auf gigantischen wertlosen Dollarmengen aus den »Exportüberschüssen« und versucht, diese Gelder wieder loszuwerden. Würden sie eine etwas größere Menge an Dollars in den Markt werfen, würde das Leitsystem der Weltwährungen vermutlich sofort zusammenbrechen. Die ganze Welt ist ein Krisenherd, und es kommen permanent neue »Baustellen« dazu.

Die deutsche Staatsverschuldung im Jahr 2007 beträgt beim privaten Bankensystem offiziell über 1,5 Billionen Euro, aber das sind eben nur die offiziellen Zahlen.

Jeder Geschäftsführer eines mittelständigen Betriebes weiß, dass man für eine betriebliche Altersversorgung in der Bilanz Rückstellungen bilden muss.
Das Unternehmen verpflichtet sich schließlich gegenüber den Mitarbeitern, nach dem altersbedingten Ausscheiden eine Altersrente zu bezahlen. Diese »Schulden« muss ein Betrieb natürlich bilanziell erfassen.
Deshalb spart der Unternehmer logischerweise auf der anderen Seite ein »Sicherheitsvermögen« an, um die späteren Renten auch bezahlen zu können.
Auch dieser Part steht in der Bilanz.

Der Staat verpflichtet sich zur Zahlung einer Rente (oder Pension) gegenüber seinen Beamten. Glauben Sie wirklich, liebe Leserinnen und Leser, dass zum Beispiel im Bundeshaushalt Deutschlands irgendwelche Rückstellungen oder gar Rücklagen für diese Pensionsverpflichtungen gebildet wurden?
Natürlich nicht.
Würde man den Staat Deutschland buchhalterisch ähnlich einem Wirt-

schaftsbetrieb bilanzieren, hätten wir nicht über 1,5 Billionen Schulden, sondern über 7,5 Billionen Euro. Es sind nun mal keine Rücklagen da, und die Bombe tickt weiter. Dieses kleine Beispiel soll deutlich machen, dass wir uns dringend eine Währungsreform herbeisehnen sollten, weil dieses Spiel nicht mehr aufrechtzuerhalten ist.

Übrigens sind die »normalen« Inflationsraten, die durch die permanente Geldmengenerhöhung erzeugt werden, auch eine Art Währungsreform, nur auf Raten. Nun ist aber ein globaler Finanzzustand erreicht, der aus meiner Sicht nicht mehr heilbar ist, egal, mit wie vielen vom Zaun gebrochenen Kriegen man es noch versucht.

Allein im Jahr 2007 wurden zur »Abwendung« eines globalen Bankencrashs hunderte von Milliarden neuer US-Dollar gedruckt, was mehr als der Weltgeldmenge von 1959 entspricht. Dieses *neue* Geld muss wieder von Menschen durch Arbeit finanziert werden, weil die Waren und Dienstleistungen (also die Wirtschaftskraft) eher rückläufig sind. Es ist eine Versklavungsmaschinerie.

Die EZB (Europäische Zentralbank) wurde von den Amerikanern »gebeten«, *auch* die Geldmengen massiv zu erhöhen. Natürlich müssen die europäischen Banken mitmachen, denn in den oberen Zirkeln der Banksysteme ist nur zu bekannt, dass ein Dollarcrash automatisch alle anderen Währungen mit sich in den Abgrund reißen würde.

Bitte vergessen Sie niemals, dass es eigentlich nur eine (!) Währung auf dieser Erde gibt, und die heißt US-Dollar.

Eine der letzten Währungen, die dem US-zentrischen System »beigetreten wurde«, ist der Schweizer Franken, wobei gerade dieses Land bis Ende der 1990er Jahre als Eldorado für sichere Kapitalanlagen galt.

Diese Zeiten sind nun auch vorbei, und die Schweizer kämpfen für eine wieder autarke Heimat. Ich hätte gehofft, dass einmal aus diesem Land eine neue Währungsphilosophie entstehen könnte, aber das wurde offenbar mit dem Beitritt zum IWF (internationaler Währungsfonds) verhindert.

Bitte versuchen Sie, die folgende Aussage wirklich zu verinnerlichen:

Wer als normaler Bürger irgendeines Landes mit unter einer Million Euro unbelastetem Vermögen (und das sind ja wohl die meisten) darauf hofft, dass es keine Währungsreform geben wird, hat das System nicht verstanden.

Ich möchte auf meinen Lektionsteil dieses Buches verweisen, in dem ich erkläre, warum alle Menschen unter mindestens einer Million Euro Vermögen mehr Zinsverluste durch den Eigenkonsum einfahren, als die Zinseinnahmen ihrer Kapitalanlagen ausmachen.

Wir können aber entspannt bleiben, denn wir werden natürlich eine »Umstrukturierung« unseres Geldsystems erleben, da es rein mathematisch nicht mehr zu retten ist!

> *»Eine Demokratie, in der es keine Opposition gibt, ist ein totalitärer Staat mit gefälschtem Ausweis.«*
> **Indro Montanelli**

Wer diese Zusammenhänge versteht und sich richtig auf diesen Tag X oder eine entsprechende *Zeitphase* vorbereitet, hat gute Chancen, diese massiven Veränderungen durchzustehen.

Wie könnte denn eine Währungsreform aussehen?

In der Geschichte unserer Welt hatten wir sehr viele Währungsreformen, bei denen fast alle Menschen ihr gesamtes Erspartes verloren.

Allein in den letzten einhundert Jahren in Deutschland gab es mehrere »Neuordnungen« des Geldes, mit furchtbaren Konsequenzen für die »Geldgläubigen«.

Bis 1914 gab es in Deutschland einen 20-prozentigen Goldstandard, weshalb die damalige Währung auch Goldmark genannt wurde. Sie wissen mittlerweile, dass ich kein Verfechter einer edelmetallunterlegten Währung bin, denn der Warenwert des Geldes an sich unterliegt eigenen Marktbedingungen, und eine Zirkulation ist nicht gewährleistet.

Eine Grundvoraussetzung bietet aber der Goldstandard: Man kann die Geldmenge nicht beliebig erhöhen, denn es muss im Vorfeld einer monetären Expansion physisches Gold in den Notenbanktresoren eingelagert werden.

Leider halten sich in bewegten Zeiten die verantwortlichen Banken und »deren« Regierungen nicht an diese Auflagen, und bewegte Zeiten haben wir ja eigentlich immer.

Als Deutschland 1914 in den Ersten Weltkrieg geriet, musste militärisch aufgerüstet werden. Um gegen die Kriegsgegner gewappnet zu sein, »setzte man den Goldstandard einfach aus«, denn die anderen Länder taten das natürlich auch. In Kriegen geht es eigentlich niemals um Patriotismus, sondern schlicht um ein Riesengeschäft für die Bankensysteme und deren Eigentümer.

Damals wurde der Goldstandard einfach durch die »Unterlegung« des Geldes mit Staatsschuldverschreibungen ersetzt, die man selbst drucken konnte. Durch diesen Vorgang wurden alle Sparguthaben der Menschen dieser Zeit entwertet.

1923 wurde wieder einmal die geleistete Arbeitskraft der Menschen durch eine Währungsreform vernichtet, als jeder Bürger im Rahmen einer damaligen Hyperinflation für 4,2 Billionen Mark einen US-Dollar bekam, bevor die neue Reichsmark eingeführt wurde. Vor diesem Zeitpunkt befand sich Deutschland in einer Hyperinflation. Die Banken druckten leistungsloses Geld was das Zeug hielt, und die Menschen litten furchtbar.

(In meinem Buch »*Das Matrix-Syndrom*« habe ich sehr klar beschrieben, wie Deutschland durch den »Vertrag von Versailles« regelrecht »geplündert« wurde, woraufhin allein 1921 über zwei Millionen Deutsche verhungerten).

Nach dem verlorenen Zweiten Weltkrieg gab es schon die nächste Währungsreform, die im »Gesetz über den Lastenausgleich« geregelt wurde – und wieder einmal verloren die Menschen ihr Guthaben.

Gesetzesauszug über den Lastenausgleich
§ 15 Sparerschäden von 1949

1) Ein Sparerschaden ist die Minderung des Nennbetrags von Sparanlagen, die dadurch eingetreten ist, dass die Sparanlagen bei der Neuordnung des Geldwesens im Geltungsbereich des Grundgesetzes einschließlich Berlin (West) im Verhältnis 10 zu 1 oder in einem ungünstigeren Verhältnis auf Deutsche Mark umgestellt worden ist.

2) Sparanlagen im Sinne des Absatzes 1 sind
1. Spareinlagen, Postspareinlagen, Bausparguthaben
2. Pfandbriefe, Rentenbriefe, Kommunalschuldverschreibungen und andere Schuldverschreibungen
3. Schuldverschreibungen und verzinsliche Schatzanweisungen des Reichs, Ansprüche auf Vorzugsrente
4. Industrie- und gleichartige Schuldverschreibungen
5. Ansprüche aus Lebensversicherungsverträgen

Der Absatz 1 beschreibt erstens, dass man eine Währungsreform, bei der die Menschen all ihr Geld verloren haben, auch sehr nett als »Neuordnung des Geldwesens« umschreiben kann und zweitens einen sehr folgenschweren Sachverhalt.

Dort steht: »...im Verhältnis 10 zu 1 oder in einem ungünstigeren (!) Verhältnis auf Deutsche Mark umgestellt worden ist«.

Was ist damit gemeint?

Guthaben und Schulden werden in einem unterschiedlichen Verhältnis umgetauscht, was dramatische Konsequenzen für die Menschen bedeutet.

An dieser Stelle muss ich diesen *Fragen*, was der Einzelne zurzeit regeln sollte, um seine Sparvermögen nicht zu verlieren, kurz vorgreifen.

Zurzeit werden zu vermeintlich sehr niedrigen Zinsen »supergünstige« Immobilien angeboten, die man über eine Bank finanzieren kann. Dubiose Finanzvermittler raten den Menschen, schnell noch Schulden zu machen, um dann aus einer Währungsreform Kapital zu schlagen.

Diese Argumentation ist einfach und falsch zugleich: »Sie machen jetzt ordentlich Schulden und kaufen eine Immobilie. Dann warten Sie auf die Währungsreform, wodurch die Schulden gestrichen werden aber die Immobilie bleibt!«

Solche hoch unseriösen Aussagen begegnen einem sehr oft und sind erschreckend, auch wenn im ersten Augenblick sogar eine gewisse Logik zu erkennen ist. Leider haben sich viel zu wenige Menschen mit den Abläufen der vergangenen Währungsreformen auseinandergesetzt, sonst wüssten sie, dass Schulden meist in einem anderen Verhältnis getauscht wurden als die Guthaben.

Bitte stellen Sie sich folgende Situation vor:

Eine Person verfügt über 100.000 Euro Guthaben auf Konten oder in Form von Geldanlagen und hat gleichzeitig ein Darlehen von 100.000 Euro laufen. Dieser Bürger ist also (auf neudeutsch) »safe«, da beide Konten deckungsgleich sind.

Wenn nun im Rahmen einer Geldreform alle Guthaben auf 10 Prozent reduziert werden und parallel dazu die Schulden auf 50 Prozent, bekommt unsere Beispielperson ein Problem, denn jetzt hat sie 50.000 Euro Schulden und nur noch 10.000 Euro Guthaben, egal, ob die Nachfolgewährung einen anderen Namen hat oder nicht.

Nun kann man natürlich damit »argumentieren«, dass die Immobilie ein Sachwert sei und die Preise sich um die Abwertungsquote erhöhen müssten. Klingt auch erst einmal logisch, doch bedenken Sie bitte eines: Es besteht die große Gefahr, dass die Immobilienpreise noch erheblich sinken (aus der Sicht des Jahres 2007), denn immer mehr Menschen können schon heute systembedingt kaum noch ihre Schuldenbelastungen tragen.

Termine für Zwangsversteigerungen nehmen zurzeit gnadenlos zu und erhöhen das Angebot an Immobilien immens. Im Fall einer Währungsreform könnten die Preise kurzfristig ins Bodenlose fallen. Die Banken würden dann die Immobilien »verwerten«, *bevor* die

Preise wieder anziehen. Kurz: Das Haus ist weg, und die Schulden bleiben.

Eine Anlage in Immobilien macht durchaus Sinn, wenn man sehr hohe Eigenkapitalquoten einhält (zum Beispiel 70 Prozent).

Die meisten Menschen können das aber nicht mehr, da ihnen das Geldsystem bekanntermaßen ihr erarbeitetes Vermögen über die hohen Zinsanteile im täglichen Konsum, Steuern oder durch direkte Kredite wieder abnimmt.

Da bietet sich eher eine unternehmerische Immobilienbeteiligung an, wie man sie im Markt finden kann. Entscheidend ist dabei, dass solche Konstruktionen mit hohen Eigenkapitalquoten operieren. Auch darauf möchte ich später noch eingehen.

Bei der Beantwortung der Grundfrage, wie denn eine solche Währungsreform vollzogen werden könnte, möchte ich wieder auf den obigen Gesetzesauszug verweisen.

Im Absatz 2 werden die Kapitalanlagen dezidiert aufgeführt, die als am riskantesten im Rahmen einer Währungsreform zu bezeichnen sind. Hier finden wir nur Sparanlagen, die nicht mit irgendwelchen Sachwerten unterlegt sind. Lesen Sie bitte diesen Absatz genau durch, um zu kontrollieren, ob auch Sie sich in diesen »Gefahrenanlagen« bewegen.

> *»Manchmal kann man die Vergangenheit mit den Sinnen festhalten; Die eine riecht nach wohltuender Erinnerung, die andere stinkt zum Himmel.«*
> **Ernst R. Hauschka**

Mir ist klar, dass diese Aussagen (deshalb gebe ich auch einmal eine Quelle bekannt, nämlich einen Gesetzestext) sehr kurios klingen, weil man den Menschen doch genau diese Sparformen als besonders sicher verkauft. Die Realität ist aber nun einmal so, dass gerade eine »mündelsichere« Anlage in Form von Bundesschatzbriefen oder ähnlichen Rentenpapieren besonders *gefährlich* ist. Da können wir aus den vergangenen Reformen eine Menge lernen, dass eine staatliche Garantie eines insolventen Staates keinen Wert hat.

Wir können eindeutig festhalten, dass alle Geldanlagenangebote, die mit »Garantien« und/oder festen Zinsen locken, grundsätzlich von einer Währungsreform betroffen sind, ob es sich dabei nun um klas-

sische Lebensversicherungen, Genussscheine oder sogar Staatspapiere handelt.
Vergessen Sie bitte niemals das Privileg zum Gelddrucken, das die Notenbanken jederzeit nutzen können und werden. Eine plötzliche Hyperinflation könnte binnen weniger Minuten einen Zusammenbruch des Finanzsystems zur Folge haben. Wenn dieser Punkt erreicht wäre, hätte niemand mehr eine Chance, seine Kapitalanlagen zu decken, um sie zu sichern.

Gehen Sie davon aus, dass dieser Punkt jederzeit eintreten könnte und es keine deutlicheren Vorwarnungen geben wird, als wir sie heute vorfinden, wenn wir die Nachrichten ein wenig interpretieren.

In den Großbanken dieser Welt werden auf jeden Fall permanente Krisensitzungen zu diesem Themenkomplex abgehalten, die natürlich nicht großflächig an die Öffentlichkeit kommen. Das sollte man sehr ernst nehmen.

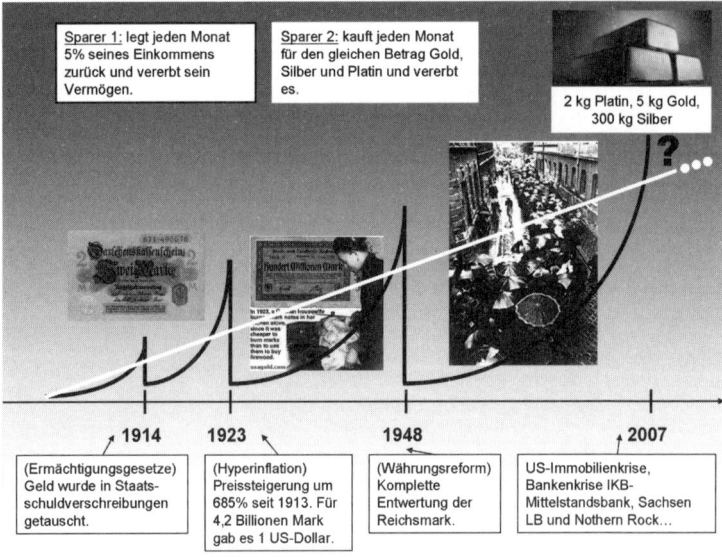

Dieses Schaubild zeigt die Währungsreformen der vergangenen rund 100 Jahre allein in Deutschland. Der Sparer Nummer 1 (und dessen

Nachkommen) vertraute auf das Geldsystem und investierte in verzinsliche Geldanlagen. Die Folge war eine regelmäßige Vernichtung des Vermögens. Sparer 2 vertraute diesem Geldsystem nicht und kaufte regelmäßig Edelmetalle in physischen Barren von seinem Geld. Er hatte keine Verluste über den gesamten Zeitraum. Natürlich unterliegen die Edelmetallpreise einer Angebot- und Nachfragesituation, dies aber nur monetär. Die eigentlichen Werte »Edelmetalle« bleiben grundsätzlich erhalten.

Wie wird eigentlich die Geldmenge konkret erhöht?

Die Antwort ist grundsätzlich sehr einfach zu verstehen aber auch komplex. Man müsste also mächtig ausholen und könnte allein über diesen Vorgang einige Bücher schreiben. Das ist aber überhaupt nicht mein Anliegen, denn ich möchte vielmehr interessierte Menschen mit *einfachen* Aussagen erreichen. Meine Zielgruppe sind alle Menschen, egal, ob es sich dabei um Universitätsprofessoren für Volkswirtschaft oder Bandarbeiter mit Hauptschulabschluss handelt. Grundsätzlich sind auch alle Menschen in der Lage, die Zusammenhänge zu verinnerlichen, aber dazu brauchen sie nicht nur einen klaren Kopf, sondern auch ihre fünf Sinne und Intuition.

Unsere Bildungssysteme produzieren leider nur noch Experten, die den Wald vor lauter Bäumen nicht mehr sehen. Eine Sinnhaftigkeit der Wirtschaft wird kaum noch hinterfragt, außer von jenen, die sich von den Medien weitgehend gelöst haben.

Universitäten produzieren meist nur noch »großkopfige Schrumpfherzen«, die dann die Welt regieren.

Um auf die Frage einzugehen, *wie* die Geldmenge erhöht wird, möchte ich vorab erläutern, dass wir zwei Möglichkeiten der Geldschöpfung kennen.
    Die erste Form bezieht sich auf die privaten Kreditvergaben, die sich aus dem angelegten Teil der Bankkundengelder ergeben.

Der zweite Teil bezieht sich auf die Volksverschuldung durch die Regierungen, die wir etwas abstrakt *Staatsverschuldung* nennen. Das Wort »Staat« heißt eigentlich »Volk«, aber die Bürger haben ja keine Schulden gemacht. Das waren die Regierungen, die sich als *Volksvertreter* bezeichnen.

Fangen wir mit der ersten Art an, da die meisten Menschen diese Form täglich erleben können, auch wenn sie den Vorgang an sich kaum durchblicken.

Der meistverbreitete Irrglaube der unbedarften Bürger ist, dass die Banken das Sparvermögen ihrer Kunden verwalten und dafür einen kleinen Zins an die Anleger zahlen. Nun verleihen sie dieses Geld an *andere* Personen in Form von Krediten, die einen höheren Zins an die Bank zahlen müssen. Von dieser Zinsdifferenz leben die Kreditinstitute.

Dieser Geschäftsanteil ist nur verschwindend gering im Vergleich zu den »Techniken«, die man nicht gleich erkennen kann.

Das Bankgeschäft ist ein wenig komplexer. Nehmen wir eine kleine fiktive Bank mit nur zehn Kunden, die jeweils 10.000 Euro zum Beispiel in verschiedenen Sparbüchern oder Sparbriefen angelegt haben. Dadurch verfügt die Bank über ein Anlagevermögen von 100.000 Euro.

Dieses Geld wird nun »gehebelt«, was nichts anderes heißt, als dass die Bank auf diese 100.000 Euro weitere beispielsweise 1.000.000 Euro (Hebel 10) von ihrer Notenbank (zum Beispiel EZB) aufnehmen kann, um dann dieses Geld an neue Kreditkunden zu verleihen. Diese 1.000.000 Euro existierten aber vor diesem Vorgang noch gar nicht, sondern wurden durch die Notenbanken neu »produziert« und über die Kreditvergabe der Geschäftsbank in den Markt gepumpt.

Dadurch erhöht sich natürlich die Geldmenge verglichen mit den Waren und Dienstleistungen des Staates, und es bildet sich ein neuer erhöhter Preis für das Marktangebot, wie ich in den Lektionen beschrieben habe (Inflation).

Geld und Wirtschaft

Das Volumen der Güterproduktion der Industrieländer hat sich in den letzten 30 Jahren vervierfacht...

Das Geld- und Kreditvolumen hat sich in dieser Zeit vervierzigfacht!

Quelle: Roland Baader „Geld, Gold und Gottspieler"

Möchten die Notenbanken mehr Geld in die Wirtschaft einbringen, machen sie einen Deal mit den Regierungen, der eigentlich permanent und automatisiert abläuft. Das geht folgendermaßen:

Die Regierungen nehmen zwar viele Steuern von den Bürgern ein, das Geld reicht ihnen aber nicht. Wenn die Steuereinnahmen nicht genügen, um die aus dem Ruder gelaufene (meist sinnlose) Staatsadministration zu finanzieren, werden kurzerhand Kredite aufgenommen, jedoch *nicht direkt* bei den Banken.

Nein, das Volk wird angepumpt, das eigentlich schon Schwierigkeiten hat, die »normalen« Steuerlasten zu tragen. Deshalb werden diese Staatskredite marketingkonform auch nicht als »Schulden« bezeichnet, sondern zum Beispiel als Bundesschatz- oder Pfandbriefe, kurz »mündelsichere Staatspapiere«.

Spielen wir ein Beispiel durch:
Der Staat will im Jahr 2002 Schulden in Höhe von einer Milliarde Euro im Markt aufnehmen und wirbt mit entsprechenden Bundeswertpapie-

ren, die von den Bürgern gekauft werden sollen. Nehmen wir weiter an, die Menschen erwerben für 100 Millionen Euro diese Papiere vom Staat, der ihnen dafür »ordentliche« Zinsen bietet.

Die meisten Personen wissen übrigens gar nicht, dass sie solche Papiere kaufen, denn das machen oft ihre Lebensversicherungen aus den Prämien, welche die Kunden jeden Monat einzahlen. Diese Staatspapiere werden als besonders sicher bezeichnet, da dort Garantien gezahlt werden und der Staat angeblich nie pleite gehen kann (ich weiß nicht, wie lange sich dieses Gerücht noch halten wird, nachdem ich oben bereits aufzeigte, wie oft allein der deutsche Staat schon in den letzten 100 Jahren in »Konkurs« ging).

Wer jetzt noch seine Lebensversicherung für sicher und solide hält, sollte diesen Absatz noch einmal lesen!

Doch zurück zum Beispiel:
Wer kauft die restlichen 90 Prozent der Bundeswertpapiere? Schließlich fehlen noch 900 Millionen in der Staatskasse?

Die kaufen dann die Notenbanken und übergeben dem Staat einen Scheck über die fehlenden 900 Millionen. Dummerweise ist dieser Scheck nicht gedeckt, aber das macht ja nichts, denn die Notenbanken haben ja die Lizenz zum Gelddrucken.

Die Regierung nimmt den Scheck auf jeden Fall gern an und leitet ihn an die Geschäftsbanken weiter.

Bitte versuchen Sie, liebe Leserinnen und Leser, keine Logik in diesen Vorgängen zu erkennen, denn es geht lediglich um »Nebelbomben«, damit möglichst kein Bürger diese unglaubliche Logistik erkennt.

Nun haben die Banken wieder neues Anlagekapital und *hebeln* diese 900 Millionen wieder auf zum Beispiel neun Milliarden.

Diese neun Milliarden Euro stehen nun als neuer Kredittopf zum »Verleihen« zur Verfügung. Wer sind nun die Menschen, die dieses Geld gegen teure Zinsen leihen? Natürlich die Bürger, die jetzt diese zusätzlichen Zinsen zahlen müssen.

Entscheidend bei diesem ganzen Vorgang ist aber, dass nun die Geldmenge bei unveränderter Marktkraft erhöht wurde und eine gewollte Inflation einleitet, wie ich schon ausgiebig beschrieben habe.

Diese von der Regierung inszenierte Inflation ist eigentlich die höchste Steuer, die der Staat einnimmt. Seit Einführung des Euro im Jahr 2002 hat diese Währung bis 2007 mehr als 50 Prozent ihrer Kaufkraft verloren – oder anders ausgedrückt: Der Staat bräuchte schon nach fünf Jahren nur noch 500 Millionen zurückzuzahlen, obwohl er eine Milliarde aufgenommen hat.

2005 gab ich zu diesem Thema einmal ein kurzes Interview in einem Magazin:

Bundesschatzbriefe sind verboten!

Interview mit Andreas Popp, Dozent für Makroökonomie

Lifestyle: *In einigen Ihrer Vorträge gehen Sie immer wieder auf die Überregulierung unserer Republik ein. Ihre Aussage, dass Staatsanleihen eigentlich gegen unser gültiges Recht verstoßen, ist schon sehr provokant.*
Was meinen Sie damit?

Popp: *Leider erreicht man die Öffentlichkeit nur noch durch Provokation. Die Massenmedien haben uns massiv abstumpfen lassen. Aber zurück zu Ihrer Frage:*
Nahezu alle Staaten leben über ihre Verhältnisse. Die Folge ist eine massive Staatsverschuldung, sprich, die Bürger von heute müssen die Schuldzinsen (von Tilgung redet kaum noch jemand) für die Vergangenheit bezahlen. Die heute geborenen Menschen werden dann in Zukunft für unser aktuelles Fehlverhalten in der »Geldmengenpolitik« gerade stehen müssen.
Der Staat verschuldet sich auch über sogenannte Staatsanleihen.
Diese Anleihen wie zum Beispiel Bundesschatzbriefe oder Pfandbriefe sind eigentlich nur Kreditgeschäfte. Der Bürger verleiht dem Staat Geld, der sich zur Rückzahlung nebst Zinsen

verpflichtet. Für diese »mündelsicheren« Kapitalanlagen bürgt der Staat mit zukünftigen Steuereinnahmen, die von den Bürgern (da steckt schon das Wort »Bürge« drin) erbracht werden müssen.
Das ist normalerweise verboten!

Lifestyle: *Wie meinen Sie das?*

Popp: *Ganz einfach. Kreditverträge zu Lasten Dritter verstoßen klar gegen die Gesetze. Wenn ich mir von einem Bekannten Geld leihen würde, könnte ich nicht einfach irgendeinen anderen Bekannten als Bürge für diesen Kreditvertrag einsetzen, ohne ihn zu fragen.*
Genau das macht die öffentliche Hand. Man leiht sich einfach von den Menschen Geld und setzt den Steuerzahler als Bürgen ein. Ich bin nie dazu gefragt worden, ob ich für diese »Darlehen« geradestehen möchte.

Lifestyle: *Das ist ja eine spannende Betrachtungsweise. Wollen Sie etwas dagegen unternehmen?*

Popp: *Natürlich nicht, ich will nur deutlich machen, wie wenig Fragen wir stellen bei offensichtlich »normalen« Vorgängen.*
Der Staat druckt einfach Geld, wenn er welches braucht, und der Bürger muss dann für diese »Neuverschuldung« geradestehen. Die Folge ist dann eine Inflation, die die Sparguthaben der Menschen entwertet.
Es ist so wichtig, sich über diese Zusammenhänge klar zu werden, wenn man nicht zu den totalen Verlierern einer Währungsreform gehören möchte.

Lifestyle: *In Ihrem Buch »Brot und Spiele, Schadlos durch die Wirtschaftskrise« gehen Sie mit dem Thema »Geldmengenpolitik« und Inflation heftig ins Gericht.*
Wann erwarten Sie denn den von Ihnen prognostizierten

großen Crash?

Popp: *Mir liegt sehr daran, deutlich zu machen, dass ich mir nicht einen unvorbereiteten Crash des Geldsystems wünsche, aber die Realität ist nun mal klar. Kein ernstzunehmender Wissenschaftler glaubt an eine Problemlösung der Wirtschaftskrise nach heutigem Geldsystem. Es geht nicht mehr um das Ob, sondern um das Wann.*

Ich definiere die Geldentwertung (die durch den Staat geregelt wird) wie folgt:

»Inflation ist der Zeitraum zwischen zwei Währungsreformen«

Lifestyle: *Was kann der normale Mensch denn tun?*

Popp: *Klar handeln! Wir müssen der Realität in die Augen sehen. In meinem oben genannten Buch, das zur Zeit übrigens bei Amazon auf Rang elf der deutschen Wirtschaftsbücher steht, erkläre ich einfach und klar die Zusammenhänge der politischen und wirtschaftlichen Systeme. Außerdem bieten wir Verbraucherseminare zum Thema »Eigenverantwortliches Handeln« in ganz Deutschland an.*

Lifestyle: *Können Sie denn für unsere Leser nicht wenigstens ein paar konkrete Aussagen im Vorfeld machen?*

Popp: *Alle normalen Kapitalanlagen und Sparformen müssen auf den Prüfstand. Lebensversicherungen, Bausparverträge, Sparbriefe, Staatsanleihen, Rentenfonds sollten in vielen Fällen verändert bzw. aufgegeben werden, weil diese Anlagen eben nicht so rentabel und auf keinen Fall sicher sind!*

Eine kompetente Prüfung der privaten Finanzunterlagen sollte aber immer vorangehen.

Lifestyle: *Doch wer ist ein kompetenter Berater? An wen soll* *man sich wenden?*

Popp: *Erst einmal an niemanden. Der beste Berater ist man selbst. Eigenverantwortliches Handeln ist das A und O! Ich kann die Menschen nur auffordern, sich selbst zu informieren und sich nicht jedem Produktanbieter anzuvertrauen. Ich habe zu oft Banker und sonstige »Experten« gesehen, die das Vermögen ihrer Kunden und auch ihr eigenes Geld durch inkompetente Anlagen vernichtet haben.*

Sie sollten neben diesen Aussagen ebenfalls realisieren, wie der Staat im Verhältnis zu den Bankensystemen immer mehr an Einfluss verliert. Ich frage mich oft, warum so wenige Menschen bemerken, dass die Regierungen nur noch zu untergeordneten Abteilungen des Finanzsystems geworden sind und von mir längst nicht mehr als Volksvertreter bezeichnet werden.

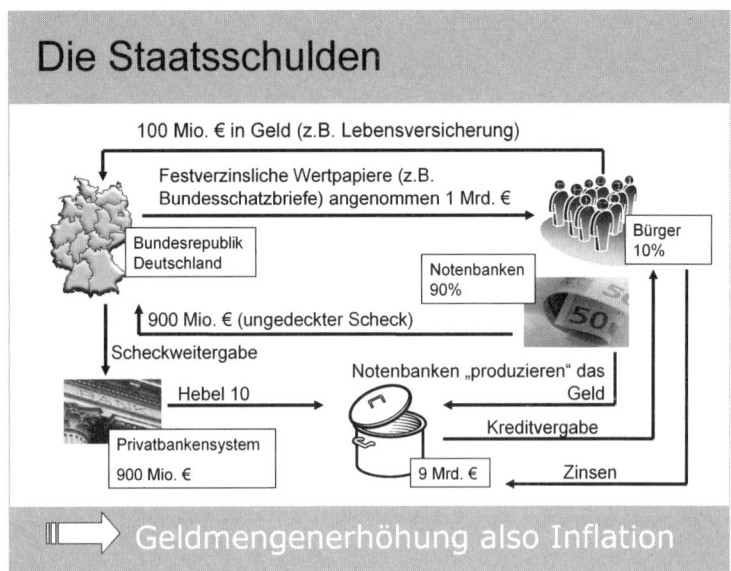

Natürlich sind die eigentlichen »Drahtzieher« der Notenbanken (und deren Geschäftsbanken), die niemals in der Öffentlichkeit auftauchen, längst an allen Konzernen (die man modern Global Player nennt) dieser Welt maßgeblich beteiligt, auch wenn man durch die massiven Kapitalverflechtungen diese Zusammenhänge nur schwer herausbekommt.

Ob Rüstungs-, Pharma- oder Energieunternehmen: Wo es etwas zu verdienen gibt, sind sie dabei und ziehen die Fäden.

> *»Volkswirtschaft ist die Lehre von der Notwendigkeit, dass der Mensch ein Auto braucht, um Geld zu verdienen, damit er sich ein Auto kaufen kann.«*
> **Robert Lemke**

Was passiert, wenn die Menschen ihre Zinsen nicht mehr bezahlen können?

Diese Frage liegt wirklich auf der Hand, wenn man die jetzige wirtschaftliche Gesamtsituation geistig weiterprognostiziert.

Beim Durchstöbern der heutigen Werbeangebote, die bekanntlich jeder Tageszeitung beiliegen, war ich wirklich erschrocken.

Diese Angebote aber auch die Werbung in den elektronischen Medien sind sehr aussagekräftig im Hinblick auf die aktuelle Konjunkturlage.

Ich habe mich vor Jahren entschieden, die Massenmedien nicht mehr als Nachrichtenquelle zu nutzen, aber hin und wieder ermittle ich unsere Situation auch gern auf diesem Wege.

Ein großes Möbelhaus in unserer Nähe annoncierte in einer riesigen Werbebeilage seine neuesten Produkte. Alle Endpreise waren durchgestrichen, und darunter standen in großen Lettern die Kreditraten, wenn man dort etwas kaufen würde. Keine Anzahlung und Null Prozent Zinsen, obwohl die Endpreise schon teilweise über 50 Prozent herabgesetzt waren. Es waren dort Angebote zu finden, Sofas oder Schränke im Gesamtwert von 140 bis 1.000 Euro mit Kreditverträgen über 60 Monate zu finanzieren. Da ergeben sich dann Raten von 3,50 Euro bis 20 Euro pro Monat für den Kunden.

Nicht einmal eine Selbstauskunft forderte das Möbelhaus von den Kunden.

Fünf Jahre Finanzierungszeitraum für ein 140 Euro teures Sofa – das bezeichne ich als Wahnsinn. Wir erkennen deutlich, dass die USA in vielen Bereichen eine Vorreiterrolle spielen, die sich nicht nur auf Fastfood und Daily Soaps im Fernsehen beschränkt.

Ich ging sofort in dieses Möbelhaus und wollte die Menschenmenge mit eigenen Augen sehen, die diesen Angeboten folgt. Nichts dergleichen: Ich fand trotz dieser vermeintlichen »Superangebote« nur gähnende Leere auf den Verkaufsflächen vor, abgesehen von den Beratern, die sich die Beine in den Bauch standen.

Vermutlich können viele Menschen selbst zu diesen Konditionen nicht mehr konsumieren, denn allein die Kosten für Energie, wie Benzin und Heizung, aber auch andere Produkte, die zu den Grundbedürfnissen gehören, sind extrem gestiegen. In den Lektionen dieses Buches *Inflation*, *Deflation* und *Stagflation* habe ich die Ursachen dafür sehr deutlich gemacht.

Wie oft höre ich in persönlichen Gesprächen mit ganz normalen Menschen, dass sie einfach nicht mehr weiter wissen.

Deshalb halte ich die Frage für absolut berechtigt, was passiert, wenn die Menschen die hohen Zinsanteile, die bei den lebenswichtigen Endprodukten letztlich die Preise explodieren lassen, nicht mehr zahlen können.

An dieser Stelle möchte ich mich einer besonders heiklen Form unserer »Wirtschaftszerstörung« widmen, dem Cross Boarder Leasing:

Nehmen wir als Beispiel eine fiktive Kleinstadt in Deutschland. Über die letzten Jahrzehnte wurde dort aus Steuergeldern eine Infrastruktur errichtet. Da gibt es ein öffentlich rechtliches Nahverkehrsunternehmen, Museen und neben weiteren Errungenschaften auch ein Wasserwerk.

Dieses Werk liefert den Bewohnern gegen eine Gebühr täglich das Leitungswasser, eine der wichtigsten Grundlagen des organischen Lebens. Deshalb ist es meines Erachtens auch so wichtig, dass dieses Wasserwerk den Bürgern gehört, die es schließlich bezahlt haben.

Da der Staat aber durch die Verschuldung bei den von ihm geschaffenen Bankensystemen in einer finanziellen Krise steckt, gilt dieses Kostenproblem natürlich auch für das Wasserwerk.

Jetzt kommt ein US-amerikanischer *Investorenfonds* ins Spiel, der dem Wasserwerk anbietet, das ganze Unternehmen per Leasingvertrag zu übernehmen. Es wird also ein Vertrag geschlossen, indem sich der US-Fonds gegenüber dem Wasserwerk verpflichtet, eine monatliche Leasingrate zu zahlen. Diese Verträge können viele Jahrzehnte Laufzeit haben, sind sehr umfangreich und von keinem deutschen Bürger einzusehen.

Nun steht das Wasserwerk aber vor einem Problem, denn es muss ja weiterhin für die Wasserversorgung der Bürger sorgen.

Also least das deutsche Werk nun sein eigenes Unternehmen wieder zurück, wobei die Leasingraten durchaus identisch sein können.

Die Amerikaner zahlen zum Beispiel 200.000 Euro im Jahr an das Werk, und dieses zahlt im Gegenzug 200.000 Euro zurück.

Welchen Sinn macht das Ganze aber?

Der Deal ist einfach: Der US-Fonds setzt seine Leasingraten von den amerikanischen Steuerbehörden ab und lässt das Wasserwerk in Deutschland an den Steuerrückflüssen partizipieren, zum Beispiel mit 50.000 Euro im Jahr.

Dieses Geld ist also eine Mehreinnahme für das deutsche Regionalunternehmen, das »nur« durch eine für die Bürger undurchsichtige Vertragskonstellation bewerkstelligt wird.

Ist das Spiel hier zu Ende? Eher nicht, denn der US-Investorenfonds *beleiht* nun das Wasserwerk zum Beispiel bei einer amerikanischen Bank. Dieses Geld lässt sich natürlich hervorragend zur weiteren Geldmengenerhöhung in den USA nutzen, um weiterhin alle anderen Länder leer zu kaufen (oder die Kriege damit zu finanzieren?!).

Das Hauptproblem liegt nun in der deutschen Kleinstadt, denn die Frage die sich aufdrängt, lautet: Wie kann ein US-Fonds ein Wasserwerk in Deutschland beleihen, wenn es gar keinen Eigentumsübergang gegeben hat?

Auch hier hat das Geldmonopol wieder mächtig Einfluss genommen. Sollten sich die Bürger irgendwann weigern, ihre systembedingten Zinslasten zu bezahlen, die ja in jedem Produkt und den Steuern enthalten sind, könnte man ja auf die Idee kommen, das Wasser abzustellen?!

> »Wer die Dumm-
> köpfe gegen sich hat,
> verdient Vertrauen.«
> **Jean-Paul Sartre**

Dann wird es richtig eng. Klingt wie Science Fiction, könnte aber Realität werden.

Auch viele andere Versorgungsunternehmen könnten auf diese oder ähnliche Weise den Eigentümer wechseln.

Ich denke da nur an das Unternehmen mit dem »Grünen Punkt«, das für viel Geld auf Steuerzahlerkosten finanziert wurde, um dann an US-Investoren verscherbelt zu werden. Ganze Stadtteile von Dresden wurden an solche amerikanischen Unternehmen verschleudert. Der Preis waren immer nur wertlose US-Dollar, die unsere Inflation anheizen. Die Politiker brüsten sich dann mit außerordentlichen Einnahmen, die sogar zu einem fast ausgeglichenen Haushalt führen können. Letztlich wurde aber nur das *Tafelsilber* der Bürger verkauft.

Wenn Sie mit Ihrem Umfeld über diese Themen sprechen, ernten Sie oft nur Kopfschütteln.

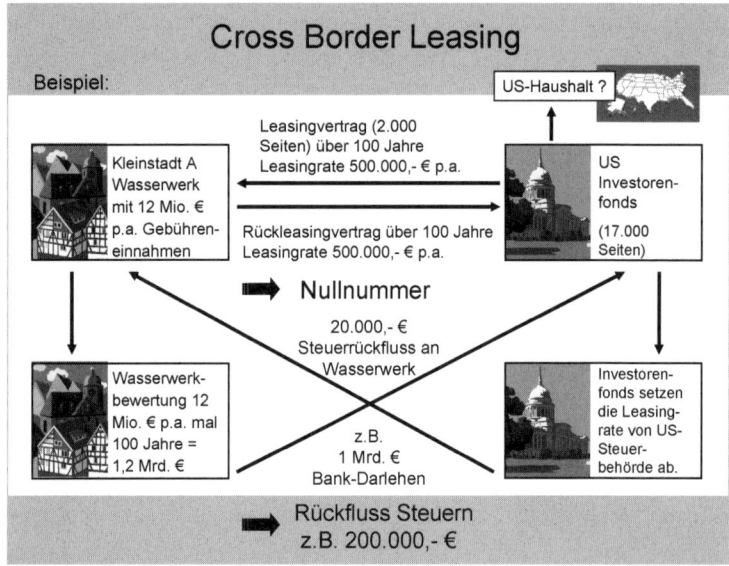

Wird es einen neuen Edelmetallstandard geben?

Die Ursache der von mir beschriebenen Weltsituation, die man wahrlich als dramatisch bezeichnen kann, ist grundsätzlich der Warenwert des Geldes, da das Material (Gold) der Währung selbst dem Nachfrage- und Angebotsprinzip unterliegt. Wozu das führt, brauche ich nun wirklich nicht zu wiederholen, da in den Lektionen alle Zusammenhänge aus meiner Sicht beschrieben wurden. Es muss verstanden werden, dass eine Edelmetallwährung definitiv keine finale Lösung im Sinne einer vernünftigen Wirtschaft sein kann. Im Gegenteil: Sie ist der Hauptgrund für die massiven Ungerechtigkeiten auf dieser Erde. Eine echte Zirkulation der Geldmenge sowie die Maßstabsfunktion, um Waren und Leistungen zu bewerten, sind nicht gegeben.

Der einzige Vorteil einer goldgedeckten Währung wäre die Beschränkung der Geldmengenerhöhung durch die Banken, wenn sie sich daran halten würden, was bisher sehr selten der Fall war.

Wir müssen zwischen zwei Währungsarten unterscheiden, die auf physischen Edelmetallen basieren:

Die erste Systematik unterlegt dem Geld eine prozentuale Edelmetallquote. Diese Währungsart lag zum Beispiel dem Bretton Woods Abkommen aus dem Jahr 1944 zugrunde, die ich schon beschrieben habe. Ein Goldstandard (sprich die prozentuale Quote) wurde mit 25 Prozent vereinbart, auch wenn sich die Amerikaner nicht daran gehalten haben.

Aber selbst wenn die FED eine ehrliche und transparente Geldmengenpolitik betrieben hätte, entsteht bei einer Quotenunterlegung grundsätzlich ein großes Problem.

Auf welcher »Gold-Preisbasis« werden diese 25 Prozent festgelegt? 1944 lag der Goldpreis pro Feinunze (ca. 31 Gramm) bei unter 40 US-Dollar.

Man legte damals also diesen Preis für die 25-prozentige Goldunterlegung fest.

Nun unterliegen natürlich alle Waren (und somit auch das Gold) einer eigenen Nachfrage. Besonders in politisch und wirtschaftlich bewegten Zeiten besinnen sich erfahrungsgemäß viele Menschen auf die Sicherheit des gelben Edelmetalls.

Die dadurch ausgelösten Preissteigerungen können dazu führen, dass der Goldunterlegungsteil der Währung teurer wird als die nominale Kaufkraft des eigentlichen Dollars.

Als 1969 der damalige französische Präsident Charles de Gaulle von seinem Einlösungsrecht Gebrauch machen wollte, war der Goldanteil des Dollars »höherpreisiger« als der Dollar selbst, was vermutlich auch ein Grund für die USA war, das Umtauschrecht *widerrechtlich* einzustellen.

Entscheidend bei diesen Ausführungen ist, dass ein prozentualer Goldstandard grundsätzlich nicht nachhaltig sein kann, da die Preisentwicklungen des Metalls die Währung im Sinne eines Wertmaßstabes von Waren und Leistungen massiv stören.

Die zweite Form eines edelmetallgedeckten Geldes wäre zum Beispiel eine reine Gold- oder Silberwährung. Das System ist einfach: Gold ist Geld, und Geld ist Gold!

Es gibt hierbei keinen Quotenstandard mehr, sondern man leitet die Kaufkraft des Geldes einfach vom jeweiligen Goldpreis ab. Steigt der Preis für das edle Metall, wird die Kaufkraft des Geldes höher, im umgekehrten Fall niedriger.

Auf den Münzen oder Lagerscheinen wäre also nur noch eine Gramm- oder sogar eine Milligrammgröße des Metalls angegeben.

In dieser Form hätte man zumindest das oben beschriebene Problem durch die sich verändernden Preise geregelt. Vor allem aber wäre die essentiell wichtige Zirkulation des Geldes in der Wirtschaft nach wie vor ungelöst.

Viele Menschen könnten das Geld, das sie zurzeit nicht brauchen, schlicht zu Hause horten, was zu einer dramatischen Deflation führen würde.

Und obwohl ich von einer edelmetallunterlegten Währung überhaupt nicht überzeugt bin, halte ich eine solche Lösung für sehr wahrscheinlich, wenn auch nur übergangsweise.

Die Menschen sind einfach zu oft von den Banken und »deren« Staatsregierungen betrogen worden und werden einem komplett neuen Geldsystem (nach den in meinen Lektionen vorgegebenen Statuten) eher nicht zustimmen.

Sie verstehen in der Menge nicht, dass unser jetziges Geldsystem auf einen Goldstandard aufgebaut wurde, der lediglich von den Amerikanern »gekündigt« wurde, um mehr Geld drucken zu können. Schließlich geht es ja um den Aufbau einer Weltmacht.

Nach dem Wegfall des Umtauschrechtes Geld in Gold 1971 hätte eine komplett neue Währung auf diese Welt kommen müssen oder besser gesagt, viele verschiedene, die den Regionen entsprächen.

Aber da fast niemand dieses Geldmonopol versteht und die wirklich Verantwortlichen auch keine Informationen über die damals tragische Entwicklung kommunizieren ließen, blieb alles beim Alten.

Ich kenne sehr viele Menschen, die sich mit den Monetärsystemen nach bestem Wissen auseinandergesetzt haben, und diese favorisieren ganz deutlich einen neuen Goldstandard, um durch eine werthaltige Währung die Probleme der Inflation zu lösen.

Das sehe ich anders, obwohl ich die Investition in physische Metalle als *Sicherung* zurzeit sehr klar empfehle, um schadlos durch die Währungsreform zu kommen, die uns droht.

> *»Ein Politiker, den man nicht versteht, gilt immer als gebildet. Er kann später auch immer sagen, er hätte das, was gekommen ist, rechtzeitig angedeutet. Leider habe man ihn aber nicht verstanden.«*
> **Manfred Rommel**

Die Antwort auf die Frage lautet also:

Ja, ich glaube an einen neuen Goldstandard, auch wenn ich diese »Lösung« als nicht nachhaltig ansehe.

In der Vergangenheit gab es allerdings auch edelmetallunterlegte Währungen, die sehr lange stabil waren. Diese Zeitperioden werden von den Befürwortern eines Warengeldes gern vorgebracht, und diese Argumente sind volkswirtschaftlich auch nachvollziehbar. Die Schere Arm / Reich lässt sich dadurch aber nicht schließen.

Wenn sich allerdings immer mehr Menschen mit dem Thema Geld beschäftigen, können sie erkennen, dass ein Währungssystem unabhängig von Regierungen und/oder privaten Banken sehr wohl transparent
und fair im Sinne der Menschen umsetzbar wäre. Aber das dauert
wohl noch.

Wird es einen neuen Weltkrieg geben?

Meine kurze Antwort auf diese dramatische Frage: Ich glaube nicht!

Durch die Medien lassen die Geldmonopolisten massiv die Gefahr
eines neuen (am besten noch atomaren) drohenden Weltkrieges pro-
pagieren.
      Natürlich kann man eine solche Gefahr niemals ausschließen, aber
die derzeitige »Panikmache« lässt eine tatsächliche Kriegsgefahr aus
meiner Sicht eher unwahrscheinlich erscheinen.
      Vermutlich geht es nur darum, die Menschen in Angst und Schre-
cken zu versetzen, damit man den Überwachungsstaat weiter ausbau-
en kann, um das jetzige grausame Finanzsystem zu schützen.

In meinem Buch »*Das Matrix-Syndrom*« habe ich versucht, sehr pro-
vozierend unsere Manipulationen dieser Welt zu beschreiben.

Terror, Vogelgrippe, abschmelzende Polkappen, Grippepandemien
oder Waldsterben, alles Begriffe, die den Menschen Furcht einflößen.
Die Psychiaterpraxen haben Zulauf ohne Ende, und die esoterischen
Gruppen auf der ganzen Welt expandieren ebenfalls. Die Menschen
sind auf der Suche nach einem inneren Halt, da dieser Wahnsinn kaum
noch ertragen wird.

Ich glaube, wir brauchen vor allem einen klaren Kopf, mit dem wir
innerlich ganz aufgeräumt an die Ursachen unserer jetzigen Welt he-
rangehen.

Mein ernstgemeinter Rat an die Bürger ist einfach umsetzbar (oder
vielleicht nicht?):

»Lösen Sie sich von den Massenmedien, denn dadurch wird die Menschheit in den Abgrund getrieben. Es wird gelogen und manipuliert, was das Zeug hält, und die Drahtzieher sind immer (!) dieselben Personen!«

Leider sind die Menschen durch die Manipulationen des Fernsehens, Radios und der Zeitungen süchtig gemacht worden, und man muss sich eventuell *langsam* davon zu lösen versuchen.

Wenn Sie es schaffen, über einen Zeitraum von einem halben Jahr allein auf den Fernseher zu verzichten, werden Sie ein interessantes Erlebnis haben, wenn Sie ihn dann wieder einschalten. Sie werden nämlich feststellen, dass sie nichts versäumt haben.

Zurück zur Weltkriegsbedrohung.

Ich gehe davon aus, dass durch das weltweite (!) Geldmonopol nahezu alle Regierungen und Banken in »gewisser« Weise kooperieren, selbst wenn sie sich in den Medien als Todfeinde beschimpfen.

> *»Die Zukunft ist die Ausrede all jener, die in der Gegenwart nichts tun wollen.«*
> **Harold Pinter**

Wenn die Menschen diesen ungeheuren psychischen Druck nicht mehr aushalten, könnte man die Lösung einer neuen Weltordnung kolportieren, und nahezu alle Menschen würden hinterherlaufen, um ihren vermeintlichen Seelenfrieden wieder zu finden.

Wenn Sie sich dieses Szenario bitte einmal vorstellen wollen, liebe Leserinnen und Leser, sollte Ihnen spätestens jetzt mächtig flau im Magen werden.

Konkrete Fragen, um sich auf die nahe Zukunft vorzubereiten

Kurze Einleitung

Auch wenn viele meiner bisherigen Ausführungen hoffentlich sehr einleuchtend gewirkt haben, so ist doch die Umstellung auf ein vernünftiges, ehrliches und gerechtes Finanzsystem für einige Leserinnen und Leser eher schwer vorstellbar und ernüchternd.

Es ist meines Erachtens nach ein fataler Irrtum, wenn die Masse der Bürger glaubt, dieses Bankensystem und/oder die Politiker würden unsere Probleme schon »irgendwie« lösen. Leider sind die derzeit lebenden Menschen zu Passivität und Hilflosigkeit erzogen worden. Doch nicht bei allen wirken diese Manipulationen.

Auch mir fällt es sehr oft schwer, nicht aufzugeben und in Anbetracht der vielen Menschen, denen ich täglich begegne, weiter an einer gerechteren Welt mitzuwirken. Der einheitliche Tenor ist im ersten Augenblick verständlich:

»Das, was Sie da schreiben oder vortragen, klingt ja logisch und nachvollziehbar, aber was kann der Einzelne denn gegen die unglaubliche Übermacht des Geldmonopols tun?«

Die Folge dieser Gedanken ist dann Resignation, und der Verdrängungsmechanismus wird aktiviert.

Natürlich zweifele ich auch an einer zügigen Umsetzung meiner Ziele, aber aufgeben? Niemals!
Wir haben eine Verantwortung gegenüber unserer Welt und den nachfolgenden Generationen. Nichts zu tun, bedeutet, sich schuldig zu machen!

Selbst wenn viele Menschen innerlich aufgegeben haben, sind es bei weitem nicht alle. Die schlimmste Eigenschaft, die man haben kann, wenn man etwas verändern möchte, ist Ungeduld. Die meisten Menschen haben das Vertrauen in die Politik und Finanzsysteme längst verloren. Diejenigen, die an der Börse mit Aktien oder Derivaten das Spiel des Geldmonopols noch mit »Erfolg« spielen, werden auch nachdenklich, wenn sie nicht völlig »verstrahlt« sind.

Auch die sogenannten Reichen haben Kinder und Enkel und sind aus Fleisch und Blut. In vielen Vorträgen, die ich regelmäßig im deutschsprachigen Europa und Kanada auch vor erfolgreichen Managern halte, bekomme ich mittlerweile ebenfalls viel positives Echo.

Es geht eben nicht um eine Neiddebatte zwischen Arm und Reich, denn viele der erfolgreichen Menschen haben sich ihr Vermögen ehrlich und mit harter Arbeit verdient.

Ich möchte mit meinem Wirken auf alle (!) Menschen Einfluss nehmen, damit sie endlich anfangen, selbstständig zu denken und nicht mehr irgendwelche Medieninformationen nachplappern. Der Weg ist steinig, aber ich glaube an einen Erfolg, auch wenn es noch dauern wird. Ungeduld ist eben ein schlechter Ratgeber.

In Anbetracht der Tatsache, dass in *diesem* System keine nachhaltige Verbesserung der Lebensbedingungen möglich ist, werden immer mehr Menschen aufwachen.

Mit großer Freude lerne ich schon jetzt viele Menschen kennen, die schlicht die Nase voll haben und sich umorientieren wollen.

Wenn jeder Bürger bei sich anfängt, die Themen zu verstehen und vor allem diese Erkenntnisse mit seinem Umfeld diskutiert, entstehen sehr viele kleine Inseln von »intellektuellen« Menschengruppen, die sich irgendwann von »ganz allein« finden werden. Gegen diese Kraft, die sich dort entwickeln kann und wird, sind die extrem wenigen Geldmonopolisten vermutlich machtlos und müssen zurückrudern.

Die Zeit für Veränderungen liegt vor uns, und wenn die Menschen eine *lebenswerte* Zukunft wittern, werden sie »automatisch« aktiviert.

Wir sollten die Menschen insgesamt nicht unterschätzen, auch wenn viele von ihnen durch diese Welt ihre Lebensmotivation verloren zu haben scheinen. Im Inneren sehnen sich eigentlich alle nach Ruhe und Frieden.

Ich bin aber auch so realistisch zu erkennen, dass es noch einige Zeit in Anspruch nehmen wird, bis große Veränderungen umgesetzt werden können.

Deshalb möchte ich mit den folgenden Fragen und Antworten meine Meinung zum Besten geben, wie man sich jetzt erst einmal auf die nahe Zukunft in *diesem* System vorbereitet, denn man kann gar nicht ungeduldig genug sein, die auf uns zukommenden Probleme schnellstmöglich in den Griff zu bekommen.

Eine Währungsreform scheint in absolute Nähe gerückt zu sein, und viele Menschen könnten arm werden. Das muss aber nicht sein.

Was kann man jetzt tun, um in naher Zukunft nicht arm zu werden?

Mein bisheriger Themenkomplex bezog sich auf die Grundlagen der Wirtschaft, das Geldsystem und die Medienmanipulationen. Der eine oder andere Leser hat vielleicht schon das Buch zugeklappt, da es ihm zu »verschwörungstheoretisch« angelegt erscheint, andere haben eventuell das Lesen abgebrochen, weil ich nicht weit genug in die »Machtsysteme« einsteige.

In diesem Spannungsfeld bewegt sich jeder Autor, der seine Gedanken zu Papier bringt. Durch meine Polarisierungen bin ich noch ein bisschen mehr davon betroffen.

Jetzt möchte ich mich mit *den* Menschen beschäftigen, die mit mir erkennen wollen, dass es auf jeden Fall auf eine sehr bewegte Zeit hinauslaufen wird und dass unsere Politik nicht mehr in der Lage sein kann, durch Reformen innerhalb dieser Finanzwelt die Probleme nachhaltig zu lösen.

Die Parallelen zu den 1920er und 1930er Jahren sind unübersehbar. Die daraus resultierende Rezession (eine rückläufige Konjunkturlage), die wir deutlich entgegen allen Beteuerungen eines imaginären Wirtschaftsaufschwunges in den Medien zu verzeichnen haben, könnte sich zu einer Depression (einem Quasizusammenbruch der Konjunktur) entwickeln.

Sehr ernstzunehmende Wissenschaftler sprechen nicht nur häufiger hinter verschlossenen Türen von einer dramatischen Zukunft der Ökonomie. Dagegen könnten die 30er Jahre des letzten Jahrhunderts ein Waldspaziergang gewesen sein.

Ich halte wenig von Horrorszenarien, erkenne aber deutlich die besagten Parallelen, die aus meiner Sicht im *günstigsten* Fall »nur« auf eine Währungsreform hinauslaufen werden, bei der unvorbereitete Menschen eventuell ihr gesamtes erspartes Vermögen verlieren.

»Vorbereitung« ist also das Stichwort. In meinen vorherigen Büchern habe ich schon einige Informationen zum Thema »Nahrungsmitteleinlagerung« und Wasservorräte angesprochen.

Im *Bundesamt für Bevölkerungsschutz und Katastrophenhilfe* können Sie eine Broschüre anfordern, aus der deutlich hervorgeht, wie sich die Menschen auf eventuelle Krisenzeiten vorbereiten sollten. Auf Anfrage kann ich dieses Dokument gern als PDF-Datei per E-Mail an Leserinnen und Leser versenden lassen.

Beim Durchstöbern dieser Texte des deutschen Staates wird einem schon recht klar vor Augen geführt, womit man sich in den oberen Etagen der Politik beschäftigt.

Es ist natürlich klar, dass jede Regierung einen Katastrophenplan in der Schublade liegen hat, aber es ist auffällig, dass dieses Thema offenbar in den letzten Jahren sehr häufig verändert bzw. angepasst wurde.

Im Falle eines Währungszusammenbruches könnten schon sehr ernste Lieferengpässe in den Supermärkten auftreten, zumindest zeigen uns dieses die jüngeren Erfahrungen in anderen Ländern.

Trinken, Essen, Kleidung und ein warmes Plätzchen sind die Grundbedürfnisse eines jeden Menschen. Auch Haustiere sollten dringend berücksichtigt werden, wenn man sich auf eine kritische Zeit vorbereitet.

Ein Vorrat an dringend benötigten Medikamenten sollte ebenfalls angelegt sein.

Ein paar konkrete Tipps

Ernährung

Nahrung aus Konservendosen ist zeitlich nahezu unendlich genießbar, auch wenn seitens der Industrie versucht wird, durch Verfallsdaten auf den Behältern den ständigen Neukonsum in Gang zu halten. Das gleiche gilt für Trinkwasser. Es empfiehlt sich übrigens auch eine Keramikhandpumpe, mit der man zum Beispiel Flusswasser in Trinkwasser umwandeln kann. Diese Dinge gibt es in Läden für Trekkingzubehör.

Gemüse, Hülsenfrüchte, Nudeln, Reis usw. sollte aus meiner Sicht in großem Umfang gelagert werden. Die gute alte Kartoffelkiste könnte eine Renaissance erleben. Versuchen Sie, mindestens acht Wochen völlig autark ohne jeglichen Einkauf leben zu können.

Energie und Heizmaterial

Auch dieses wichtige Thema sollte dringend beachtet werden. Alternative Energieträger wie Solaranlagen auf dem Hausdach können durchaus sinnvoll sein, auch wenn ich nicht an eine *nachhaltige* staatliche Förderung durch das Energieeinspeisegesetz glaube. Allein die »eigene« Energie bedeutet ein Stück Unabhängigkeit. Natürlich gibt es nach genauerem Studieren der Möglichkeiten auch interessantere Energiegewinnungsmöglichkeiten, die hier im Einzelnen nicht aufgeführt werden können.

Ein einfaches Dieselnotaggregat kann vorübergehend auch sehr sinnvoll sein.

In bestimmten Geschäften lassen sich aus ausgemusterten Armeebeständen fossile Heizungen, Kochgelegenheiten etc. erwerben. Der schlichte Heizofen sollte heute zum Standard eines Haushaltes gehören. Entsprechendes Brennmaterial sollte nicht zu sichtbar gelagert werden.

Mobilität

Ein Fahrrad für jedes Familienmitglied sollte selbstverständlich sein, denn im Fall eines akuten Rohstoffmangels muss man eventuell darauf zurückgreifen. Ein sparsames Fahrzeug, zum Beispiel ein Dieselmotorrad, das auch mit normalem Pflanzenöl betrieben werden kann, ist im Notfall Gold wert. Innovative Spezialisten produzieren diese Zweiräder bereits.

Werkzeug und Material

Es versteht sich von selbst, dass man in Krisenzeiten diesbezüglich gut ausgerüstet ist. Eine gefüllte Werkzeugkiste sowie Holz in verschiedenen Formen, natürlich auch Klebeband, Draht, Schraubzwinge, Seile usw. sollten regelmäßig überprüft werden.

Während einer Krise geht es auf jeden Fall nur um diese Dinge und nicht um Geld, denn wer Hunger hat, wird sein Brot selbst behalten, egal, was man ihm bietet.

Unabhängig davon, wann uns eine Währungsreform ereilt und wie dieser Vorgang abläuft, bzw. welche »Gründe« man uns dafür in den Medien präsentiert: Es könnte sehr unangenehm werden. Ich gehe natürlich davon aus, dass das jetzige Geldmonopol bereits alle Vorbereitungen für eine Nachfolgewährung getroffen hat, denn dort weiß man nur zu gut, dass »seine« Finanzsysteme endlich sind und auf »Kollaps« angelegt wurden.

Da die Lebenszeiträume für ein Geldsystem, wie das aktuelle, für einige Jahrzehnte geplant werden, können sich das die meisten Menschen nicht ansatzweise vorstellen. Ein Nachfolgesystem wird dem derzeitigen übrigens vermutlich sehr ähnlich sein, ob nun mit oder ohne Goldstandard. Das Ziel des Geldmonopols der totalen Macht über alle Staaten dieser Erde wird man weiter verfolgen.

Sehr wichtig aus meiner Sicht ist die Überprüfung der Kapitalanlagen und Sparverträge der Bürger auf »Crashresistenz«, worauf ich in den nächsten Antworten eingehen werde.

Jeder Bürger ist nur für sich selbst verantwortlich, und diese Verantwortung kann er niemals abgeben, auch wenn es die meisten versuchen. In den Nachrichtensendungen wird man bis zum bitteren Ende die Probleme herunterreden und stattdessen immer öfter Anzeichen für eine echte Besserung proklamieren, und die Masse wird es aus Bequemlichkeit glauben.

Auch wenn 80 Millionen Menschen eine Dummheit sagen, bleibt es trotzdem eine Dummheit!

Die Masse hat sich in der Vergangenheit eigentlich immer täuschen lassen, und das scheint auch heute noch der Fall zu sein.

Eine eigene Meinung zu haben, die vom Mainstream abweicht, ist nicht unbedingt beliebt, also passt man sich nur allzu häufig wieder dem Umfeld an.

Bitte vergessen Sie aber nicht, dass nur vermeintliche Querdenker die Welt verändert haben, niemals (!) aber die Menschen, die mit der Masse geschwommen und überall nur »beliebt« sind.

Ich hoffe sehr, dass Sie, liebe Leserinnen und Leser, mit mir der Meinung sind, dass wir dringend etwas verändern müssen, um einer drohenden Massenarmut zu entgehen.

Welche Kapitalanlagen sind eigentlich sicher und welche nicht?

Kurze Antwort: Alle Sachwertanlagen sind grundsätzlich sicher, alle Geldanlagen nicht!

Wenn Sie meinen gesamten Ausführungen folgen wollen, stellen Sie fest, dass unser gesamtes Weltgeld (egal, welche Währung) nichts anderes darstellt, als wertlose Zettel, die man nach »Belieben« von Seiten der Notenbanken nachdrucken kann.

Jeder Mensch, der sich auf dieses System verlässt, gibt sich in die Hände der Notenbanker und deren Politiker und vertraut auf deren Fähigkeiten sowie deren vermeintliches Interesse, für die Menschen nur das Beste zu wollen.

Wenn Sie das glauben, brauchen Sie eigentlich nichts zu unternehmen. In diesem Fall hätten Sie aber das Buch wahrscheinlich ohnehin nicht gekauft oder nach den ersten Seiten zugeschlagen.

In unserer Weltgeschichte wurden die Menschen eigentlich immer von den herrschenden Personen be- und ausgenutzt, egal, um welches politische System es sich handelte.

Welche Kapitalanlagen sind denn nun geld-, und welche sachwertig?

In meinem Buch »*Brot und Spiele*« bin ich diverse konkrete Finanzprodukte durchgegangen und will daher nicht zu viel wiederholen.

Seit 2004, in dem das genannte Buch entstand, habe auch ich viele neue Erkenntnisse gewonnen und mich weiterentwickelt.

Zu den klassischen Geldanlagen gehören vor allem die Sparkonten, Sparbriefe, Bausparverträge sowie alle festverzinslichen Wertpapiere. Das könnten dann Rentenfonds, Bundesschatzbriefe oder Genussscheine sein.

Als Faustregel können Sie von einem währungsreformunsicheren Produkt ausgehen, wenn man dem Kunden einen festen Zins verspricht oder eine Kapitalgarantie (so etwas nennt man neudeutsch auch »Total Return« o. ä.).

Echte Garantien gibt es eigentlich gar nicht, denn solche Aussagen beziehen sich immer nur auf einen Geldbetrag, wobei man nie weiß, wie hoch die Kaufkraft zum Zeitpunkt der Auszahlung sein wird.

Da gerade in den letzten Jahren die amerikanische FED und deren »Aggregate«, wie die EZB, die japanische, chinesische und sogar die Schweizer Notenbank etc. vom »Privileg« der Geldmengenerhöhung (ohne (!) entsprechende Unterlegung) Gebrauch machten, müssen wir in solchen Endphasen eines Finanzwesens nur noch eins und eins zusammenzählen.

Ich sehne mir natürlich schon seit Jahren einen solchen »Zusammenbruch« herbei, da wir in diesem »Auslaufmodell« des US-zentrischen Systems nur noch die Fallhöhe heraufsetzen.

Jeder Bürger eines jeden Landes dieser Welt sollte sich nur klar darüber sein, dass sich am Tag X alle Sparvermögen in Null und Nichts auflösen könnten!

Die einzige Sicherheit kann also nur in den Sachwerten zu finden sein. Ein Klassiker dieser Anlage ist eigener Grund und Boden und eine schuldenfreie (!) Wohneinheit. In Deutschland möchte ich aber zumindest deutlich machen, dass aus meiner Sicht das Problem der »sogenannten« Verfassung dieses Landes sehr ernst zu nehmen ist.

In meinem Buch »*Das Matrix-Syndrom*« bin ich verhältnismäßig tief in diese Thematik eingestiegen, und ich kann Ihnen nur ans Herz legen, sich dieses Kapitel konzentriert durchzulesen.

Es gibt sehr versierte Rechtsexperten, die ganz klar kommunizieren, dass es eine souveräne Bundesrepublik Deutschland gar nicht gibt. Das hängt mit unserer Nachkriegsgeschichte zusammen und sollte ernsthaft diskutiert werden.

Die Reaktion der Bundesbehörden ist leider extrem aggressiv, wenn sie auf dieses Thema angesprochen werden, und das macht mich sehr nachdenklich.

Wie groß das Risiko für einen Gebäudeeigentümer ist, dass es ihm trotz einer Grundbuchbestätigung gar nicht gehört, vermag ich nicht zu sagen, aber ein gewisses Risiko glaube ich, erkennen zu können.

Nichtsdestotrotz stellt eine Immobilie einen echten Sachwert dar, der grundsätzlich sinnvoll ist. Ich möchte aber wie gesagt dringend davor warnen, eine hohe Schuldenquote von 40 oder noch mehr Prozent für eine Immobilie einzugehen.

In Anbetracht der Arbeitslosigkeit, die trotz der gegenteiligen Behauptungen der Medien und der Politik stetig steigt, welches natürlich auf die Konzernübernahmeschlachten in unserer globalisierten Welt zurückzuführen ist, werden immer mehr Menschen ihre Hypotheken-schulden nicht mehr bedienen können.

Die daraus eventuell massiv steigenden Zwangsversteigerungen, die auch heute schon beängstigende Ausmaße angenommen haben, könnten das Preisniveau der Immobilien weiter stark sinken lassen.

Einen Teil seines Geldes zur Sicherung in Immobilien zu investieren, macht trotzdem auch heute grundsätzlich Sinn, aber nur mit sehr hohem Eigenkapitaleinsatz.

Diejenigen, die schone mehrere Bücher von mir gelesen haben, wissen, dass ich ein großer Freund physischer Edelmetallanlagen bin. Wert lege ich dabei auf das Wort »physisch«.

Mit Edelmetallen meine ich weniger Gold, sondern vor allem Silber und Platin. Diese Industrieedelmetalle werden wirklich ständig gebraucht und stehen aus meiner Sicht vor einem wahren Preisfeuerwerk. Gold ist mit Abstand das begehrteste Metall mit den höchsten Emotionen, aber es hat vor allem eine Wertaufbewahrungsfunktion, neben der Verwendung von Schmuckprodukten, wird also nicht wirklich »gebraucht«.

In welcher Form sich eine solche Anlage anbietet, werde ich noch separat beschreiben.

Ein besonders wichtiger Punkt, den ich ein wenig beleuchten möchte, ist die Tatsache, dass ich die Aktienanlagen in der heutigen Zeit *nicht* mehr als klassische Sachwertanlage bezeichne, sondern als sehr währungsreformgefährdete Geldanlage.

Gerade die sogenannten Blue Chips (so nennt man die ganz großen Global Player) haben sich aus der physischen Ökonomie meist längst verabschiedet.

Eigentlich handelt es sich bei vielen Konzernen nur noch um Kapitalsammelbecken, die eindeutig dem Geldmonopol zuzuordnen sind. Deren gigantische Vermögen bringen so viele Kapitalerträge ein, dass sie meist gar nichts mehr produzieren müssten.

Der General-Motors-Konzern in den USA lebt schon lange nicht mehr vom Fahrzeugbau, sondern von den Finanzgeschäften der eigenen Banken, die natürlich wieder auf Umwegen zur FED gehören. Nachdem dieser ehemalige Vorzeigekonzern der USA seine Bank verkaufen musste, sind eventuell die Tage dieses Unternehmens gezählt.

Selbst der deutsche Volkswagenkonzern verdient mehr Geld mit Finanzgeschäften als mit dem Automobilbau.

In meiner Jugend, den 1960er und 1970er Jahren, waren solche produktiven Unternehmen noch »richtige« sachwerte Unternehmen. Den Aktionären gehörten damals über die Aktien die Maschinen, Rohstoffe und Produktionsgebäude der Konzerne. Heute haben viele dieser Großunternehmen ihre Anlagevermögen verkauft, um sie dann zurückzuleasen.

Die Firmen brauchen die Verkaufserlöse, um die Aktionäre zu befriedigen, die mindestens zweistellige Renditen erwarten. Mit Aktionären meine ich vor allem die institutionellen Anleger, die auch über ihre Hedgefonds und Private Equity Fonds massiven Druck auf die Konzerne aber auch auf kleinere Unternehmen ausüben. Die perfiden Machenschaften dieser »speziellen Fonds«, die im Jahre 2006 eine sogenannte Heuschreckendebatte ausgelöst hatten, sind unbeschreiblich. Man sammelt Unsummen Kapital von Anlegern ein, denen man Renditen von 20 bis 30 Prozent verspricht.

Mit diesem Kapital werden feindliche Übernahmen von gesunden Unternehmen vollzogen, die man dann zerschlägt und verschuldet, um den Anlegern die »Renditen« zukommen zu lassen.

Die Unternehmen werden häufig insolvent und die Mitarbeiter entlassen.

Um sich gegen solche rücksichtslosen Zerstörungen zu wappnen, verkaufen die »Übernahmekandidaten« lieber vorher selbst ihre Anlagevermögen, um Zeit zu gewinnen.

Die Probleme werden dadurch aber nicht gelöst, sondern nur verschoben.

Auch normale Aktienfondsanleger, die monatlich ihre Konten besparen oder noch schlimmer hohe Einmalsummen hineinpumpen, könnten im Falle einer Währungsreform böse erwachen.

Man wird dann nämlich feststellen, dass zum Beispiel das technische Entwicklungszentrum von BMW gar nicht mehr dem Autobauer gehört, auch wenn die Gebäudeanlagen auf dem Betriebsgelände stehen.

Man hat nämlich diese Immobilien im »Sell and Lease back« Verfahren längst verkauft und zahlt nur noch monatliche »Mieten« an einen externen Fonds.

Wenn wir dann noch berücksichtigen, dass der Hauptabsatzmarkt für die deutsche Automobilbranche die USA sind, die nur mit wertlosem Dollarpapier bezahlen, sollten wir ins Grübeln kommen.

Durch »Outsourcing« vieler Arbeiten gehören die Rohstoffe für die Fahrzeuge auch nicht mehr dem Hersteller, sondern den Zuliefererbetrieben.

Gerade die Vorzeigebranche »Automobilindustrie« steht in Deutschland nicht mehr gut da, auch wenn ständig andere Beteuerungen über den Äther laufen. Die Binnenabsatzmärkte funktionieren fast gar nicht mehr, weshalb die Konzerne schon massenweise ihre eigenen Produktionen aufkaufen und anmelden, damit die Zulassungsstatistiken stimmen und die Großaktionäre (das sind einmal wieder die Banken und deren Fonds) nicht aussteigen und die Aktienkurse fallen. Die Hauptabsatzmärkte liegen nur noch im Ausland, was uns in Deutschland eine importierte Inflation einbringt (ich verweise auf das Thema Inflation im Lektionsteil dieses Buches).

Die Allianz verkaufte 2007 kurzerhand fast alle deutschen Immobilien, was nur einen Zweizeiler in der Tagespresse wert war.

Die EADS AG verkaufte über Airbus ein paar Flugzeuge nach China und das Know-how gleich mit.

Ich könnte jetzt diesen Wahnsinn mit vielen anderen Beispielen untermauern und möchte deutlich darauf hinweisen, dass diese namentlich genannten Unternehmen nur Beispiele sind und ich die verantwortlichen Manager nicht persönlich angreifen möchte.

Es handelt sich bei diesen kranken Auswüchsen um ein systemimmanentes Problem, und ich will damit nur klar machen, dass Aktienanlagen keineswegs pauschal als Sachanlage bezeichnet werden dürfen!

Die Beteiligung an direkten Unternehmen, deren konkrete Philosophie und Ausrichtung klar zu erkennen ist, kann durchaus sinnvoll sein, dabei gilt aber die wichtige Überprüfung der Nachhaltigkeit. Das könnten speziell in Deutschland Beteiligungen an Unternehmen sein, die mit hohen Eigenkapitalquoten (mehr als 70 Prozent) in Immobilien investieren.

Eine Immobilienanlage, die aus meiner Sicht ebenfalls zu favorisieren ist, heißt Auslandsgrundstücke in sicheren Lagen.

Ich selbst habe mich für mein Traumland Kanada entschieden, speziell für Nova Scotia, aber welches Land jemand bevorzugt, hängt natürlich von jedem selbst ab. Warum ich mich für Kanada entschieden habe, werde ich noch anführen.

Rohstoffe sind vermutlich auch in Zukunft die nachfragintensivste Kapitalanlageform, wobei ich nicht von Aktienbeteiligungen rede, denn es gibt auch in diesem Segment aus meiner Sicht »ordentlichere« Möglichkeiten, sich auf die bewegte Zukunft vorzubereiten. Das könnten sachwerte Beteiligungen an Gas- oder/und Ölfeldern zum Beispiel in den USA sein, durch die man an den tatsächlichen Förderungen partizipiert und definitiv kein Währungsreformrisiko hat.

Es gibt auch sehr gute andere Branchen, in die man nachhaltig investieren kann. Das hängt aber grundsätzlich vom jeweiligen Zeitpunkt ab, von dem an man sein Geld sichern möchte.

Prüfen Sie mit Ihrem eigenen Sachverstand sehr genau das Produkt, das man Ihnen anbietet. Wenn Sie es nicht verstehen, lassen Sie besser die Finger davon.

Man muss kein Anlageberater sein, um richtige Entscheidungen zu treffen, im Gegenteil.

Der Druck des Geldmonopols ist auch in der Finanzbranche längst angekommen, und viele Finanzberater können kaum noch ihre Mieten bezahlen. Solche Situationen sind natürlich alles andere als förderlich für eine faire Beratung, da die unterschiedlichen Provisionshöhen der Finanzprodukte den Berater schon beeinflussen können. Das ist dann aber weniger im Interesse der Kunden.

Meine wesentliche Aussage zur gestellten Frage:
Alle Geldanlagen sind definitiv nicht sicher, obwohl gerade diese Formen gegenteilig dargestellt werden. Mir wird manchmal richtig übel, wenn ich lese, dass gerade ältere Menschen, die nach einem

Crash nicht noch einmal neu anfangen könnten, ihre Lebensversicherungsauszahlungen wieder in eine Lebens- oder Rentenversicherung einzahlen, um dann zum Beispiel eine lebenslange Rente zu erhalten.

Ich halte das für Wahnsinn. Im Falle eines Finanzzusammenbruches könnte sich diese Anlage auf Null reduzieren und die Lebensarbeitsleistung vernichten.

Bitte durchdenken Sie meine Ausführungen in den Lektionen des ersten Teils dieses Buches und gleichen Sie diese mit Ihren derzeitigen Erfahrungen des täglichen Lebens ab. Was nützt Ihnen eine garantierte Rente, wenn wir eine reale Inflationsrate von ca. zehn Prozent im Jahr haben (das kommt zurzeit ungefähr hin).

Die propagierten Kostensteigerungen für die Verbraucher von zwei Prozent oder weniger sind durch Warenkörbe manipuliert, und das kann jeder Normalbürger relativ schnell selbst erkennen, wenn er heutzutage konsumiert oder seine Nebenkosten für die Wohnung bezahlen muss.

Für mich ist das typische Beispiel für eine Neuordnung der Gesamtsysteme die ehemalige Sowjetunion. Durch Glasnost und Perestroika brach dieses unheilvolle System Anfang der 1990er Jahre zusammen, wobei ich hier sehr deutlich die Parallelen zur jetzigen »westlichen« Situation hervorheben möchte.

Lassen Sie sich bitte nicht einreden, dass die sowjetische Planwirtschaft nicht mit dem Kapitalismus zu vergleichen ist. Die Diktatur des Proletariats wirkt sich nur bedingt anders auf die Lebensqualität der Menschen aus, als die heutige Diktatur des Geldmonopols und seiner Konzerne.

Rentenzahlungen haben in Zeiten von Währungsreformen keine Nachhaltigkeit mehr, denn eine Neuordnung der Finanzwelt bedeutet eine Kaufkraftreduktion des Geldes (die sogar Null betragen könnte).

Selbst russische Professoren (die pensioniert waren) haben nach dem politischen und monetären Wechsel jahrelang aus Mülltonnen gelebt und tun es zum Teil heute noch, falls sie überlebt haben.

Die Renten wurden zwar weitergezahlt, aber die Preise schossen so in die Höhe, dass sie sich nicht einmal mehr die Plattenbauwohnung leisten konnten.

Wer kann uns garantieren, dass diese Situation nicht auch bald die westliche Welt erreicht? Die Vorzeichen sind schließlich eindeutig.

Auch die heute jungen Menschen, die sich mit Riester- und Rürup-Renten eindecken und glauben, sie würden dadurch eine sichere zusätzliche Altersversorgung ansparen, könnten ein böses Erwachen erleben, denn diese Anlagen sind alles andere als crashsicher. Diese jungen Bürger haben nur den Vorteil, dass sie aufgrund ihres Alters nach einer Vernichtung ihrer Sparanlagen in einem Nachfolgesystem noch einmal durchstarten könnten.

In den kommenden Ausführungen werde ich natürlich noch konkreter auf echte Alternativen eingehen, für die sich die Menschen entscheiden können, wenn sie sich realistisch für die Zukunft absichern möchten.

Ich habe Geld gespart und Angst davor, alles zu verlieren. Was kann ich konkret tun?

Diese Frage wird mir wohl am häufigsten gestellt. Vorausschicken möchte ich, dass ich viele Jahre als Vorstandsvorsitzender einer Kapitalgesellschaft tätig war, der ich auch heute noch als Aufsichtsratsvorsitzender angehöre.

Diese Unternehmensgruppe beschäftigt sich seit Jahren ausschließlich mit dem Thema »Vermögenssicherung«.

Mir ist klar, dass an dieser Stelle viele Mainstream-Finanzberater einwenden könnten, ich würde jetzt damit anfangen, für »unsere« Produkte zu werben. Ich kann das auch gar nicht ausschließen, weil ich logischerweise von den Lösungen der POPP AG Unternehmensgruppe überzeugt bin.

Dazu möchte ich aber eines anmerken. Wir haben über viele Jahre versucht, im Finanzmarkt angemessene Produkte zu finden, die unseren hohen Fairness-Ansprüchen gerecht werden. Beim Überprüfen des Marktangebotes stößt man leider permanent auf Anlageformen, die ich als ethisch verantwortungslos bezeichnen möchte. Da werden zum Beispiel Schiffsfonds aufgelegt, die alleine Vertriebsprovisionen von über 20 Prozent der Anlagesumme enthalten, wobei weitere Verwaltungskosten noch dazu kommen. Anlagequoten von gerade einmal 60 Prozent des eingezahlten Kapitals, die in das Produkt »Schiff« fließen, sind keine Seltenheit.

Das gilt natürlich nicht für alle Anbieter dieser Fonds.

Es ist nichts Verwerfliches daran, Geld verdienen zu wollen, und ein Kunde hat sicherlich kein Problem mit angemessenen Beratungskosten, wenn er fair beraten wurde.

In Anbetracht vieler Finanzprodukte, die wir in unserem Unternehmen nach langen Prüfungen als für die Bürger *unangemessen* einordnen mussten, haben wir damit angefangen, eigene (aus unserer Sicht) faire Modelle zu entwickeln. Das soll natürlich nicht heißen, dass alles schlecht ist, was nicht von uns emittiert wurde.

Mir geht es lediglich darum, deutlich zu machen, dass ich *nicht* 100-prozentig objektiv sein kann, auch wenn ich mich sehr darum bemühe.

Allerdings werde ich ohnehin keine Produkte direkt vorstellen, sondern vor allem versuchen, Ihnen, liebe Leserinnen und Leser, einen Überblick zu verschaffen.

Als Vermögenssicherung halte ich das gute alte jüdische Prinzip für hervorragend: eine Drittelung des Vermögens!

Einen Teil in physische Edelmetalle, einen Teil in Immobilien und das letzte Drittel in Unternehmensbeteiligungen.

Beginnen wir mit den Edelmetallen:

Von Minenaktien halte ich relativ wenig, es sei denn, der Anleger verfügt über profunde physikalische Kenntnisse, um die entsprechenden Minen und deren Gutachten detailliert zu verstehen.

Sehr viele Minen (um nicht zu sagen die meisten) stehen unter enormem Druck, da erstens nicht mehr sehr viele Edelmetalle unter der Erde vorhanden sind und zweitens nur noch aus extremen Erdtiefen mit hohem Aufwand extrahiert werden können. In Rohstoff-Fonds werden – nach meiner Kenntnis – sehr viele Minengesellschaften beigemischt, die eigentlich geschlossen werden müssten, weil sie unrentabel geworden sind. Leider spielen die fundamentalen Daten der Unternehmen aber kaum eine Rolle für die Aktienkursentwicklungen, denn dafür ist vor allem die Phantasie der Anleger verantwortlich. Doch das könnte sich im Fall eines Währungszusammenbruches sehr schnell ändern. Vermutlich zählen dann nur noch die echten Bewertungen der Aktienminen, was auf die Fondsanleger sehr ernüchternd wirken könnte.

Edelmetallzertifikate halte ich ebenso für eine schlechte Entscheidung. Diese Dokumente über Edelmetalle beinhalten lediglich eine Preispartizipation an den Metallen, nicht aber ein Auslieferungsrecht in physischer Form. Außerdem sind diese Zertifikate um ein Vielfaches überzeichnet. Das bedeutet nichts anderes, als dass ein- und dasselbe Kilo Edelmetall an 30 bis 50 verschiedene Kapitalanleger verkauft werden kann.

Im Fall einer Währungsreform steht der Anleger dann mit seinen wertlosen Geldzetteln da.

Derivate halte ich für absolut ungeeignet. Abgesehen von der ethischen Seite, die ich bei diesen Anlagen als perfide bezeichne, sind diese Zertifikate vor allem wertlose »Wettscheine«, die auf steigende oder fallende Preise setzen.

Fragen Sie einmal eine »moderne« Bank nach innovativen Bankprodukten. Da werden Sie mit Fachbegriffen zugeschüttet, dass Ihnen der Kopf nur so raucht. Vokabeln wie Optionen, Futures, short, long, Call, Put, Leverage-Effekte, Hebel mit Fremdkapital usw. sorgen beim Anleger eher für Verwirrung als für Klarheit.

Somit bleibt für Gold, Silber und Platin nur (!) die physische Form. Das heißt, man erwirbt tatsächlich die Barren der edlen Metalle, um sie zu Hause zu verstecken oder extern lagern zu lassen.

Der Vorteil der eigenen Einlagerung ist vor allem ein emotionaler, da man sich hin und wieder an der Haptik der Barren oder Münzen erfreuen kann.

Nachteile gibt es mehrere:

Wo soll man sie daheim verstecken?

Sollte man sie mit in die Hausratversicherung einschließen, und was kostet das?

Ab einer gewissen Größenordnung machen die Sachversicherer übrigens erhebliche Sicherheitsauflagen (Tresor etc.). Wird das Edelmetall eventuell gar nicht versichert, und wie fühlt man sich dann? Sollte man die Metalle vielleicht in ein Schließfach bei der Hausbank einlagern, und was kostet das, wenn der Inhalt auch noch angemessen versichert sein soll? Passen die Metalle überhaupt in ein Schließfach?

Sie merken schon, Fragen über Fragen!

Ich empfehle übrigens bei den Edelmetallanlagen grundsätzlich einen Drittelmix. Alle reden immer nur vom Gold, obwohl gerade dieses Metall am wenigsten »Sinn« ergibt.

Insbesondere Silber spielt bei einer aus meiner Sicht sinnvollen Kapital-sicherung eine große Rolle. Nun muss man aber berücksichtigen, dass gerade Silber keine so hohe physikalische Dichte hat wie Gold oder gar Platin und vor allem sehr viel Lagerplatz benötigt.

Ein Kilo Silber kostet heute (22.11.2007 um 15 Uhr) ca. 418 Euro im Handel (inklusive Umsatzsteuer).

Bei einer Anlage von 50.000 Euro ergäben sich knapp 120 Kilogramm Silber. Nicht jeder Bürger hat eine Vorstellung von der Größe eines Bankschließfaches, aber selbst einen Fünf-Kilogramm-Barren bekommen Sie da nicht hinein.

Um all diese logistischen Probleme zu lösen, gibt es die Möglichkeit, sich an einem physischen Fonds zu beteiligen, der *ohne* jedes Fremdkapital für die Anleger alle drei Edelmetalle im Drittelmix rechtssicher einlagert.

Ich muss an dieser Stelle deutlich machen, dass ich von einer Edelmetalllösung aus »unserem Hause« spreche und somit eine Form der Eigenwerbung betreibe. Allerdings kenne ich derzeit auch kein anderes Unternehmen, das für die Anleger im eigenen Tresor (dafür haben wir extra eine ehemalige Bundesbankfilialdirektion mit Notenbanktresoranlage erworben) die Metalle versichert einlagert.

Lohnenswert sind vor allem Edelmetallkäufe in großen Einheiten, am besten Kilobarren, weil kleine Grammgrößen zu hohe Stückelungskosten verursachen. Die Preisdifferenz zwischen einem Ein-Gramm-Barren und einem Ein-Kilo-Barren kann fast 40 Prozent ausmachen.

Viele Menschen glauben aber, es wäre am besten, wenn sie sich mit kleinen Münzen, also 50- oder 100-Gramm-Barren ausstatten, um in Krisenzeiten damit zu bezahlen. Das halte ich für nicht optimal.

Ein Glas Wasser in der Wüste ist wertvoller als alles Gold der Erde.

Wenn ich in Krisenzeiten Hunger hätte und glücklicher Eigentümer eines frischen Laibes Brot wäre, würde ich es selbst essen und nicht für Gold verkaufen.

In einer Notlage, in der es ums nackte Überleben geht, spielen Edelmetalle zunächst keine Rolle.

Für solche Fälle könnte man sich besser mit billigem Wodka eindecken oder mit Zigaretten, die sich eher gegen etwas Essbares eintauschen lassen.

Sobald sich die existentielle Notlage beruhigt hat, sieht die Sache wieder anders aus.

Nach dem Zweiten Weltkrieg, als sich die Menschen nach geraumer Zeit halbwegs satt essen konnten, wechselten intakte Hochhäuser in Berlin für eine Unze Gold den Besitzer.

Bei der Investition in Edelmetalle geht es ausschließlich um eine Vermögenssicherung – oder anders gesagt, darum, das erarbeitete Geld schadlos durch die Krise zu manövrieren.

Kurz: Möglichst viel Material zu möglichst günstigen Preisen. Auch hier bietet sich die Anlage über *bestimmte* Fondslösungen an, die physisch investieren.

Lohnt sich die Investition in physische Edelmetalle in einer unternehmerischen Eigenschaft, wenn man vorsteuerabzugsberechtigt ist?

Diese Frage wird oft im Markt diskutiert. Um was geht es dabei? Gold ist in Deutschland derzeit mehrwertsteuerfrei zu erwerben, also auch für Privatleute. Nun ist Gold, wie gesagt, nicht das einzige Metall, das in eine physische Anlage dieser Art gehört, denn das gelbe Metall hat zwar einen hohen emotionalen Wert, wirklich gebraucht wird es aber eher weniger. Silber und Platin haben dagegen einen hohen Nutzwert als Industriemetalle (siehe »Brot und Spiele«). Deshalb sind diese beiden Metalle auch mehrwertsteuerpflichtig. Würde ein Fonds für die Anleger diese Metalle nun netto kaufen können (also steuerfrei), ergibt sich beim ersten Hinsehen ein Einkaufsvorteil, da der Kunde für sein Geld mehr Metalle in physischer Form erwirbt.

Dabei wird aber übersehen, dass bei einer physischen Entnahme der Metalle aus den Fonds oder Einkaufsgemeinschaften (denn nur Produkte mit der Option einer physischen Auslieferung sind sinnvoll) die Mehrwertsteuer zu entrichten ist.

Kalkuliert man diese Einkaufs- und Verkaufsrechnung einmal exakt durch, stellt man fest, dass der mehrwertsteuerfreie Einkauf keinen (!) Vorteil bietet, weil die abzuführende Steuer bei Auslieferung der Metalle zu einem späteren Zeitpunkt so wäre, als hätte man keine Steuer beim Kauf »ziehen« können. Sollte während des Haltens der Mehrwertsteuersatz steigen, würden diejenigen Anleger, die die Metalle steuerfrei gekauft haben, sogar einen niedrigeren Ertrag erzielen, als diejenigen, die diese Steuer bereits beim Kauf entrichteten.

Nun will ich nicht zu tief in diese Thematik einsteigen. Ich halte es aber für wichtig, festzuhalten, dass ein steuerfreier Einkauf von Edelmetallen nicht automatisch Vorteile bietet. Diese und andere Themen kann man sich auf Nachfrage von versierten Beratern dezidiert erläutern lassen.

Kommen wir nun zu den Immobilien:

»My home is my castle«, sagt der Volksmund, und mir ist durchaus bewusst, dass die Menschen zu einem eigenen Stückchen Land mit einem Häuschen drauf oder zu einer Eigentumswohnung in einer Stadt eine hohe emotionale Bindung haben.

Umso wichtiger ist es, sich mit der Sinnhaftigkeit einer Immobilieninvestition auseinanderzusetzen, da man eben durch diese psychische Komponente schneller bereit ist, hohe Risiken für die eigene Zukunft einzugehen.

Ich weiß nicht, mit wie vielen Menschen ich während meiner beruflichen Laufbahn gesprochen habe, die mich bei ihren finanziellen Planungen um Hilfe baten.

Ein Hauptproblem war häufig, jungen Familien, die ich beriet, klar zu machen, dass sie sich in ihrer Situation kein eigenes Haus bauen oder kaufen sollten.

Gerade viele Frauen, die ansonsten bei der Verwaltung der Familienfinanzen hervorragende Arbeit leisten, werden durch die Sehnsucht nach den eigenen vier Wänden häufig komplett unsachlich – dabei bitte ich Sie, diese Aussage nicht als Machogehabe abzutun.

Diese Frauen erzählen dann mit Inbrunst, dass sie doch noch »nebenbei« arbeiten könnten, um die Ratenzahlungen erträglicher zu machen, ohne sich diese Konsequenzen wirklich auszumalen.

Das erworbene Heim verliert nämlich relativ schnell den Reiz des Neuen, die Raten laufen aber noch Jahrzehnte weiter. Man arbeitet und arbeitet und kann sich trotzdem kaum noch etwas leisten, egal, ob Urlaub oder schicke Kleidung. Irgendwann dreht sich alles nur noch ums Geld.

In meinem Leben habe ich unglaublich viele Familien erlebt, die unter ihrer Schuldenlast zerbrachen.

Gerade in diesen unsicheren Zeiten unserer Wirtschaft und des Geldmonopols sind Arbeitsplätze bei weitem nicht so sicher, wie man glaubt. Schließlich kann keiner vorhersagen, wie sich ein Finanzcrash auswirken wird. Man kann nur mit Sicherheit sagen, dass er kommen wird. Und das sollten wir uns auch alle dringend wünschen, wie Sie nach der Lektüre des ersten Teils meines Buches sicher verinnerlicht haben.

Sparen möchte ich mir Ausführungen hinsichtlich meiner Einstellung zu Konsumkrediten. Ich bin mir sicher, dass Sie sich meine Meinung mittlerweile leicht vorstellen können.

Wenn Sie eine Immobilie finanzieren wollen, dann bitte nur mit hohem Eigenkapital, am besten mindestens 60 Prozent. Bedenken Sie immer, dass die Immobilienpreise aufgrund der genannten Szenarien kurzfristig massiv sinken könnten.

Die gute alte Miete ist aus kaufmännischer Sicht meist billiger als der Kauf und der Unterhalt einer eigenen Immobilie. Da sollten Sie sich nichts vormachen.

Ob eine Wohneinheit oder ein Grundstück im Preis steigen oder fallen wird, hängt in erster Linie von der geografischen und somit der wirtschaftlichen Lage der Immobilie ab. Dass man sich eine selbstgenutzte Wohneinheit aber eher nach den persönlichen Verhältnissen zulegt, liegt auf der Hand. Die Lage ergibt sich also aus dem Ort des eigenen Arbeitsplatzes und muss nicht zwangsläufig *objektiv* gut sein.

Eine aus meiner Sicht vernünftige Kapitalanlage in immobiler Form ist eine unternehmerische Beteiligung an einer Grundstücksgesellschaft. Leider tummeln sich in diesem Segment sehr viele schwarze Schafe unter den Anbietern. Im Bereich der atypischen stillen Beteiligung wurde in der Vergangenheit sehr viel verbrannte Erde hinterlassen. Leider leiden vor allem die seriösen Unternehmen unter dieser Situation.

Sieht man sich diese Gesellschaften sehr genau an, dann stehen die Chancen sehr gut, seriöse, kompetente und somit faire Partner zu finden.

Man beteiligt sich dabei an einer Kapitalgesellschaft (GmbH oder AG) und führt diesem Unternehmen durch die Einzahlung Kapital zu. Wenn diese Gesellschaft dann kompetent agiert, kauft sie von den Anlagegeldern Immobilien in guten Lagen zu günstigen Preisen.

Der Gewinn liegt im *Einkauf*, das weiß jeder Kaufmann, und dieses Prinzip wird bei der genannten Anlageform angewandt. Bevor Sie sich in einem solchen Unternehmen finanziell engagieren, sollten Sie dringend einige Grundlagen in Erfahrung bringen:

- Wer sind die handelnden Personen?
- Wie alt ist das Unternehmen?
- Gibt es eine Leistungsbilanz der letzten Jahre?
- Wie hoch ist die Eigenkapitaldecke des Unternehmens? (mindestens 70 Prozent)
- Partizipiert der Anleger auch von den »stillen Reserven«?

Können alle Fragen zufriedenstellend beantwortet werden, halte ich es für eine sehr vernünftige Möglichkeit, sich an einem solchen Unternehmen zu beteiligen.

Wer mit dem Wirtschaftsstandort Deutschland grundsätzliche Schwierigkeiten hat, was ich gerade bei der Thematik »privates Eigenheim« sehr gut nachvollziehen kann, sollte auch andere Möglichkeiten in Betracht ziehen.

Zum Beispiel ein Grundstück im Ausland, das natürlich im Vorfeld auch auf Rechtssicherheit geprüft werden sollte.

Für mich kamen immer zwei Länder in die engere Wahl: Uruguay und Kanada.

Ich habe mich lange mit Uruguay auseinandergesetzt, weil es von Insidern gern als »die Schweiz Südamerikas« bezeichnet wird (das kommt wohl noch aus der Zeit, als die Schweiz noch unabhängig war). Dieses wunderbare Land am Rio de la Plata hatte schon Karl May in seinem gleichnamigen Buch beschrieben. Uruguay ist nicht nur für Naturliebhaber ein wahres Eldorado. Ich halte es vielmehr auch im Hinblick auf die persönliche Sicherheit, gerade in Krisenzeiten, für sehr interessant. Auch Sonnenliebhaber kommen in diesem von Ackerbau und Viehzucht geprägten Staat auf ihre Kosten. Montevideo ist außerdem eine moderne Stadt mit einer Infrastruktur, wie sie der Europäer zu schätzen weiß.

Die Grundstückspreise sind für deutsche Verhältnisse sehr günstig. Die Menschen, die ich kennenlernte, die dorthin ausgewandert sind, bereuen ihre Entscheidung offensichtlich nicht.

Als Deutscher sind mir allerdings die Flüge dorthin zu lang, denn ich möchte, so lange es mir möglich erscheint, jederzeit kurzfristig in mein Geburtsland zurück fliegen können.

Mein eigentliches Traumland war und ist Kanada, in dem ich selbst ein Grundstück mit einem Holzhaus besitze. Ich liebe dieses ursprüngliche Land und habe diese Investition nie bereut.

Auszug aus einem Aufsatz, in dem ich den Erwerb meines ersten Grundstückes in Worte fasste:

Wie überrascht war ich, als ich erfuhr, dass der Flug Frankfurt/Halifax nur sechs Stunden dauert.
  Schon als kleiner Junge träumte ich von Kanada, dem zweitgrößten Land der Erde. Nun bin ich stolzer Eigentümer eines wunderschönen 11.000 Quadratmeter großen Grundstückes mit über 100 Metern eigenem Flussufer. Nova Scotia (lat. Neu Schottland) heißt meine neue Zweitheimat.
  Ich erwarb dieses erschlossene Bauland in sehr guter Lage direkt vom Eigentümer, einer alteingesessenen Landerschließungsfirma in Nova Scotia.
  Nur 25 Autominuten von meinem Grundstück entfernt liegt die Stadt Sydney mit ca. 150.000 Einwohnern.

Bei einem Grundstückskauf in Kanada kann man allerdings böse Überraschungen erleben, wenn man sich nicht auskennt.

Probleme können entstehen durch:

- *falsch vermessene Grundstücke (man kauft etwas anderes als gesagt wird)*
- *eingetragene Lasten (Jagd-, Schürf- und Bohrrechte etc.)*
- *Haftung des Käufers für die Verkäuferschulden (zum Beispiel Gewinnsteuern)*
- *Parzellenentnahmen des Grundstückes*

  usw.

Für alle diese Probleme haftet ein Immobilienmakler in Kanada nicht!
  Ein auf den ersten Blick günstiger Deal wird so schnell zum Albtraum.
  Wichtig ist auch das Aufenthaltsrecht (als Tourist, Immigrant oder sogar als neuer kanadischer Staatsbürger).

Da nur ganz wenige Grundstücke (durch staatliche Regulierung) ver-kauft werden dürfen, sind enorme Preisentwicklungen zu erwarten, zumal immer mehr erfolgreiche deutsche Bürger Ihrem Land den Rü-cken kehren, weil sie diesen Wahnsinn der Politik und der Konzerne nicht mehr ertragen wollen.

Ich habe mittlerweile sehr viele neue Freunde in Kanada kennenge-lernt und kann es während meiner Deutschlandaufenthalte jedes Mal kaum abwarten, wieder dorthin zu kommen.

In den vergangenen Jahren war sehr deutlich zu beobachten, wie die Grundstückspreise in Kanada stiegen, weil immer mehr Menschen dieses Land entdecken.

Die Nachfrage hat aber aus meiner Sicht noch gar nicht so richtig begonnen, und ich glaube, man kann nichts falsch machen, wenn man dort Land erwirbt – außer, man gerät an unseriöse oder inkompetente Anbieter. Dieses Risiko halte ich für relativ hoch. Erkundigen Sie sich nach den Unternehmen, von denen Sie Angebote erhalten. Jahrelange Erfahrungen in diesem Segment und eine entsprechende Leistungs-bilanz sind sehr wichtig, um eine Bauchlandung für Sie weitgehend auszuschließen.

Der dritte Part meiner favorisierten Dreiteilung des Vermögens ist die unternehmerische Beteiligung. Die Immobilieninvestition über eine Fir-menbeteiligung habe ich ja bereits angesprochen.

Eine sehr interessante Sicherung des Vermögens auf Basis einer un-ternehmerischen Beteiligung ist aus meiner Sicht die Investition in phy-sische Rohstoffe, wie Gas- und Ölquellen: Doch auch hier ist die Spreu vom Weizen zu trennen.

Ich habe in meiner beruflichen Laufbahn gerade in diesem Markt unglaublich dilettantische Initiatoren kennengelernt, die zwar kompe-tent auftraten und sogar rechtlich korrekte Prospektierungen vorwei-sen konnten, sich aber als schlechte Manager erwiesen. Nichtsdesto-trotz ist die Story einer solchen Kapitalanlage ansprechend, und die Umsetzung kann sehr erfolgreich sein, wenn sie richtig gemacht wird.

Viele Menschen ärgern sich fast täglich über die steigenden Energie-preise. Das bezieht sich vor allem auf Benzin, Diesel und Gas. Der ständig steigende Rohstoffverbrauch lässt weitere massive Preissteigerungen erwarten.

Hier greift die Kapitalanlagelösung:

Wer sich an der Produktion, bzw. Förderung dieser Rohstoffe beteiligt, steht plötzlich auf der Anbieterseite. Steigen die Preise, steigen auch seine Einnahmen.

Bei Öl und Gas denken die meisten Menschen im ersten Augenblick nur an Verbrennungsmotoren. Die stellen aber nur einen Teil der Nutzung dar. In allen Kunststoffen, ob Computergehäusen, vielen Autoteilen, Fensterrahmen oder Damenstrumpfhosen und so weiter befinden sich immer Anteile, die auf diese Rohstoffe zurückzuführen sind.

Über spezielle Fondskonstruktionen kann man sich an Öl- und Gasquellen beteiligen, beispielsweise in den USA.

Dabei werden über diese Fonds Gelder eingesammelt, um sich an Förderrechten zu beteiligen, die wiederum in einem bestimmten Expertenmarkt angeboten werden.

Durch spezielle Rechtsabsicherungen in einer Art »Grundbuch« handelt es sich hierbei nicht um eine Geldanlage, sondern um eine echte Investition in die zu fördernden Rohstoffe. Der Kapitalanleger partizipiert an jedem geförderten Kubikfuß Gas und jedem Liter Öl im Rahmen seiner Beteiligung. Ein Blick in die Vergangenheit zeigt, dass zweistellige Renditen dabei der Normalfall sind. Und auch in Zukunft sollte die Entwicklung in diese Richtung gehen.

Wichtig ist natürlich, dass die Fonds, vor allem, wenn sie ihr Kapital aus der Zielgruppe der mittelständischen Privatpersonen generieren, nicht in Explorationsbohrungen investieren. So bezeichnet man hochriskante Neuerschließungen von Öl- und Gasfeldern. Die Gefahr eines sogenannten Dryhole ist extrem groß, was nichts anderes heißt, als dass man nach den teuren Bohrvorgängen keine verwertbaren Rohstoffe findet.

Große Konzerne können sich natürlich von zehn Bohrungen neun erfolglose leisten, schließlich ist eine neue Quelle wie ein Sechser im

Lotto. Unter Umständen werden aber sehr viele Millionen US-Dollar benötigt, um ein neues Areal zu finden und förderfähig zu entwickeln. Für kleinere Anleger gibt es deshalb die Möglichkeit, in Fonds zu investieren, die sich auf reine »Erweiterungsbohrungen« spezialisieren und bei denen man genau weiß, dass die Rohstoffe sowie entsprechende Pipelines vorhanden sind.

Vor den Käufen von Bohrrechten wird sehr genau über spezielle Gutachten geprüft, ob, wie viel und unter welchen Bedingungen Öl- und Gasvorkommen zu fördern sind.

»Intelligenz lässt sich nicht am Weg, sondern nur am Ergebnis feststellen.«
Gary Kasparow

Trotz der hohen Sicherheit der vorhandenen Rohstoffe investieren seriöse Fonds nur mit wenigen Prozentanteilen in ein Förderrecht. Außerdem wird sich eine solche Anlagekonstruktion nicht nur an einer, sondern an mehreren Quellen beteiligen, um das Risiko noch weiter zu minimieren.

Sie sollten eine solche Investition auf jeden Fall mit seriösen Beratern besprechen, bevor Sie sich an solche Kapitalanlagen wagen.

Natürlich gibt es auch andere unternehmerische Beteiligungen, die sinnvoll sein können, ich möchte aber mit diesem Buch keine ganzheitliche Finanzberatung ersetzen.

Ist die Schweiz ein sicheres Anlageland?

Die Schweiz zeichnete sich über viele Jahrhunderte durch ihre Unabhängigkeit aus. Umso erschreckender ist es, wenn man erkennen muss, dass gerade dieses Land unter dem Druck des Geldmonopols (in diesem Fall durch die EU vertreten) offenbar genau diesen Status des unabhängigen und besonders sicheren Landes für Kapitalanleger verloren hat.

Durch den Beitritt der Schweiz in den »USA-freundlichen« IWF wurde der Schweizer Franken als letzte unabhängige, wichtige Währung der Selbstständigkeit »beraubt«. In den Statuten des IWF steht deutlich, dass keine Währung mehr eine sachwerte Unterlegung haben darf! Damit musste die Schweiz ihren Goldstandard per Beitritt aufgeben, so dass auch diese Währung zu einer reinen Zettelwährung innerhalb des unilateralen US-Systems verkam.

Viele Schweizer Bürger kämpfen in verschiedenen Oppositionen für eine (wieder) freie Schweiz. Hinter diesen Organisationen stehen offenbar vor allem erfolgreiche Banker und Politiker, die erkennen, dass die ehemaligen Vorzüge einer völlig unabhängigen Schweiz längst Vergangenheit sind.

Ende 2006 wurde zum Beispiel den Schweizer Bürgern sehr deutlich nahe gelegt, der EU eine Milliarde Euro (!) als »Solidaritätsbeitrag« zu überweisen. Dieser Kohäsionsbeitrag wurde offenbar sogar *vor* einer Volksabstimmung von einer verantwortlichen Bundesrätin zugesagt. Dieser Vorgang ist aus verfassungsrechtlicher Sicht für die Schweiz ein Fiasko und zeigt deutlich, wie dieses ehemals so sichere Land durch die EU unter Druck geraten ist.

Natürlich sagte man den Schweizern vor der anschließenden Volksabstimmung, dass sie auch *gegen* diese Zahlung in Höhe von einer Milliarde Euro stimmen könnten. Man machte aber auch sehr deutlich, dass dann die EU massiven Druck auf die Schweiz ausüben würde, was sich auf die bilateralen Geschäfte sehr negativ auswirken würde.

Ich werde sehr oft dafür gescholten, dass ich angeblich negativ über die Schweiz spreche. Doch genau das Gegenteil ist der Fall. Ich wünschte mir möglichst viele Staaten nach dem Vorbild der Schweizer in der *Vergangenheit*. Doch genau ein gegensätzlicher Weg wird eingeschlagen. Der unabhängige kleine Staat hat seine besonderen Vorteile verloren, und offensichtlich ziehen viele Großanleger ihre Einlagen aus diesem Land ab, weil sie der dortigen Sicherheit und Anonymität nicht mehr vertrauen.

Der Finanzstandort ist offenbar unter Druck geraten, denn nicht umsonst kämpfen die Vertriebsdirektoren der Schweizer Banken immer intensiver auch um die kleinen Geldanlagen der EU-Bürger.

Offen wird immer häufiger der Beitritt der Schweiz in die EU diskutiert, und ich gehe davon aus, dass es nicht mehr lange dauern wird, bis dieses ehemals autarke Land im Einheitsbrei der EU untergeht.

Die Menschen, die die Schweiz als besonders sicher bezeichnen, kennen offenbar die wirklichen Zusammenhänge nicht. Sie sollten lieber dafür kämpfen, dass dieses Land wieder aus der Dollarwährung aussteigt.

Aus meiner Sicht handelt es sich bei der Annahme einer »anlagesicheren Schweiz« um Romantik, die leider mit der Realität nur noch wenig zu tun hat.

Ich wünsche mir von ganzem Herzen, dass sich dieses Land gegen eine EU-Übernahme wehren kann. Die Chancen stehen aber eher schlecht. Die Oppositionen in der Schweiz, die sich für ihr Land einsetzen, werden nach altem Muster als Rechtsradikale und Ewiggestrige beschimpft. Das alte Spiel also...

Kurzaufsätze und Beschreibungen unserer aus dem Ruder gelaufenen Finanzwelt

Kurzes Vorwort

Da mir von einigen »Mainstreamern« ab und zu nachgesagt wird, ich würde viele Dinge behaupten, die »unbeweisbar« seien, habe ich mich entschlossen, einige bestimmte Themen genauer unter die Lupe zu nehmen. Veranlasst hat mich dazu die aktuelle Medienlandschaft. Um in meinen Darstellungen möglichst aktuell zu sein, konsumiere ich grundsätzlich einmal täglich unsere Nachrichtenmeldungen, allerdings nur in den Zeitphasen, in denen ich Bücher schreibe.

Da ich natürlich nicht permanent schreibe, habe ich immer lange »Erholungsphasen«, in denen ich komplett auf Fernsehen und Zeitungen verzichten kann.

Wenn ich dann allerdings teilweise nach mehreren Monaten einmal wieder die »nachgerichteten« News erlebe, erkenne ich eine noch weitere Reduzierung der Informationsqualität im Sinne unserer manipulierten Welt.

Mir geht es in diesem Teil um eine Bewertung unserer bunten Medienlandschaft aus *meiner* Sicht sowie um Klarstellungen oder Widerlegungen einiger Nachrichten, die von den Menschen nicht erkannt werden (sollen).

Da ich grundsätzlich ein äußerst kritisches Verhältnis zu den Massenmedien habe, möchte ich eines noch klar vorausschicken. Mir geht es auf keinen Fall um eine Verunglimpfung aller Menschen, die sich in der Medienbranche ihre Brötchen verdienen wollen und müssen. Viele Journalisten würden sehr gern andere Artikel oder Fernsehsendungen kreieren, wenn sie es dürften. Aber es ist nun einmal Fakt, dass die Redakteure einen klaren Auftrag erfüllen müssen, nämlich »Einschaltquoten und Auflagen«.

Ich bin sicher, dass sehr viele Reporter unter dem Druck leiden, nicht über die Freiheit zu verfügen, wirklich »heiße« Informationen nach außen tragen zu dürfen.

Die Macht der Medien ist nunmal gewaltig, zumal sie sich in den Händen nur einer Hand voll Personen befindet. Die Fäden laufen natürlich grundsätzlich beim Geldmonopol zusammen. Sehr oft werde ich in meinem Umfeld gewarnt, ausgerechnet diese Macht »herauszufordern«, die mich schließlich jederzeit diffamieren und somit meine Reputation zerstören könne. Ich muss dieses Risiko eingehen, denn wenn niemand anfängt, sich zu wehren, werden wir mit Pauken und Trompeten im Sumpf dieser unsäglichen Globalisierung versinken. Eine pauschale Verurteilung aller Medienvertreter kann natürlich niemals gerecht sein, denn ich bin sicher, dass nicht wenige Journalisten meinen Ausführungen weitgehend folgen und in ihren jeweiligen Funktionen beharrlich versuchen, so ehrlich wie möglich zu bleiben. Nicht selten erkennt man zwischen den Zeilen einiger Pressemitteilungen die »wahren« Ansichten des Journalisten, auch wenn vordergründig genau das Gegenteil kolportiert wird. Immer wieder wagen es mutige Reporter, sehr unbequeme Wahrheiten direkt oder indirekt nach außen zu tragen. Politische Maßnahmen zur weiteren Einschränkung der Pressefreiheit sind immer wieder die Folge.

Nach meinem letzten Buch »Das Matrix-Syndrom« wurde versucht, mich in einer gar nicht kleinen Tageszeitung auf übelste Weise zu diffamieren. Wie man das in Deutschland macht, ist klar. Man rückt einen aufrechten Menschen (und ich maße mir an, einer zu sein) einfach in eine »rechte Ecke«. Dieser Journalist, der auch für sogenannte anti-faschistische Organisationen schreibt, kam einfach nicht damit klar, dass ich es wagte, zu fragen, was aus dem Land der Dichter und Denker geworden ist. Noch weniger konnte er begreifen, dass es jemand wagt, das Thema Deutsche Geschichte einmal umfassender zu beschreiben, als nur (!) die »tausend Jahre« zwischen 1933 und 1945, die unser Land nach wie vor unglaublich belasten – und was in Anbetracht des dramatischen Unrechts, das vielen Menschen in dieser Zeit angetan wurde, natürlich verständlich ist.

Nun werde ich dieses Thema mit Sicherheit nicht mehr anfassen, denn in meinem Heimatland gibt es aus meiner Sicht längst keine Meinungsfreiheit mehr, es sei denn, es ist die *vorgegebene* Meinung.

Ich nehme meinen Kritikern übrigens nicht übel, dass sie mit mir nicht klarkommen und offenbar eine mächtige Angst verspüren, wenn sie manche meiner Aussagen hören oder lesen. Jeder ist in seiner Welt gefangen und lebt darin. Das gilt schließlich auch für mich.

Neben den Interpretationen, die ich wage, gibt es aber auch knallharte Fakten dafür, dass unsere Welt massiv negativ beeinflusst wird. Und diese Tatsachen sollen aus meiner Sicht auf keinen Fall von der Masse verstanden werden. Würde eine größere Anzahl der Weltbürger auch nur ansatzweise begreifen, wie unsere Machtstrukturen und deren Medien funktionieren, hätten wir vermutlich eine Revolution gegen dieses Geldmonopol. Auch das ist nicht mein Ziel, denn Gewalt kann niemals eine Lösung sein.

Gerade in Deutschland mache ich eine immer größere Menge an Menschen aus, die instinktiv einige perfide Pläne für unsere Welt erfassen. Aus meiner Sicht wird in absehbarer Zeit eine kritische Masse erreicht sein und auch die heute noch »schlafenden« Menschen mitnehmen – hoffentlich nicht im Zuge einer gewalttätigen Revolution, sondern durch friedliches Einflussnehmen auf diese Systeme.

Es geht einfach darum, die Menschen zum autarken Denken zu bewegen. Ich erwarte auch nicht, dass meine Leserinnen und Leser meine Ansichten einfach übernehmen. Nein, bleiben Sie bitte auch mir gegenüber sehr kritisch.

Nun möchte ich gerne einige Begriffe, die unsere Medienlandschaft prägen, aus meiner Sicht beschreiben und hoffe sehr, dass Sie durch das Lesen dieser Texte dazu angeregt werden, selbst weiter zu recherchieren. Wenn Sie einmal damit angefangen haben, verspreche ich Ihnen, bleiben Sie dabei! Solange man uns das Internet nicht abschaltet, können Sie sehr viele Informationen jenseits des Mainstreams erfahren, aber Vorsicht: gerade hier tummeln sich auch unglaublich viele unseriöse Quellen.

Eine nette Geschichte zum Thema Geldbetrug:

Ein Schwindler kauft eine Perlenkette für 50.000 Euro. Er bezahlt mit einem ungedeckten Scheck. Der Juwelier, der an dem Verkauf 25 Prozent verdient hat, kauft mit dem Scheck bei einem Kollegen neue Ware ein.

Der zweite Juwelier, der den Scheck ebenfalls für gedeckt hält, gibt ihn bei einem dritten Kollegen in Zahlung.

Der Scheck läuft weiter von Juwelier zu Juwelier, und jeder verdient 25 Prozent.

Erst der zehnte Juwelier versucht, den Scheck einzulösen, was ihm natürlich nicht gelingt. Trotzdem verdienen alle zehn Juweliere. Doch was macht der zehnte Juwelier?

Ganz einfach. Er ruft seine neun Kollegen zusammen und macht ihnen klar, dass jeder nur 5.000 Euro von seinem 12.500-Euro-Verdienst abzugeben brauche, damit der Scheck gedeckt werden könne.

Auf diese Weise bleiben alle Geschäftsabschlüsse gültig und jeder Juwelier verdient immer noch 7.500 Euro.

Die Hypothekenkrise in den USA und ihre Auswirkungen auf die Welt

Mit einer gewissen Erleichterung stelle ich fest, dass die Begriffe »Finanz- und Immobilienblase« auch für Otto Normalverbraucher keine Fremdwörter mehr sind, sondern im Vokabular immer häufiger ausgemacht werden können. Da trotzdem fast niemand versteht, was damit eigentlich gemeint ist, möchte ich anhand der sogenannten Subprime-Krise versuchen, ein wenig Licht in diese Thematik zu bringen:

Als im Sommer 2007 auch offiziell bekannt wurde, dass die fallenden Immobilienpreise in den USA eine weltweite Bankenkrise auslösen »könnten«, wurde auch vielen Nichtexperten plötzlich klar, dass unser Finanzsystem offenbar nur aus heißer Luft besteht. Leider wird in den Pressemeldungen der Eindruck erweckt, diese US-Hypothekenkrise sei die *Ursache* für den Zusammenbruch vieler Banken in den Vereinigten Staaten. In Wirklichkeit handelt es sich dabei aber um eine *Folge* des verfehlten Geldsystems.

Vielleicht fragen Sie sich jetzt, wie denn überhaupt Banken pleite gehen können, wenn sie doch das Recht zum Gelddrucken haben?

Das Privileg der Geldmengenerhöhung haben natürlich nicht *alle* Geldinstitute, sondern nur die Notenbanken, die letztlich grundsätzlich der amerikanischen FED unterstehen.

Dort sitzt auch die eigentliche Organisation des Geldmonopols. Die Hypotheken- oder Endkundenbanken sind letztlich auch nur Figuren im Spiel der Hochfinanz. Eine Pleitewelle bestimmter Banken trifft vor allem die »normalen Bürger« auf diesem Planeten und natürlich auch die vielen Arbeitnehmer der betroffenen Banken, aber mit Sicherheit nicht die Drahtzieher des Systems.

In einigen Passagen hatte ich schon deutlich gemacht, dass der Wirtschaftsstandort USA zu einem reinen Konsumland verkommen ist, der permanent neues Geld drucken muss, um alle nichtamerikanischen Exportländer leer zu kaufen. Die »ausgebeuteten« Länder sind in erster Linie China und Japan, aber auch Deutschland, die dann ihren Bürgern diese Verluste als »Außenhandelsüberschüsse« verkaufen oder sich als Exportweltmeister bezeichnen.

Um die ganzen *werthaltigen* Produkte dieser Lieferländer bezahlen zu können, müssen die Vereinigten Staaten ständig neue Kaufkraft für die amerikanischen Konsumenten produzieren. Deshalb lässt man die Menschen dort bis zum Anschlag Schulden machen. Solange die Immobilienpreise ständig stiegen, passierte logischerweise nichts. Ständig nahmen die US-Bürger weitere Kredite auf ihre teurer gewordenen Immobilien auf, um zu konsumieren. Die Rechnung war einfach: Falls man in Zahlungsschwierigkeiten kam, konnte man schließlich sein Haus verkaufen und die Schulden zurückzahlen. Was nicht bedacht wurde, ist die Tatsache, dass sich die meisten Menschen dramatisch *überschuldeten*. Das wurde aufgrund der gewollten Kreditvergabepolitik von der FED auch in Kauf genommen.

Es kam, was kommen musste: Als zu viele Menschen ihre Kreditraten nicht mehr zahlen konnten, belasteten immer mehr Zwangsversteigerungen den Immobilienmarkt. Der sich dadurch beschleunigende Preisverfall der amerikanischen Gebäude führte zu vielen weiteren Notverkäufen, da immer mehr Amerikaner in eine Überschuldung gerieten.

Die Höhe dieser minderwertigen Hypotheken werden auf mittlerweile gut ein Fünftel aller Immobilienfinanzierungen geschätzt.

Zwischenzeitig sind ca. einhundert Hypothekenbanken (Stand November 2007) durch diese faulen Kredite in Konkurs gegangen, und das ist aus meiner Sicht erst der Anfang.

Mittlerweile sind auch im Rest der Welt viele interessierte Menschen sehr nachdenklich geworden. Sie haben nämlich erkannt, dass dieses vermeintliche amerikanische Problem eine weltweite (!) Finanzkrise verursacht hat.

In Deutschland sind zwei Banken in letzter Minute vor dem Konkurs gerettet worden: Die IKB (Deutsche Industriebank) wurde auf Steuerzahlerkosten über die KfW (Kreditanstalt für Wiederaufbau) »gerettet«, wobei es fraglich ist, ob sie überhaupt noch zu retten ist. Schließlich dürfte es schwierig sein, je das wahre Ausmaß der Schieflage dieser Bank zu erfahren. Das zweite Institut war sogar eine Landesbank, nämlich die Sachsen LB, die von der LBBW (also auch hauptsächlich durch Steuergelder) übernommen wurde.

Auch bei diesem Institut ist vermutlich nur die Spitze des Eisberges eines gigantischen Crashpotenzials an die Öffentlichkeit gekommen.

Viele andere Kapitalsammelbecken befinden sich ebenfalls in massivsten Schwierigkeiten: Fast zehn französische Geldmarktfonds wurden eingefroren, viele Hedgefonds mussten schließen, und der Markt der kurzfristigen Schuldverschreibungen steckt in einer Sackgasse. Die Banken hatten bereits viele Milliarden Dollar als Kredit für Fusionen bereitgestellt, die nun nicht mehr zum Zuge kommen. Durch diese amerikanische Hypothekenkrise bemerkten plötzlich die Banker dieser Welt, dass sie nicht allein in einer Schieflage steckten, sondern *alle* Banken, ob direkt oder indirekt. Die Banken misstrauen sich derzeit gegenseitig und verleihen sich selbst untereinander (wenn überhaupt) nur noch unter größten Prüfungen Geld, weil sie damit rechnen müssen, diese Kredite nicht mehr zurück zu bekommen.

Durch diese Subprime-Krise wurde langsam auch vielen unbedarften Experten klar, dass die gigantischen Schulden in den USA in der Vergangenheit gebündelt und als handelsfähige »Wertpapiere« weltweit in die Kapitalanlagen der Banken infiltriert wurden. Viele Bürger erahnen gar nicht, dass diese Papiere auch in ihren Investmentfonds enthalten sind. Abgesehen von der moralischen Komponente bedeutet dieses absolut perfide Geldspiel den Anfang vom Ende unseres Finanzsystems. Das ist auf jeden Fall meine Meinung, auch wenn der Zeitpunkt eines Zusammenbruchs schwer zu prognostizieren ist.

Unsere gesamte Bankenwelt ist zu einem gigantischen Casino verkommen, wobei die Spieler mit dem Geld der Menschen zocken, das zum Beispiel für die Altersversorgung vorgesehen war.

Ich möchte versuchen, Ihnen die Mechanismen dieser sogenannten Kapitalanlageart zu erläutern, weil es für Sie, liebe Leserinnen und Leser, ungeheuer wichtig ist, dass Sie erkennen, wie rücksichtslos mit dem sauer verdienten Geld der Menschen umgegangen wird.
Was kaum ein Bürger weiß, ist die Tatsache, dass die Banken ihre faulen Kredite loswerden wollen, um im Fall der Zahlungsunfähigkeit der Schuldner keine Verluste zu machen. Deshalb bündeln sie diese gefährdeten Kreditverträge und verkaufen sie an speziell da-

für gegründete Zweckgesellschaften. Die Rhineland Funding war eine solche in Insiderkreisen sehr bekannte Gesellschaft. Durch sie hat auch die deutsche IKB in den USA ihre enormen Verluste eingefahren, die sie an den Rand des Ruins brachten, bevor der deutsche Steuerzahler über die KfW den Konkurs verhinderte (bzw. verschob).

Durch die Ausgabe von Wertpapieren, die an Anleger verkauft wurden, sammelte die Rhineland Funding enorme Geldsummen ein, mit der sie dann die Kredite und deren Forderungen von den Banken kaufte, die diese wiederum *dringend* loswerden wollten.

Anfänglich handelte es sich dabei »nur« um amerikanische Hypotheken, später aber auch um Konsumkredite oder Kreditkartenschulden von Bürgern, da die Banken wussten, dass in Anbetracht der massiven Überschuldungen der Bürger nicht nur die Darlehen der Gebäudefinanzierungen sehr unsicher sind. Diese Schulden wurden und werden quasi verbrieft und somit handelsfähig gemacht, um sie dann an die Rhineland Funding (die sich bereits aus dem Markt verabschiedet hat) zu verkaufen. Somit ist das Risiko für die ursprünglichen Banken entfernt worden. Dieses trugen nun die Wertpapierinhaber der Rhineland Funding.

Diese »Wertpapiere«, die letztlich nur aus Schuldansprüchen bestehen, von denen man nicht weiß, ob sie jemals rückzahlbar sind, werden in verschiedene Risikoklassen und Laufzeitklassen eingeteilt und bekommen merkwürdige Namen verpasst, um der traditionellen Verschleierungstaktik des Finanzwesens gerecht zu werden. Diese »werthaltigen« ABS (asset backed securities), hypothekenbesicherte MBS (mortgage backed securities) und ABCP (asset backed commercial papers) sowie CDO Schuldverschreibungen (collateralized debt obligations) werden nun im Markt weiterverkauft. Ich erspare Ihnen an dieser Stelle eine genauere Erläuterung dieser Begriffe, denn es handelt sich dabei ohnehin nur um Nebelbomben, die möglichst wenig Menschen durchschauen sollen.

Wichtig ist nur, dass diese Irrsinnspapiere an große Finanzgruppen auf der ganzen Welt verkauft werden. Dazu gehören Banken wie Barclays, Deutsche Bank, J.P. Morgan, Merryll Lynch usw. Diese verkaufen die

Papiere nun ihrerseits an andere Finanzgesellschaften weiter, wie Rentenfonds, Versicherungen, Hedgefonds und Investmentgesellschaften, die wiederum in Aktien und Geldinstrumente investieren.

Die meisten Menschen ahnen gar nicht, dass ihre mühsam erarbeiteten Überschüsse, die sie monatlich in ihre vermeintlich sicheren Investmentfonds sparen, in solch obskure Finanzinstrumente wandern können.

Diese »Finanzspiele« werden global und permanent von einem Institut zum anderen weiter gereicht, um einen kurzfristigen Kursgewinn mitzunehmen und dann schnellstens wieder abzustoßen, weil niemand diese »schwarzen Peter« lange in der Hand halten möchte. Diese hochriskanten (im Prinzip wertlosen) Konstruktionen wurden mittlerweile zum Hauptmotor der größten Geldgeschäfte unserer aus dem Ruder gelaufenen Finanzwelt.

Die ständig neu gebündelten Finanzinstrumente wachsen exponentiell zu einer beängstigenden Größe heran.

Der Ursprung dieser Geldspielarten, die letztlich immer neue wertlose Geldmengen zur Folge hat, liegt in den USA. Doch Europa holt sichtbar auf.

Die »Bond Market Association« veröffentlichte den Anstieg dieser Papiere von 1999 bis 2005 von sechs Billionen Dollar auf über zehn Billionen Dollar weltweit.

Laut der europäischen Kommission und der »Barometre Candove-Initiative Europe« wuchs der Anteil dieser Papiere allein in Europa von 2003 bis 2006 von 30 Milliarden Euro auf 350 Milliarden Euro.

Noch erschreckender ist der gigantische Anstieg der Kreditderivate. Mit diesen Wettscheinen versuchen die Investoren dieser Finanzinstrumente, die Risiken vor großen Verlusten abzupuffern. Ich möchte Ihnen auch hierzu nähere Erläuterungen ersparen. In erster Linie geht es mir darum, dass die Leser dieses Buches sehr deutlich den von mir beschriebenen Casino-Charakter unseres Geldmonopols erfassen.

Bitte verinnerlichen Sie an dieser Stelle die unglaublichen Manipulationen unserer gesamten Volkswirtschaften. Diese Papierderivate wurden eigentlich nur erfunden, um ein Wirtschaftswachstum vorzugaukeln, das es real schon lange nicht mehr geben kann! Das Schachern mit faulen Krediten, die man als Wertpapiere darstellt, und alle Derivate (also Wettscheine auf ohnehin wertlose Papiere) fließen tatsächlich in die volkswirtschaftlichen Statistiken ein, um dort als Wachstum verbucht zu werden.

Auf diese Weise ersetzt ein Spekulationsblasensystem seit den 1980er Jahren die eigentlich fundamentale bzw. physische Ökonomie. Man erinnert sich in den Etagen der Banken offenbar nur noch sehr schwach daran, was die Wirtschaft eigentlich für eine Grundfunktion haben sollte, nämlich die Befriedigung der Bedürfnisse der Menschen im Rahmen einer sinnvollen Arbeitsteilung.

Seit vielen Jahrzehnten exportieren die USA nur noch Schulden in Form von Dollarscheinen in den Rest der Welt. Da es auf der Erde nur noch diese Währung gibt, egal ob man sie nun Dollar, in Europa Euro, in Japan Yen oder in der Schweiz Franken nennt, wird dieses unilaterale Finanzsystem wahrscheinlich bis zum globalen Zusammenbruch weiterlaufen.

Erkannt werden sollte allerdings, dass dieser Fall jeden Tag eintreten kann, denn die Subprime-Krise im Jahr 2007 war nur ein »zarter« Anfang eines vermutlich gewaltigen Endes unserer derzeitigen Finanzstrukturen. In den nächsten paar Jahren werden die Menschen möglicherweise ihren letzten Glauben an dieses Geldmonopol verlieren, spätestens, wenn sie nach einer »Umstrukturierung« arm geworden sind.

Der »Domino Day« liegt vor uns. Wenn die ersten Steine fallen, könnte eine Kettenreaktion die ganze Bankenwelt erfassen.

Unterdessen laufen die Zwangsräumungen der amerikanischen Hausbesitzer unverändert weiter. Allein im August 2007 wurden 243.000 Hauseigentümer in den USA von den Hypothekenbanken aus ihren Immobilien geworfen. Das ist verglichen mit Juli 2007 eine Steigerung von rund 36 Prozent (laut Reality Trac).

In nahezu allen US-Staaten haben wir dasselbe Symptom, das deutlich auf die genannte Katastrophe hindeutet. In persönlichen

Gesprächen mit verantwortlichen Politikern und Bankmanagern in Deutschland wird mir jedes Mal bewusst, dass diese Personen offenbar aufgegeben haben, die Probleme lösen zu wollen, da sie die »Unmöglichkeit« erkennen oder die ganzen Zusammenhänge gar nicht verstehen.

Bei diesen Gesprächen läuft mir oft ein Schauer über den Rücken, denn mir wird dabei so gnadenlos deutlich, dass viele Normalbürger immer noch diesen »Experten« vertrauen.

Gerade deshalb ist es so unendlich wichtig, sich von Geldanlagen zu trennen, um sich mit sachwerten Kapitalinvestitionen wirklich abzusichern. Schuldenfreie Immobilien in rechtssicheren Standorten, physische Edelmetalle oder Beteiligungen an Verbrauchsrohstoffen (natürlich auch physisch) oder nachhaltig aufgestellte Unternehmensanlagen sind aus meiner Sicht momentan das A und O, um sich vor essentiellen Verlusten im Rahmen einer Verabschiedung unseres derzeitigen Systems vorzubereiten.

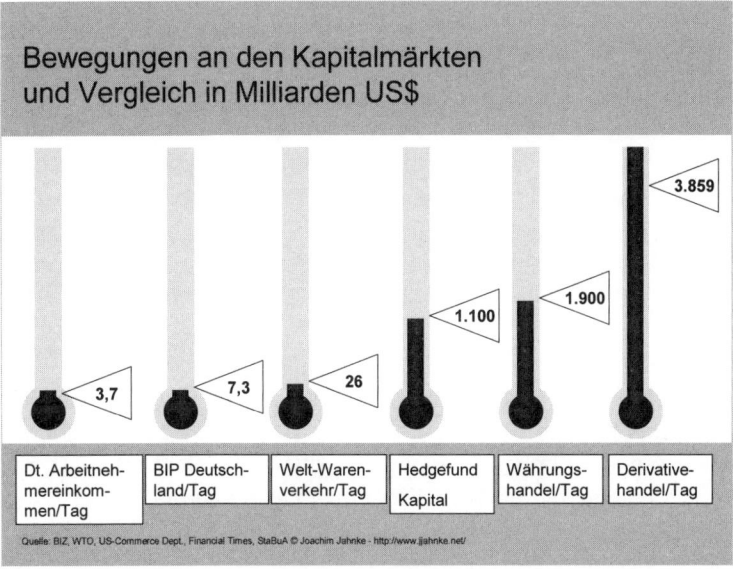

Die Derivate-Blase

An diesem Schaubild wird sehr deutlich, wie weit sich die realen wirtschaftlichen Aktivitäten »zugunsten« eines Casino-Kapitalismus par excellence verabschiedet haben.

Demokratie oder Demokratismus?
Ein Deckmantel der Plutokratie?

Wir mögen unsere täglichen Irrtümer in dieser Zeit zwar liebgewonnen haben, um aber hinter die Kulissen der verschleierten Realität zu sehen, müssen wir uns wohl oder übel von einigen Ansichten verabschieden.

Die meisten Menschen glauben tatsächlich, dass unsere demokratische Ordnung eine Art »Volksherrschaft« bedeuten würde. Genau das sollen die Bürger natürlich auch annehmen. Untermauert wird diese Volksmeinung zum Beispiel durch die sogenannte Gewaltenteilung in Legislative, Judikative und Exekutive.

Spätestens, wenn man als treuer Bürger seines Staates einmal in die Zange dieser Staatsgewalten geraten ist oder jemanden kennt, dem das widerfuhr, wird es leicht erkennbar, dass wir vielleicht im Himmel Gerechtigkeit haben, auf der Erde aber eben nur das Recht.
Ich glaube, dass unsere praktizierte Demokratie nichts anderes ist, als ein totalitäres System mit vermeintlich menschlichem Antlitz. Freie Wahlen, Meinungs- und Medienfreiheit sind Begriffe, denen ich in dieser Welt grundsätzlich keinen hohen Stellenwert mehr einräumen kann.

In jedem Zeitalter gab es bisher immer wieder einige Superreiche, die nicht durch Arbeit, sondern mit einem gewissen Geschick und durch viele Kriege ihr hohes Ansehen erlangten. Sie selbst oder ihre Kinder waren natürlich in diesen Kriegen niemals gefährdet, da nur das einfache Volk an die Fronten geschickt wurde und wird – oder glauben Sie, liebe Leserinnen und Leser, dass sich die Töchter und Söhne von Kongressabgeordneten der USA in Afghanistan oder dem Irak in wirklich gefährlichen Gebieten aufhalten?

Wenn man sich mit der Geschichte der Demokratie auseinandersetzt, die ihren Ursprung nach meinen Recherchen im alten England hatte, sollte man sich vor allem darum bemühen, herauszufinden, warum genau diese politische Gesellschaftsform erfunden wurde.

Die Vermutung liegt nahe, dass in einer gewissen Elite nach Wegen geforscht wurde, um die Umverteilung von Arm auf Reich weiter durchzuführen, ohne ständig anstrengende Kriege auch gegen das eigene Volk anzetteln zu müssen. Man erklärte sich also bereit, die einfachen Bürger im britischen Unterhaus auch hin und wieder einmal zu Wort kommen zu lassen, um ihnen das Gefühl zu geben, echten Einfluss auf die Geschicke des Landes nehmen zu können.

Das Hauptproblem ist, dass mit dem Begriff Demokratie untrennbar die Wirtschaftsform verbunden ist, die wir als Kapitalismus bezeichnen. Diese Form der »freien Marktwirtschaft« ist nämlich in sich schon so angelegt, dass durch die Möglichkeiten der leistungslosen Spekulationsgewinne eine grundsätzliche Art der »Plutokratie« geschützt wird. Kapitalismus produziert also Plutokraten, die täglich reicher und mächtiger werden. Ich halte es für vorstellbar, dass genau hier die Ursache für die Einführung der Demokratie liegen könnte. Wer bereits über viel Macht und Geld durch seine »Aktivitäten« verfügt, möchte diesen Status natürlich erhalten und weiter ausbauen.

Die Masse des Volkes ahnt offenbar nichts von *dieser* Realität des demokratischen Systems. Die Demokratie ist wirklich ein genialer Schachzug des Geldmonopols. Das Volk »entscheidet« einfach in allen »wichtigen« Bereichen mit, so dass es sich bei den vielen Fehlentwicklungen natürlich schlecht beschweren kann, schließlich hat es ja die Geschicke seines Landes mitgestaltet.

Wenn das Volk mit demokratischen Wahlen tatsächlich grundsätzlich etwas ändern könnte, wären Wahlen verboten!

Die Demokratie ist keine Gesellschaftsform, die bei Null anfing, sondern wurde erst dann in die Gesellschaft eingeführt, *nachdem* die Machtverhältnisse bereits zugunsten des Geldmonopols geregelt waren. Auf dieser Basis ließ sich die Politik, die durch die Regierungen gesteuert werden sollte, hervorragend führen. Es ist doch ein Leichtes für die wenigen Vertreter der Kapitalkonzentrationen, durch Wahlkampfspenden oder sonstige Zuwendungen eine Regierung im Zaum zu halten. Da das Großkapital grundsätzlich in allen (!) Konzernen infiltriert ist, regieren die Politiker eher weniger an der Front, selbst dann nicht, wenn sie sich ehrlich bemühen sollten. Die Macht haben einzig und allein die kapitalistischen Wirtschaftsunternehmen.

Liebe Leserinnen und Leser, bitte werden Sie jetzt nicht nervös, wenn ich hier in dieser Deutlichkeit unsere heilige Kuh der »Volksherrschaft« anzweifele. Ich wünsche mir sehr wohl eine Macht der Bürger über sich selbst, aber wenn ich mir diese Welt ansehe, so kann ich sie überhaupt nicht erkennen. Wie viele Bundespolitiker habe ich in meiner Heimat Deutschland schon erlebt, die nach dem Ausscheiden aus den Regierungen hoch bezahlte Posten in jenen Konzernen annahmen, für die sie in ihrer Amtszeit »zuständig« waren. Ein Bundeswirtschaftsminister Werner Müller, der sich während seiner Amtszeit sehr für die Energiekonzerne einsetzte, wurde nach seiner politischen Tätigkeit in Vorstandspositionen exakt jener Unternehmen übernommen. Bundeskanzler a. D. Gerhard Schröder sitzt heute in einer sehr beachtlichen Position der Rothschildbank, auch wenn ganz offensichtlich immer wieder versucht wird, mit seiner Funktion bei dem russischen Energiekonzern Gazprom von diesem Tatbestand abzulenken.

Offenbar haben die meisten Minister eben deshalb so viele Hemmungen, zu deutlich zu kommunizieren, in welchen Aufsichtsräten des Geldmonopols sie sich nebenbei ein »Zubrot« verdienen. Es ist für mich sehr gut denkbar, dass die Politik und das Kapitalmonopol untrennbar miteinander verbunden sind. Natürlich gehe ich davon aus, dass in den kommunalen Regierungen der Gemeinden und Landkreise nicht alle »Mitspieler« wissen, wie die Zusammenhänge »ganz oben« ablaufen, und deshalb möchte ich auch nicht alle Menschen, die sich politisch engagieren, über einen Kamm scheren. Die Ergebnisse unserer demokratischen Ordnung müssen aber doch wirklich erkannt werden. Nahezu drei Millionen Kinder in Deutschland leben unterhalb der Armutsgrenze, ein großer Teil der Bevölkerung ist total verschuldet, und die Banken verwerten die Pfandgüter der Kredite (Häuser, Autos usw.). Würde diese Welt vom Volk tatsächlich regiert werden, sähe es vermutlich anders aus.

Eine Demokratie wäre vermutlich eine wunderbare Form des Zusammenlebens, wenn es denn eine gäbe. Ein wählendes Volk kann nur dann effektiv etwas im Rahmen einer Wahl entscheiden, wenn es zumindest die gröbsten Zusammenhänge versteht – und das ist nicht der Fall. Durch die Medien wird permanent versucht, das Volk vom eigenen Denken abzuhalten, denn eigenes Denken wäre Gift für diesen »plutokratischen Demokratismus«. Haben Sie jemals in einer Talkshow gehört, dass die Notenbanken, die letztlich alle Macht über unsere Erde haben, egal, wer *unter* ihnen die politische »Macht« hat, kritisch diskutiert wurden?

Zu den entscheidenden Fragen wird das Volk grundsätzlich *nicht* gefragt. Die Argumentation ist einfach: »Da das Volk die Komplexität der Politik und der Wirtschaftsordnung nicht ‚versteht’, müssen dessen Volksvertreter die Entscheidungen stellvertretend treffen.« Doch erfragen Sie einmal bei einem verantwortlichen Politiker zu bestimmten Themen die konkreten Zusammenhänge. Die Antworten werden nicht selten eine Mischung aus Ausflüchten und völliger Ahnungslosigkeit sein.

Nehmen wir die EU-Verfassung, auf die ich noch kurz eingehen werde. Wie ich im ersten Teil dieses Buches deutlich machte, halte ich nur eine regionale Ordnung mit separaten Währungen für eine gesunde Basis eines fairen Systems. Die Zusammenlegungskonstruktion (Euro) führte aus meiner Sicht zu hohen Ungerechtigkeiten, und die bisherigen Zwischenergebnisse scheinen mir recht zu geben.

Nach der Einführung des Euros will man nun offenbar die *Vereinigten Staaten von Europa* voranbringen. Eine sogenannte EU-Verfassung wurde von mir *nicht* bekannten Leuten geschrieben. Es lässt sich allerdings erahnen, *wer* die Vorgaben dieser Texte initiierte. Deutschland durfte im Rahmen seiner speziellen verfassungsrechtlichen Situation natürlich nicht »demokratisch« über diese neue Verfassung abstimmen. Das taten die Abgeordneten aufgrund ihres hohen »Sachverstandes« für die Bürger. Heute sehen wir allerdings sehr klar, dass es auch nichts gebracht hätte, wenn wir hätten wählen dürfen. In anderen Ländern, wie Dänemark oder Frankreich, hatte sich das Volk klar *gegen* eine EU-Verfassung ausgesprochen. Das sollte nach meinem Demokratieverständnis ein deutlicher Auftrag an die Regierungen sein, diesen Wunsch der eigenen Bürger zu respektieren und zu verteidigen. Nichts dergleichen. Die Zusammenlegung Europas war offenbar längst eine beschlossene Sache, noch bevor das Volk überhaupt wusste, dass es eine solche Verfassung geben wird.

Nun wurde die Verfassung kurzerhand umbenannt. Das etwas veränderte Werk heißt jetzt *EU-Reformvertrag*. Darüber dürfen die Völker aber nicht mehr abstimmen, da hierfür wieder die kompetenten Abgeordneten zuständig sind. Auf Rückfragen zu diesem Vertrag, der uns alle elementar betrifft, erkennt man allerdings sehr schnell, dass die Abgeordneten, die im Rahmen einer »Parteianordnung« diese Verträge abnicken, meist überhaupt keine Ahnung vom Inhalt des Pamphlets haben, geschweige denn, die Konsequenzen für das Volk absehen können. Die wenigen Parteifunktionäre, die im Thema drin sind, erklären den anderen Kollegen-Abgeordneten auf Nachfrage gern, dass alles in Ordnung sei mit dem EU-Reformvertrag. Die Aussage, dass jeder Abgeordnete nur seinem Gewissen verantwortlich ist, halte ich für ein wertloses Lippenbekenntnis.

Eine Demokratie kann meines Erachtens nur sinnvoll sein, wenn das Volk unabhängige Informationen erhält, um sich selbst ein Bild von der jeweiligen Situation zu machen. Genau das soll aber offensichtlich mit allen Mitteln verhindert werden. Würde das Volk nur einige Zusammenhänge verstehen, stellte es schnell fest, dass nahezu gar nichts von dem stimmt, was die Medien kolportieren.

Ich werde oft angegriffen, weil ich grundsätzlich nicht mehr wählen gehe. Das war nicht immer so. Wie oft habe ich in meiner damaligen Konditionierung den unsinnigen Satz zu Nichtwählern gesagt: »Wer nicht wählen geht, darf sich auch nicht über die politischen Ergebnisse beschweren«. Gott, war ich damals naiv.

Das Geldmonopol spielt letztlich in allen Gremien, Konzernen, Lobbyistenverbänden und Parteien die entscheidende Rolle, und das kann jeder Bürger schnell erkennen. Wählen dürfen wir aus meiner Sicht nur zwischen den verschiedenen Parteien, die letztlich einer zentralen Steuerung unterliegen.

Wenn die Machtsysteme zu verhindern versuchen, dass das Volk aufgeklärt wird, gibt es offenbar nur eine Chance: Wir müssen uns *selbst* schlau machen.

Regierung und Opposition sollen ein Bild vermitteln, dass es tatsächlich gegensätzliche Meinungen gibt und der Wähler entscheidend eingreifen könne. Solange es um weniger Wichtige Dinge geht, wie den Nichtraucherschutz, mag das ja auch stimmen, aber bei zentralen Machtfragen wie einer EU-Verfassung hat das Volk keine Stimme mehr. *Diese* demokratische Ordnung ist aus meiner Sicht eine Farce, aber ich wünschte mir dringend eine *ehrliche* Demokratie.

Die EU-Verfassung bzw. der EU-Reformvertrag

Über die EU-Verfassung hat wohl jeder europäische Bürger schon einmal gehört.

Professor Dr. Karl Albrecht Schachtschneider von der Universität Nürnberg-Erlangen nahm in einem Fernsehinterview Stellung zum EU-Vertrag. Was dort zu hören war, lässt einem die Haare zu Berge stehen.

In diesem Vertragswerk soll es möglich sein, dass unter bestimmten Umständen die *Todesstrafe* in die EU eingeführt werden kann. Durch eine Annahme des Vertrags wird die Grundrecht-Charta der EU verbindlich. Aus dieser Charta geht hervor, dass niemand hingerichtet bzw. zum Tode verurteilt werden darf. Aus den Erläuterungen geht allerdings hervor, dass in Kriegszeiten oder einer *drohenden* Kriegsgefahr, selbst bei Aufruhr oder dem Aufstand der Bevölkerung dieses Grundrecht nicht gelten muss. Wenn die Mitgliedsstaaten in diesen Fällen eine Todesstrafe einführen würden, wäre das *nicht* grundrechtswidrig. Der Rat der Europäischen Union kann laut dieser Erläuterungen also die Todesstrafe als Druckmittel einsetzen, falls zum Beispiel die Soldaten im Fall einer »Unruheschlichtung« nicht ihren Befehlen entsprechend handeln.

Es ist unfassbar, dass ein solches Vertragswerk tatsächlich rechtsgültig werden könnte.

Dieses wohl heikelste Thema habe ich zum Aufrütteln bewusst an den Anfang meiner wenigen »Highlights« zum Thema EU-Verfassung gestellt. Doch auch andere Parts dieses Vertragswerkes haben es in sich.

Auch der Verbraucher- und Umweltschutz wird brutal und rücksichtslos aufgeweicht. Wie sich das mit der »Religion« zum Klimaschutz vereinbaren lässt, in der die verantwortlichen Macher unserer Politik sich so uneingeschränkt für den Erhalt der Natur und die Menschen aussprechen, entzieht sich meiner Kenntnis.

Die Einführung gentechnisch manipulierter Lebensmittel, die von den Bürgern de facto abgelehnt werden, oder die Zulassung einer 700(!)-fachen Erhöhung giftiger Spritzmittel in der Nahrungsproduktion sind nur zwei entlarvende Inhalte. Eine klare weitere Absenkung der Umwelt- und Verbraucherstandards ist deutlich zu prognostizieren. Die freie Marktwirtschaft eröffnet allen EU-Staaten die Möglichkeit, ihre Produkte überall in der EU anzubieten. Dadurch werden die umweltschonenden Verfahren einiger Länder der Vergangenheit angehören, um wettbewerbsfähig zu bleiben. Es gilt in diesem neuen verfassungsrechtlich geregelten EU-Binnenmarkt das Herstellungsland- und nicht mehr das Bestimmungslandprinzip. Das bedeutet, dass die Länder mit den geringsten Umwelt- und Verbraucherstandards künftig die Messlatte für die Verbraucher vorgeben. Alle anderen Staaten können sich dann nur noch anpassen oder wirtschaftlich in den Ruin treiben lassen. Den Verbrauchern, die durch das Geldmonopol »naturgemäß« im Durchschnitt immer ärmer werden, bleibt logischerweise dauerhaft gar keine Chance mehr, die genmanipulierten und anderen mangelhaften Waren zu boykottieren und entziehen somit den seriösen Nahrungsmittelherstellern langsam aber sicher die Grundlage. Professor Schachtschneider sagte interessanterweise zu diesem Sachverhalt, dass dieser EU-Vertrag niemals zustande kommen würde, wenn wir eine Demokratie *hätten*!

Die Europäische Union verfolgt das Prinzip der Angleichung aller ihr zugehörigen Länder, was zur Folge hat, dass die wirtschaftlich stabilen Staaten zu Gunsten der schwächeren Teilnehmer massiv »bluten« müssen. In meinen Lektionen habe ich sehr klar und unmissverständlich argumentiert, wozu einheitliche Währungen und politische Systeme in grundsätzlich heterogenen Regionen führen müssen.

Die EU-Administration wird im Übrigen versuchen, finanziell autark zu sein, weshalb alle Staaten *zusätzliche* EU-Steuern erwarten sollten, welche die Lebensqualität der Bürger weiter einschränken werden. Durch den EU-Reformvertrag verlieren die einzelnen Teilnehmerstaaten vor allem ihre Souveränität, was letztlich zu einer kognitiven Rückführung der Demokratie führen wird, die realistisch betrachtet ohnehin schon nicht mehr vorhanden ist. Der Zuzug ausländischer Bürger in jedes andere Mitgliedsland kann für die heute noch (halbwegs) starken Länder den Untergang bedeuten, auch wenn diese Ausdrucksweise sehr überzogen klingt. Das Geldmonopol verfolgt nun mal eigene Ziele.

Aus dem Artikel 33 Absatz 6 des EU-Reformvertrages geht übrigens hervor, dass die EU-Führung quasi willkürlich (!) die Verfassung ändern kann. Bitte verdeutlichen Sie sich diese brisante Aussage: Egal, ob es sich um das Währungssystem, die Wirtschaft, Polizeirecht oder den Verbraucherschutz handelt, der EU-Rat hat das Recht, unter bestimmten Voraussetzungen über alle Länder hinweg die Verfassung selbst zu verändern. Zwar werden die Europaabgeordneten über Veränderungen informiert, aber für die Zustimmung reicht die Entscheidung des jeweiligen Regierungschefs eines Staates aus. Lediglich die Außen- und Sicherheitspolitik wird nicht durch einfachen Beschluss der EU-Gremien rechtskräftig. Die nationalen Parlamente werden also auf Eis gelegt und verlieren ihre Entscheidungsmacht, da die Neuerungen der EU nicht mehr von den einzelnen Ländern ratifiziert werden müssen.

Schachtschneider spricht offen von einer *Diktatur-Verfassung* und erklärt öffentlich sehr besorgt, dass er einen Untergang der vermeintlichen Demokratie voraussieht, wenn dieser Reformvertrag in Europa rechtsgültig wird.

Gegen diese Entdemokratisierung wollen K.A. Schachtschneider und einige Kollegen vor das Bundesverfassungsgericht ziehen und mit aller Kraft versuchen, die auf uns zukommende Diktatur zu verhindern. In Anbetracht der jetzigen deutschen Verfassungslage ist das wohl kein leichter Weg.

Bitte fragen Sie sich, liebe Leserinnen und Leser, warum wir über diese unglaublichen Vorgänge *nicht* informiert werden.

Ich werde versuchen, die Gründe für all diese Maßnahmen so schonend wie möglich in meinem nächsten Kapitel zu kommunizieren. Wenn Sie glauben, ich würde dabei massiv übertreiben, dann sei Ihnen gesagt, dass ich mich noch verhältnismäßig zurückhalte. Seien Sie gewiss, dass in bestimmten Kreisen einiger hochrangiger Persönlichkeiten dieses Landes noch sehr viel deutlicher über diese Entwicklungen diskutiert wird – auch wenn Otto Normalverbraucher in den gesteuerten Massenmedien nichts darüber erfährt. Nicht nur ein Professor Schachtschneider, dessen Mut, die Dinge so offen auszusprechen, ich nur bewundern kann, setzt sich aktiv mit einer Abwendung dieses Wahnsinns auseinander, sondern auch viele Politiker und Wirtschaftsbosse, die sich noch im Hintergrund halten, sind im Inneren sehr besorgt, welcher »Plan« hier verfolgt wird.

Die Federal Reserve (FED)

1775 begann der amerikanische Unabhängigkeitskrieg, in dem die Amerikaner versuchten, sich von der britischen Unterdrückung zu lösen. Einer der Hauptgründe war vermutlich, dass König George III von England damals eine zinsfreie Währung verbieten ließ, die sich die Kolonien selbst auferlegen wollten, um von vornherein eine ehrliche und unabhängige Währung in der neuen Welt zu nutzen. Die britische Monarchie aber zwang die amerikanischen Bürger, *ihr* Geld von der englischen Zentralbank gegen Zinsen zu leihen und somit die Menschen in das uns bekannte Verschuldungssystem hineinzuziehen.

Sie werden immer wieder bemerken, wenn Sie sich mit den Ursachen der vielen Kriege auseinandersetzen – natürlich jenseits der standardisierten und von den jeweiligen Machtsystemen zensierten Geschichtsbücher –, dass die Macht des Kapitals immer an erster Stelle steht.

1783 wurde Amerika von der britischen Krone unabhängig. Zu jener Zeit war die Bank von England aber schon tief im System verankert. Seitdem leidet auch dieser Kontinent unter einem permanenten Kampf gegen die zentrale Bankenpolitik, sprich gegen das Geldmonopol.

Wie ich bereits ausgiebig dargestellt habe, haben die Zentral-banken (auch Notenbanken genannt) die komplette Macht über alle Staaten dieser Erde. Sie legen die Zinssätze fest und »regulieren« die Geldmenge. Es wird meist an den Universitäten oder in den Medien behauptet, sie würden die Bevölkerung mit Geld versorgen, stattdes-sen verleihen sie aber lediglich das *neue* Geld an die Völker; Geld, das leistungslos vom Bankenmachtsystem produziert wurde. Durch die permanenten Mengenerhöhungen und die regelmäßigen Reduktionen legen die Notenbanken die Kaufkraft des Geldes fest, wodurch eine gnadenlose Umverteilung der Vermögenswerte von Arm auf Reich vonstatten geht. In den Lektionen dieses Buches sind die jeweiligen Zustände Inflation, Deflation und Stagflation beschrieben. Letztlich verursachen die zentralbankgesteuerten Systeme nur Schulden, die wiederum die Völker zu tragen haben.

Aufgrund dieser unendlich wichtigen Grundlagen für alle Menschen dieser Erde werde ich es wagen, die Geschichte und Hintergründe dieses »Versklavungsmechanismus« ein wenig zu beleuchten, in der Hoffnung, dass ich keine persönlichen Nachteile aus diesem Kapitel erfahren muss. Letztlich ist jedermann vor seinem Gewissen verant-wortlich, und diese Messlatte lege ich auch für mich an. Meine Bitte an die Funktionäre dieser von mir beschriebenen Bankensysteme ist:

Denken Sie daran, dass es auch um Ihre Familien geht, die irgend-wann ebenfalls durchs Raster fallen könnten. Mir geht es auf keinen Fall um eine persönliche Anklage gegen die Mitarbeiter von Zentral-banken, denn mir ist klar, dass wir alle in unserem »Laufrad« rennen müssen, um selbst zu überleben. Aber je mehr kritische Stimmen allmählich lauter werden, desto größer ist die Chance, eine friedliche Veränderung unserer Welt einzuleiten.

Natürlich ist es jetzt sehr leicht, mich als »naiv« abzutun und jovial zu belächeln, aber wer dies tut, sollte zu erkennen versuchen, dass es keinen großen Mut erfordert, einfach nur »mitzuschwimmen.« Wer sich über die Brisanz der Lage unserer Welt bewusst wird, sollte aus meiner Sicht genügend couragiert sein, diese Dinge beim Namen zu nennen und versuchen, daran mitzuwirken, einige Zustände friedlich (!) zu verändern.

Wenn wir verstehen, dass jeder produzierte Geldschein gegen Zinsen verliehen wird, stellt sich die Frage, wo denn das Geld herkommt, das als Zinsen an die Banken zurückfließen muss? Natürlich wieder von den Notenbanken – und durch diesen Automatismus verläuft die steigende Geldmenge grundsätzlich exponentiell, da die »Zinsgelder« ja ebenfalls neue Zinsen usw. erfordern. Niemand kann dieser automatischen Schuldenspirale entkommen.

Anfang des 20. Jahrhunderts waren aufgrund von Kriegen und Aufständen der Völker immer wieder diverse Zentralbanken aufgelöst worden. Einige sehr mächtige und hochintelligente Banker dieser Welt versuchten in dieser Zeit, die Architektur einer *Weltzentralbank* zu schaffen, die *nicht sofort* Realität werden, sondern in einigen Generationen generalstabsmäßig umgesetzt werden sollte.

Da das Volk damals (gelinde gesagt) die Nase von den Notenbanken voll hatte, brauchte man einen »Zwischenfall«, um das Interesse der Bürger für eine neue Zentralbank zu wecken. 1907 verbreitete das Bankhaus J.P. Morgan, dass eine große New Yorker Bank vor dem Konkurs stünde, wodurch die Menschen natürlich mächtig nervös wurden, da vermeintlich die Gefahr bestand, ihr erspartes Geld zu verlieren. Es wurde durch das damalige Bankensystem der wenigen Machtinhaber eine regelrechte Panik bei den Bürgern ausgelöst, woraufhin viele Menschen ihr Geld von den Banken abhoben. Diese konstruierte *künstliche* Krise veranlasste die Banken nun, viele vergebene Kredite zu kündigen und die Wirtschaft so in chaotische Verhältnisse zu manövrieren. Das war vermutlich die Initialzündung für den amerikanischen Kongress, sich wieder mit dem Thema einer mächtigen privaten Zentralbank zu beschäftigen, die solche Probleme künftig nachhaltig zu verhindern wissen sollte. Im Jahre 1910 gab es auf einer kleinen Insel Namens Jekyll Island ein geheimes Treffen der mächtigsten Banker dieser Erde, die an einem Gesetz arbeiteten, das letztlich eine zentrale Notenbank für die Welt schaffen sollte, auch wenn am Anfang nur von Amerika gesprochen wurde. Diese Männer wussten natürlich auch, dass es nicht leicht sein würde, diese »Übernahme« der Macht über das Geldsystem in den Privatbesitz zu transferieren, weshalb natürlich im Vorfeld entsprechende Politiker des US-Senats in diese Richtung »eingeschworen« wurden.

Zwei Tage vor Heiligabend im Jahre 1913 wurde dieses *Federal Reserve Act* im Kongress verabschiedet, als sich die meisten Senatoren bereits im Weihnachtsurlaub befanden. Mit diesem »genialen« Vorgang gaben die amerikanischen Bürger quasi ihre Unabhängigkeit auf, wobei sich nur die wenigsten Menschen dessen bewusst waren. Das Volk war laut meiner Recherchen sogar mehrheitlich der Meinung, dass dieses Gesetz künftig Bankenzusammenbrüche zu verhindern wüsste, denn es ahnte ja nicht einmal, dass die Bankenkrise von 1907 von den Bankern selbst inszeniert worden war.

Ich möchte Sie bitten, sich wirklich klar zu machen, dass das Notenbankgesetz der FED offenbar nicht von verantwortlichen Politikern geschrieben wurde, sondern von privaten Bankiers bei einem geheimen Treffen. Dieses Treffen im Jahr 1910 war laut verschiedener Quellen so geheim, dass sich die teilnehmenden Banker sogar Decknamen gaben, damit niemand hinter ihr »Geheimnis« kam.

Woodrow Wilson, der 1913 Präsident der Vereinigten Staaten wurde, unterstützte die Gründung der FED intensiv mit. Bei meinen Recherchen las ich immer wieder, dass Wilson während seines Wahlkampfes von den besagten Bankiers finanziell unterstützt wurde. In bestimmten Dokumenten wird sogar behauptet, dass Wilson *vor* seiner Wahl bereits das Federal Reserve Act unterschrieben hätte. Nun weiß ich aber auch sehr genau, dass die geschichtlichen Überlieferungen jedes Landes grundsätzlich sehr verfälscht wurden, je nachdem, wessen Interessen der Schreiber vertrat. Mittlerweile ist nahezu alles für mich vorstellbar, auch, dass ein Präsident sein Land verrät, zumal Wilson sich Jahre nach der FED-Gründung sehr deprimiert zu diesem Thema äußerte und die Manager der amerikanischen Notenbank massiv anklagte.

Beschäftigt man sich aber wirklich einmal in aller Ruhe mit dem Thema *Notenbanken,* wird einem so manches Mal auf erschreckende Weise bewusst, wie der Mechanismus der großen Machtsysteme zu Lasten der Völker abläuft.

Dem Volk wurde suggeriert, dass durch die FED zukünftig keine Wirtschaftskrisen mehr möglich seien, da kompetent mit einer entsprechenden Zins- und Geldmengenpolitik gegengesteuert werden könne. Dieses kolportierte goldene Zeitalter einer künftigen harmonischen Ökonomie hat, wie wir wissen, bis heute nicht funktioniert, und ich kann in Anbetracht der Ereignisse des 20. Jahrhunderts und der aktuellen Lage auf dieser Welt die Menschen verstehen, die jegliches Vertrauen in die Machtsysteme verloren haben.

Zwischen 1914 und 1920 wurde die Geldmenge von der FED durch Kredite um 100 Prozent erhöht. Wie, das habe ich in meinen Lektionen schon beschrieben. Nach 1920 wurde die Geldmenge kurzfristig wieder dramatisch reduziert und die Geschäftsbanken *außerhalb* des FED-Systems dazu gezwungen, viele Kredite der Kunden aufzukündigen. Dadurch wurden sehr viele Bankenkonkurrenten der FED in den Konkurs getrieben, und die Welt geriet in eine furchtbare Wirtschaftskrise. Man entledigte sich durch die Macht der FED über den Geldmengenhebel auf diese Weise über viele Jahrzehnte nach und nach seiner Mitbewerber.

Auslöser für die Geldmengenerhöhung *bis* 1920 war der Erste Weltkrieg, der nach genauen Recherchen auf sehr *kuriose Weise* zustande kam und der FED gigantische Gewinne einfuhr. Einige spezielle Bankiers finanzierten den Ersten Weltkrieg, der sich vor allem gegen Deutschland richtete. Auf die Hintergründe möchte ich hier nicht wirklich eingehen, denn ich weiß, dass man bei bestimmten kritischen Fragen sofort in eine bestimmte radikale Ecke »argumentiert« wird, in die ich einfach nicht hingehöre. Fakt ist, dass die J. P. Morgan Bank viele Kriegsgegner Deutschlands finanzierte, was bereits 1915 zum Problem wurde. Der Erste Weltkrieg »drohte« zugunsten Deutschlands auszugehen. Das durfte aus Sicht der Banker auf keinen Fall geschehen, schließlich hatten sie hauptsächlich die andere Seite finanziert. Heute gibt es viele Dokumente, die belegen, *wie* die Banker Amerika in den Krieg hineinzogen, das mit dem Krieg grundsätzlich nichts zu tun hatte und auch nicht haben wollte.

Mit inszenierten Vorfällen bringt man das Volk erfahrungsgemäß sehr schnell dazu, im Interesse der Macht zu denken (siehe 1907 die fingierte Bankenkrise).

In diesem Fall ließ man offenbar »bewusst« ein amerikanisches »Passagierschiff« namens *Lousitania* von deutschen U-Booten versenken. Durch die Toten war die amerikanische Bevölkerung natürlich sofort bereit, in den Krieg einzusteigen, um Deutschland zu vernichten, was dann Jahre später auch gelang. Vor dem Auslaufen der *Lousitania* in New York bekamen die deutschen Geheimdienste offenbar Wind von dem Plan. In großen Anzeigen in amerikanischen Zeitungen wollte die deutsche Botschaft in Amerika die Bürger warnen, sich auf dieses Schiff zu begeben. Allerdings veröffentlichten diese Anzeigen nur wenige Zeitungen. Ich möchte nicht zu tief in diese Thematik einsteigen, weil das für einen Autor nicht ungefährlich ist. Dennoch so viel: Es gibt sehr viele Ungereimtheiten bei diesem Vorgang.

Mit der Vernichtung Deutschlands wurde der Erste Weltkrieg allerdings ein voller Erfolg für die finanzierenden Banken der gegnerischen Staaten. Letztlich bedeutet Krieg für das Geldmonopol immer eine Umverteilung der Waren und Dienstleistungsmenge zu ihren Gunsten. Deshalb ist ein möglichst *langer* Kriegsverlauf für die Zinsgewinne hervorragend.

Nach 1921 wurde die Geldmenge wieder massiv erhöht, was bei vielen Geldanlegern zu gigantischen Spekulationsinvestitionen führte. Man konnte damals Aktien mit nur zehn Prozent Eigenkapital kaufen. Die restlichen 90 Prozent bekam man von den Banken als Kredit (diese Hebelgeschäfte sind übrigens heute wieder ein standardisiertes Anlagemodell). Bis 1929 wurde dieses fremdfinanzierte Aktienmodell von Seiten der FED-abhängigen Banken massiv angeheizt. Dabei zogen sich die großen Bankiers der FED selbst längst sukzessive aus diesem Geschäft zurück. Am 24. Oktober 1929 wurde die bisher wohl bekannteste Aktienkrise der Welt eingeleitet: Es wurden schlicht die vielen Kredite der Aktienanleger aufgekündigt (was jederzeit möglich war), wodurch die Investoren dazu gezwungen wurden, die finanzierten Wertpapiere zu verkaufen. Das führte schließlich zu einem noch nie da gewesenen Zusammenbruch der Märkte. Tausende Sparer und Anleger brachten sich damals um, rund 16.000 Banken (die natürlich nicht zum FED-System gehörten) mussten Konkurs anmelden. Damit war ein weiterer großer Meilenstein für die FED in Richtung einer *Weltnotenbank* gelegt. Sie konnte nach 1929 viele bankrotte Banken und andere Großunternehmen zu einem Spottpreis vereinnahmen.

Anstatt in dieser dramatischen ökonomischen Lage die Geldmenge zu erhöhen, um die reale Wirtschaft wieder in Gang zu bringen, reduzierte die FED die Geldmenge und manövrierte Amerika somit in eine dramatische Rezession. Die Senatoren des US-Kongresses sahen offenbar nur teilnahmslos zu, denn sie hatten die Macht über ihr Land schon damals längst verloren.

Die Rezession kippte *durch* die FED-Politik in eine Depression um, die zu massivem Elend in der Bevölkerung führte. Der nun folgende Vorgang ist wieder einmal kaum zu glauben: Die durch die Geldmengenpolitik produzierte Armut wurde nun zum Anlass genommen, um ein Goldverbot bei der Bevölkerung durchzusetzen. Dadurch konnte wieder Geld gedruckt werden, um die Wirtschaft zu »reanimieren«. Damals sollten alle Bürger ihre Goldbarren, die sie in der Vergangenheit erworben hatten, bei der FED abliefern. Man nannte das dann »Solidarität«, und die Bürger glaubten auch das wieder. Somit kamen die Banker der FED auch an das letzte Vermögen vieler Bürger Amerikas. Nach dem Eigentumstransfer des Goldes an die Notenbank schaffte die FED sozusagen als Krönung auch noch den Goldstandard *ab*, um zur Rettung der Wirtschaft Geld drucken zu können.

An dieser Stelle möchte ich kurz auf unsere jetzige Zeit eingehen. Da sich seit damals das meiste Gold der Erde in den Händen der Bankiers befindet, ist es aus meiner Sicht überhaupt nicht zu erwarten, dass sich ein solches Goldverbot (wie 1933) wiederholen wird. Damals war es völlig normal, dass jeder Bürger einige Unzen Gold sein Eigen nannte, die er zuhause als »Notgeld« versteckt hatte. Heute gibt es gar nicht mehr genug Gold im Privatbesitz, als dass sich ein Verbot lohnen würde. Trotzdem empfehle ich aus Sicherheitsgründen bei der Vermögenssicherung in Edelmetallen nicht nur auf Gold, sondern auch auf Silber und Platin zu setzen. Wichtig sind die rechtssichere Aufbewahrung und die Einlagerung in Tresoranlagen *außerhalb* des Bankensystems.

Bis der Goldstandard abgeschafft wurde, stand auf den Dollarnoten noch »In Gold einlösbar«. Seither und bis zum heutigen Tag steht dort nur noch: Wir vertrauen auf Gott.

Bitte vergegenwärtigen Sie sich immer wieder, liebe Leserinnen und Leser, dass die Federal Reserve eine reine Privatbank ist, die letztlich durch die Macht der Geldproduktion zur höchsten Instanz überhaupt aufstieg, also weit über den Regierungen anzusiedeln ist.

Nach der Gründung der FED 1913 wurde zum Beispiel auch die Einkommensteuer in den USA eingeführt, die laut Aussagen vieler Experten komplett *gegen die amerikanische Verfassung* verstößt. Direkte Steuern müssten demnach auch direkt auf das Volk aufgeteilt werden, was natürlich *nicht* geschieht. Letztlich fließen die Einkommensteuern als Zinsen auf die Konten der FED, da die USA bei dieser Notenbank bis über beide Ohren verschuldet sind, wobei sich dieses Schicksal mittlerweile nahezu alle Staaten dieser Welt teilen.

Die Haupteinnahmen bzw. die Umverteilungen wurden grundsätzlich durch die vielen Kriege für die FED und deren private Eigentümer eingefahren, wie ich bereits für den Ersten Weltkrieg beschrieb. Kriege verursachen unendliche Kosten, und diese werden durch Kredite finanziert, ein »Bombengeschäft« also für das Bankensystem!

Am 7. Dezember 1941 griff Japan die amerikanische Flotte in Pearl Harbor an, wodurch die USA in den Zweiten Weltkrieg eintraten. Präsident Theodore Roosevelt nannte diesen Tag »Einen Tag der Schande«. Nach über 60 Jahren allerdings verdichten sich die Gerüchte, wonach Roosevelt selbst in Zusammenarbeit mit der FED diesen Angriff auf Pearl Harbor provoziert haben soll, um Amerika in den Krieg zu ziehen. Schließlich war dieser für die Banken und deren Rüstungsindustrie wieder einmal sehr profitabel. *Vor* diesem Angriff der Japaner waren nahezu alle Amerikaner *gegen* eine Beteiligung am Zweiten Weltkrieg, *nach* dem Angriff meldeten sich nach meinen Recherchen indes über eine Million US-Bürger freiwillig zum Kriegsdienst.

In Anbetracht der Tatsache, dass ich deutscher Herkunft bin, möchte ich vermeiden, die Zusammenhänge der Finanzierung des Zweiten Weltkrieges – soweit es das deutsche Nazisystem betrifft – aus meiner Sicht zu erläutern. Die Erfahrungen zeigen aber immer wieder, dass Kriege eine hochrentable Einnahme für das Geldmonopol bedeuten, besonders, wenn *alle* Teilnehmer finanziert werden.

Wie bereits beschrieben, wurde die FED 1944 mit der Einführung eines neuen Goldstandards gewissermaßen zur Weltnotenbank erkoren, da fast alle Länder der Erde den Dollar als Weltleitwährung anerkannten. Auf dieses Thema bin ich aber bereits genug eingegangen.

1964 erklärten die USA, vertreten durch Präsident Lyndon B. Johnson, Nordvietnam aufgrund eines »Zwischenfalls« den Krieg. Angeblich wurden zwei amerikanische Zerstörer von nordvietnamesischen Schnellbooten im *Golf von Tonkin* angegriffen. Unter diesen Bedingungen war es natürlich für die USA wieder einmal angesagt, in einen für die Bankensysteme lukrativen Krieg zu ziehen.

Es gibt heute sehr viele Experten, auch unter den damals beteiligten Politikern und hochrangigen Militärs, die unmissverständlich behaupten, dass es diesen »Golf-von-Tonkin-Zwischenfall« *niemals* gegeben hat und dass dieser nur als Vorwand initiiert wurde, um in den Krieg zu ziehen. Der ehemalige US-Verteidigungsminister Robert McNamara erklärte viele Jahre nach dem Vietnamkrieg öffentlich im Fernsehen, dass der Grund für den Vietnamkrieg ein Irrtum war. 1966 lockerte Präsident Johnson die Handelsbeschränkungen der USA mit der damaligen Sowjetunion, obwohl er wusste, dass die Sowjets die Hauptverbündeten der Nordvietnamesen in Sachen Rüstungsnachschub waren. Man sollte allerdings wissen, dass amerikanische Investoren aus dem Bankensektor auch die sowjetische Rüstungsindustrie finanzierten.

In den 1980er Jahren wurden viele Dokumente zum Vietnamkrieg freigegeben, die einfach nur erschütternd sind, wenn man an die unendlich vielen Toten auf beiden Seiten der Kriegsparteien denkt. Aus diesen Unterlagen geht hervor, mit welchen Mitteln der Krieg in die Länge gezogen wurde und dass es offenbar auch genau darum ging.

Es stellt sich die Frage, ob die USA diesen oder auch andere Kriege je gewinnen *wollten*. Die damaligen Demonstranten gegen den Vietnamkrieg wurden in den Medien als Vaterlandsverräter bezeichnet, während die vielen invaliden Soldaten, die zurückkehrten (wenn sie denn überlebten), als patriotische Helden gefeiert wurden. Von den ca. zwei Millionen Vietnamesen, die neben den über 58.000 US-Soldaten in diesem Krieg getötet wurden, wird nur oberflächlich gesprochen. Das alte Prinzip »teile und herrsche« in Verbindung mit einem privaten *hochintelligenten* Finanzsystem ist die Grundlage für diese Zusammenhänge.

Nachdem das Recht auf den Eintausch der US-Dollarnoten gegen Gold 1971 unter der Herrschaft von Präsident Richard Nixon widerrechtlich aufgekündigt wurde, bekam die FED das Recht, gewissermaßen unkontrolliert Geld zu produzieren. Diesen Zusammenhang habe ich weiter oben schon ausführlich genug erläutert.

Mit jedem Krieg, wie auch immer er zustande kam, wurden Unmengen an Geld verdient, während Millionen von Menschen für diese »Renditen« ihr Leben verloren.

An dieser Stelle möchte ich noch einmal festhalten: Wenn der Untergang der *Lousitania* 1915, der letztlich zum Ersten Weltkrieg geführt hatte, und der Angriff auf Pearl Harbor, der den Zweiten Weltkrieg eskalieren ließ, wirklich provoziert waren, und wenn außerdem der Vietnamkrieg inszeniert worden war, stellt sich die Frage, wie eigentlich der Angriff auf die USA am 11. September 2001 zu bewerten ist?

Durch diesen »Terroranschlag« wurde der Grundstein für zwei weitere Kriege gelegt. Mittlerweile ist bekannt, dass auch der Afghanistanvorgang sehr viele Fragen aufwirft, und die Rechtfertigung für den Irakkrieg wurde zwischenzeitlich ebenfalls als »Irrtum« entlarvt.

Nichtsdestotrotz führte der Krieg gegen den Terror zu einem weiteren Vorgehen gegen *alle* Menschen dieser Erde, und das macht mir persönlich Angst! Viele Menschen glauben, dass der US-Krieg gegen den Irak fehlgeschlagen ist. Man muss sich aber einfach einmal fragen, ob die Systeme hinter den Regierungen nicht genau diesen Dauerzustand herstellen wollten, mit dem sehr viel Geld verdient wird.

Aufgrund der Aktualität dieser Entwicklungen werde ich nicht näher auf den Patriot Act der USA oder auf unsere Überwachungsstaaten (zum Beispiel Deutschland) eingehen, welche die Menschen letztlich komplett kontrollierbar machen. Das eigentliche »Spiel« könnte gerade erst angefangen haben…

Offener Brief an die Bundeskanzlerin der Bundesrepublik Deutschland

Diesen Brief sendete ich an unsere derzeitige Bundeskanzlerin Angela Merkel, mit der Bitte um eine kurze Stellungnahme, egal, wie naiv der eine oder andere Leser dieses Buches das folgende Dokument empfindet. Bis heute habe ich leider noch keine Antwort erhalten, nicht einmal von einem Beamten des Bundeskanzleramtes.

Die Frage muss erlaubt sein, wie ernst die Anliegen der Bürger genommen werden, die sich wirklich Sorgen um ihre Heimat machen. Ich denke aber, diese Frage kann sich jeder selbst beantworten.

An die Bundeskanzlerin
Frau Dr. Angela Merkel
– persönlich –
Bundeskanzleramt / Berlin

Unsere sich zuspitzende Lage in Deutschland

Sehr geehrte Frau Bundeskanzlerin,

auch wenn es unwahrscheinlich ist, dass Sie diesen Brief jemals persönlich in Ihren Händen halten, ist es mir trotzdem wichtig, dass ich ihn schreibe, denn ich möchte nicht, dass meine Kinder und Enkel irgendwann einmal sagen, dass ich nicht genug unternahm.

Als heutiger Aufsichtsratsvorsitzender der POPP AG Unternehmensgruppe, die ich etliche Jahre als Vorstandsvorsitzender leitete, hatte ich viele Einblicke in unsere Wirtschaftswelt.
    Seit Jahren beschäftige ich mich auch mit unserem Geldsystem sowie einer nachhaltigen physischen Ökonomie.

Es geht mir bei meinen Zeilen auf keinen Fall um Konfrontation, sondern schlicht um einen menschlichen Appell an Sie.

Unser Weltfinanzsystem führt zwangsläufig zu einer Massenverarmung und Ultraverreichung einiger Weniger, aber mir ist klar, dass Sie das wissen.

Die Frage, die sich mir stellt, lautet:

Wann werden die ursächlichen Probleme wirklich angegangen?

Als Naturwissenschaftlerin können Sie selbstverständlich unser Bankensystem nicht wirklich verstehen, was absolut nachvollziehbar ist, denn nur die wenigsten begreifen die Komplexität, selbst wenn sie sich als Experten bezeichnen.

Als Physikerin wissen Sie allerdings sehr genau, dass zum Beispiel unsere »CO_2-basierte Klima-Veränderung« eine hausgemachte Story ist, die nur dazu dient, die exponentiell ansteigende Geldmenge mit einer Pseudowirtschaft zu finanzieren.

Viele Wissenschaftler dieser Welt hängen halt am Tropf der Fördergelder und spielen wider »besseren Wissens« mit, aber der Unmut wird nicht nur hinter den Kulissen immer lauter.

Eine effiziente Ressourcen-Allokation sollte die Grundlage der Wirtschaft sein, wenn sie den Menschen ehrlichen Fortschritt bringen soll.

Aber was tun wir? Wir reißen intakte Heizungen aus den Häusern heraus, um sie durch vermeintlich schadstoffärmere Heizsysteme zu ersetzen, wobei man mit Schadstoffen das lebensnotwendige CO_2 meint.

Funktionierende Autos sollen durch »bessere« ausgetauscht werden, was eigentlich nur der angeschlagenen Wirtschaft dient, die schwerpunktmäßig auf Konsum ausgerichtet ist.

Wir haben in Deutschland mehr als doppelt so viele reale Arbeitslose, wie statistisch dargestellt werden, obwohl wir allein durch die Instandsetzung unserer Infrastrukturen sehr viel zu tun hätten.

Aber da ist ja dieses leidige Finanz- und Wirtschaftssystem, das eine sachliche Herangehensweise verhindert.

Allein im August 2007 sind über 300 Milliarden US-Dollar an neuem Geld (viel auf Eurobasis) in die Welt gepumpt worden, um eine Währungsreform zu »verschieben«, die ein globaler Banken-Crash mit sich gebracht hätte.

Übrigens: 1959 lag die Weltgeldmenge (!) bei rund 259 Milliarden US-Dollar.

Wir erhöhen durch diese »Maßnahmen« eigentlich nur das »Absturzpotenzial«, wobei ich auf die rechtlichen Bedenken dieser Praxis gar nicht eingehen möchte.

Die sichtbar steigende Armut auch in unserem ehemaligen Land der Dichter und Denker sollte uns jedoch sehr nachdenklich machen.

Viele Arbeitnehmer können ihre Kosten nicht mehr tragen und haben Angst vor Arbeitslosigkeit.

Viele Arbeitgeber (ich meine nicht die Konzerne) können auch ihre Kosten nicht mehr tragen und haben Angst vor der Pleite.

Viele junge Menschen haben kaum noch Zukunftsperspektiven, während viele alte Menschen um die Früchte ihres Arbeitslebens gebracht werden.

In den TV-Talkshows werden genau diese »Opfergruppen« gegeneinander aufgewiegelt!

Unsere rechtlichen Systeme sind nicht mehr kalkulierbar, um als Bürger ein Unternehmerrisiko einzugehen.

Ich bin mir sicher, dass Sie diese Zusammenhänge längst kennen.

Unser auf Verschuldung aufgebautes Finanzsystem und die daraus resultierenden Probleme sind nicht mehr in den Griff zu bekommen, es sei denn durch Krieg und Elend.

Nun haben wir es in Deutschland durch unsere besondere »verfassungsrechtliche Basis« im Rahmen unserer jüngeren Geschichte natürlich sehr schwer, in diese globalen Strukturen einzugreifen, aber was passiert mit der Menschheit, wenn wir so weitermachen?

Es wird auch für das Deutsche Volk immer sichtbarer, wie die Fäden der Macht gesponnen sind, und immer mehr Menschen erkennen instinktiv die Ursachen unserer Probleme.
   Das fängt bei dieser vermeintlich sozialen Marktwirtschaft an und endet irgendwann bei der sogenannten Klimakatastrophe, »islamistischen« Terrorstaaten oder der Vogelgrippe.

Die EU ist in meinen Augen eine Konstruktion, die nur als Käse für viele Lobbyisten dient, von dem man sich bedient, aber das sind nun einmal die Auswüchse einer Bürokratie.

Ich würde mich sehr über ein Zeichen von Ihnen freuen, dass Sie in »inoffiziellen« Aktivitäten mit ehrlichen Menschen bereits an Lösungen arbeiten, die natürlich vorhanden sind.

Als die Titanic unterging, sind auch die Luxussuiten mit abgesoffen, das sollte auch der reichste Lobbyist verstehen.

Sollten Sie an dem Wissen eines sehr aufgeräumten mittelständischen Unternehmers interessiert sein, der keiner Partei oder Kirche angehört und bis jetzt ohne Lobby auskam, stehe ich Ihnen gern zur Verfügung, auch wenn Sie in Anbetracht Ihrer vielen Experten jetzt lächeln müssen.

Bitte vergessen Sie aber nicht, dass die Arche Noah von einem Laien gebaut wurde, während hunderte von Experten die Titanic konstruierten.

Viele Menschen wären mit Sicherheit bereit, wirklich mit anzupacken, wenn sie eine Perspektive sähen, was aus meiner Sicht aber nur mit einer kontrollierten Umstrukturierung der gesamten Systeme funktionieren würde.

Auf meinen vielen Vorträgen im deutschsprachigen Europa lerne ich immer mehr Zuhörer kennen, die längst realisiert haben, wie unsere Welt läuft, und die Gruppen werden immer größer, und ich mache mir ernste Sorgen um einen aufkeimenden Mob, weil dies in Bürgerkriegen enden könnte.

Ich halte Sie, sehr geehrte Frau Merkel, nicht für einen Menschen, der diese Probleme billigt, denn auch Sie sind »nur« eine Nachfolgerin einer Vorgeschichte und haben dieses Land nicht selbst in diese Situation manövriert.

Bei über 2,5 Millionen Kindern unterhalb der Armutsgrenze und fast 600.000 Menschen, die einen Vollzeitjob haben und trotzdem Hartz IV beziehen, um überleben zu können, muss aber klar sein, dass grundsätzliche Änderungen anstehen sollten.

Als erfolgreicher Unternehmer in dieser schwierigen Zeit kenne ich unsere Strukturen nur zu gut und lege Wert darauf, nicht als Phantast eingeordnet zu werden.

Wir brauchen dringend einen transparenten Rechtsstaat, der den Namen auch verdient und dann ein faires Finanz- und Wirtschaftssystem, das den immer mehr leidenden Menschen und Tieren dient.

Ich gehöre (noch?!) nicht zu den bedürftigen Menschen, aber ich sehe sehr deutlich, was auf uns zukommt und setze mich schon seit vielen Jahren sehr konkret für eine bessere Welt ein.

In der Hoffnung, dass Sie diese Zeilen überhaupt gesehen haben, verbleibe ich

mit freundlichen Grüßen

Andreas Popp

Nachwort

Ich komme nun zum Ende meines Buches. Natürlich ist es für einen Mann wie mich nicht wirklich möglich, Kontakt zu den tatsächlichen Machtsystemen dieser Welt aufzubauen, auch wenn ich nur zu gern noch mehr Hintergründe zu dieser aus dem Ruder gelaufenen Welt erfahren würde.

Niemand auf dieser Welt müsste hungern, kein Tier müsste so furchtbar gequält werden, und die Natur könnte nachhaltig bewirtschaftet und somit geschont werden. Dazu müssen wir aber endlich anfangen, autark zu denken, was nur außerhalb der Massenmedien möglich sein kann.

Bis zu dem Zeitpunkt der langsamen Umwandlung unserer medialen Verstrahlung in eine echte lebenswerte Welt müssen wir wohl oder übel versuchen, im Rahmen der derzeitigen Systeme zu überleben. Deshalb gehe ich auch konkret in dem Fragenteil dieses Buches auf die persönliche Vermögenssicherung ein, denn diese sinnvollen Ratschläge stehen *nicht* im Widerspruch zu meinen sonstigen Ausführungen, solange wir nicht das Ziel aus den Augen verlieren, für eine bessere Welt einzustehen. Ich bitte Sie um Nachsicht, dass ich relativ viele Sachverhalte wiederholt habe, denn mir ist es ausgesprochen wichtig, dass sich einige Dinge in aller Deutlichkeit bei den Menschen manifestieren. In Anbetracht der täglichen massenmedialen Manipulation eher ein bescheidener Konterversuch.

Schließen möchte ich mit den Worten eines Indianers:

Kein Mensch beginnt zu sein,
bevor er seine Vision empfangen hat.

Spruch der Ojibway

Worte von Lame Deer,
der von 1890 bis 1974 lebte und Medizinmann der Dakotas,
einem Unterstamm der Sioux-Indianer, war

»ICH BIN EIN MEDIZINMANN – ein wicasa wakan. Medizinmann das ist ein Wort, das die Weißen erfunden haben. Ich
wünschte, es gäbe ein besseres Wort, um auszudrücken, was
»Medizinmann« für uns bedeutet, aber ich finde keines und
du auch nicht, und so müssen wir uns wohl damit zufrieden
geben. Ein wicasa wakan muss viel und oft mit sich allein sein.
Er will weg von der Menge, weg von den kleinen, alltäglichen
Dingen. Er liebt es zu meditieren, sich an einen Baum oder an
einen Felsen zu lehnen und zu fühlen, wie sich die Erde unter
ihm bewegt und wie über ihm das Gewicht des weiten flam-
menden Himmels lastet. Auf diese Weise lernt er zu verstehen.
Er schließt die Augen und beginnt, klarer zu sehen. Was du mit
geschlossenen Augen siehst, das zählt. Der wicasa wakan liebt
die Stille, er hüllt sich in sie ein, wie in eine Decke – eine Stille,
die nicht schweigt, die ihn mit ihrer donnergleichen Stimme
vieles lehrt.

Solch ein Mann liebt es, an einem Ort zu sein, wo er nur das
Summen der Insekten hört. Er sitzt, das Gesicht gegen Westen,
und bittet um Beistand. Er redet mit den Pflanzen, und sie antworten ihm. Er lauscht den Stimmen der wama kaskan – der
Tiere. Er wird einer von ihnen. Von allen Lebewesen fließt etwas
in ihn ein, und auch von ihm strömt etwas aus. Ich weiß nicht,
was und wie, aber es ist so. Ich habe es erlebt. Ein Medizinmann

muss der Erde angehören, muss die Natur lesen können wie ein weißer Mann ein Buch.

ALLES, WAS IHR ESST, wird in eine Plastikhülle gepackt, ist sauber zerteilt und vorbereitet für die Pfanne, hat keinen Geschmack und erweckt in euch keine Schuldgefühle. Wenn ihr eure Pelz- oder Ledermäntel tragt, wollt ihr nicht daran erinnert werden, wie viel Blut und Schmerz sie gekostet haben. Wenn wir einen Büffel töteten, dann wussten wir, was wir taten.

Wir baten seinen Geist um Vergebung und sagten ihm, warum wir es tun mussten. Wir ehrten mit einem Gebet die Gebeine derer, die uns ihr Fleisch als Nahrung gaben, wir beteten, dass sie wiederkommen sollten, wir beteten für das Leben unserer Brüder, des Büffelvolkes, genauso wie für unser eigenes Volk.

Für uns ist alles Leben heilig.

Der Staat Dakota hat eigene Beamte für die Schädlingsbekämpfung. Sie setzen sich in ein Flugzeug und erschießen die Kojoten von der Luft aus. Sie führen Buch darüber, jeder tote Kojote wird in ihr Notizheft eingetragen. Die Vieh- und Schafzüchter bezahlen sie dafür. Kojoten ernähren sich von Nagetieren, von Feldmäusen und anderem kleinem Getier. Gelegentlich fressen sie ein Schaf, das sich verlaufen hat. Sie sind die natürlichen Abfallverwerter, sie säubern das Land von allem, was faulig ist und stinkt. Wer sich die Mühe macht und sie zähmt, für den sind sie gute Spielgefährten. Doch wenn sie am Leben bleiben, haben einige Leute Angst, ein paar Cent zu verlieren – und deshalb tötet man sie vom Flugzeug aus. Die Kojoten waren in diesem Land, bevor die Schafe hierher kamen, aber sie sind euch im Weg, denn ihr könnt aus ihnen keinen Profit schlagen. Mehr und mehr Tiere sterben aus.

Die Tiere, die der Große Geist in dieses Land gesetzt hat, müssen fort. Nur die Haustiere, nur die vom Menschen gezüchteten Tiere dürfen leben – zumindest so lange, bis man sie in den Schlachthof treibt. Dieser entsetzliche Hochmut des weißen Menschen, der sich anmaßt, mehr als Gott zu sein, mehr als die Natur!

Der Weiße sagt: »Ich lasse dieses Tier leben, denn es bringt mir Geld« und er sagt: »Jenes Tier muss sterben, ich kann an ihm nichts verdienen, den Platz, den es braucht, kann ich besser verwenden. Nur ein toter Kojote ist ein guter Kojote.« Die Weißen behandeln die Kojoten fast so schlimm wie sie einst uns Indianer behandelt haben.

Ich habe den Eindruck, die weißen Menschen fürchten sich so sehr vor der Welt, die sie selbst geschaffen haben, dass sie diese nicht mehr sehen, fühlen, riechen oder hören wollen. Regen und Schnee auf dem Gesicht zu spüren, von einem eisigen Wind wie erstarrt zu sein und an einem rauchenden Feuer wieder aufzutauen, aus einer heißen Schwitzhütte zu kommen und in einen kalten Fluss zu tauchen – diese Erfahrungen zeigen dir, dass du lebst. Aber ihr wollt das gar nicht mehr empfinden. Ihr wohnt in Kästen, die Sommerhitze und Winterkälte aussperren, ihr lebt in einem Körper, der seinen Geruch verloren hat, ihr hört den Lärm aus der Hi-Fi-Anlage, anstatt den Klängen der Natur zu lauschen, ihr seht den Schauspielern im Fernsehen zu, die euch Erlebnisse vorgaukeln, euch, die ihr längst verlernt habt, irgendetwas selbst zu erleben. Ihr esst Speisen, die nach nichts schmecken.

Das ist euer Weg. Er ist nicht gut.

Bevor unsere weißen Brüder kamen, um zivilisierte Menschen aus uns zu machen, hatten wir keine Gefängnisse. Aus diesem Grund hatten wir auch keine Verbrecher. Ohne ein Gefängnis kann es keine Verbrecher geben. Wir hatten weder Schlösser noch Schlüssel, und deshalb gab es bei uns keine Diebe. Wenn jemand so arm war, dass er kein Pferd besaß, kein Zelt oder keine Decke, so bekam er all dies geschenkt.

Wir waren viel zu unzivilisiert, um großen Wert auf persönlichen Besitz zu legen. Wir strebten Besitz nur an, um ihn weitergeben zu können. Wir kannten kein Geld, und daher wurde der Wert eines Menschen nicht nach seinem Reichtum bemessen. Wir hatten keine schriftlich niedergelegten Gesetze, keine Rechtsanwälte und Politiker, daher konnten wir einander nicht betrügen. Es stand wirklich schlecht um uns, bevor die Weißen kamen, und ich kann es mir nicht erklären, wie wir ohne die grundlegenden Dinge auskommen konnten, die – wie man uns sagt – für eine zivilisierte Gesellschaft so notwendig sind.

Auch der Mensch besteht aus vielerlei. Woraus immer die Luft ist, die Erde, die Kräuter, die Steine, all das ist auch Teil unserer Körper. Wir müssen wieder lernen, wir selber zu sein und die Vielfalt in uns zu fühlen und zu entdecken. Wakan Tanka, das Große Geheimnis, lehrt Tiere und Pflanzen, was sie tun sollen.

In der Natur gleicht nichts dem anderen. Wie verschiedenartig sind die Vögel! Einige bauen Nester, andere nicht. Manche Tiere leben in Erdlöchern, andere in Höhlen, andere in Büschen. Wieder andere kommen überhaupt ohne Behausung aus. Sogar Tiere derselben Art – zwei Hirsche, zwei Eulen – verhalten sich unterschiedlich. Ich habe viele Pflanzen aufmerksam betrachtet. Von den Blättern einer Pflanze, die alle auf demselben Stängel wachsen, ist keines ganz wie das andere. Auf der ganzen Erde gibt es keine zwei Blätter, die einander völlig gleichen. Der Große Geist hat es so gewollt.

Für alle Geschöpfe auf der Erde hat er den Lebenspfad bloß im Großen vorgezeichnet; er zeigt ihnen die Richtung und das Ziel, lässt sie aber ihren eigenen Weg dorthin finden. Er will, dass sie selbstständig handeln, ihrem Wesen gemäß und ihren inneren Kräften gehorchend. Wenn nun Wakan Tanka will, dass Pflanzen, Tiere, sogar die kleinen Mäuse und Käfer, auf diese Weise leben – um wie viel mehr werden ihm Menschen, die alle dasselbe tun, ein Gräuel sein.

Menschen, die zur selben Zeit aufstehen, die gleichen im Kaufhaus erstandenen Kleider anziehen und dieselbe U-Bahn benützen, die im selben Büro sitzen, die gleiche Arbeit verrichten, auf ein und dieselbe Uhr starren und – was am schlimmsten ist – deren Gedanken einander zum Verwechseln ähnlich sind. Alle Geschöpfe leben auf ein Ziel hin. Selbst eine Ameise kennt dieses Ziel – nicht mit dem Verstand, aber irgendwie kennt sie es. Nur die Menschen sind so weit gekommen, dass sie nicht mehr wissen, warum sie leben.

Sie benützen ihren Verstand nicht mehr, und sie haben längst vergessen, welche geheime Botschaft ihr Körper hat, was ihnen ihre Sinne und ihre Träume sagen. Sie gebrauchen das Wissen nicht, das der Große Geist jedem von uns geschenkt hat, sie sind sich dessen nicht einmal mehr bewusst, und so stolpern sie blindlings auf der Straße dahin, die nach Nirgendwo führt – auf einer gut gepflasterten Autobahn, die sie selber ausbauen, schnurgerade und eben, damit sie umso schneller zu dem großen leeren Loch kommen, das sie am Ende erwartet, um sie zu verschlingen.

Damit habe ich alles gesagt!

Ich danke Ihnen für Ihre Geduld und Ihr Durchhaltevermögen.

Andreas Popp